生命，因阅读而美好！

森欣文化

博弈三国

吴闲云揭秘三国

吴闲云◎著

民主与建设出版社

图书在版编目（CIP）数据

博弈三国 / 吴闲云著.—北京:民主与建设出版社, 2015.3

ISBN 978-7-5139-0569-5

Ⅰ.①博… Ⅱ.①吴… Ⅲ.①中国历史—三国时代—通俗读物Ⅳ.①K236.09

中国版本图书馆CIP数据核字（2015）第019848号

出 版 人： 许久文

责任编辑： 赵振兰

封面设计： 仙境设计

出版发行： 民主与建设出版社

电　　话：（010）59419778 59417747

社　　址： 北京市朝阳区融科望京中心B座601室

邮　　编： 100102

印　　刷： 三河市鑫金马印装有限公司

开　　本： 787毫米×1092毫米 1/16

印　　张： 21

字　　数： 265 000

版　　次： 2016年1月第1版 2016年1月第1次印刷

书　　号： ISBN 978-7-5139-0569-5

定　　价： 38.00元

前 言

滚滚长江东逝水，浪花淘尽英雄。是非成败转头空。青山依旧在，几度夕阳红。白发渔樵江渚上，惯看秋月春风。一壶浊酒喜相逢。古今多少事，都付笑谈中。

三国，是一个沧海横流，风云变幻的时代，不知多少盖世英雄在那里大显身手，叱咤风云，正所谓江山如画，一时多少豪杰。

从董卓之乱到群雄割据，从三国鼎立到江山一统，这是一个英雄辈出的时代，这是一段扑朔迷离的历史，这是一些催人奋进的故事，这是一个经久不衰的话题。

以往讲三国的书，大多从史学角度咬文嚼字，评判某某人为奸，某某人为忠，某某事属实，某某事为虚，并刻意为历史人物脸谱化，却忽略了人之行为最基本的一点："利益驱动"。

强大的东汉，为什么会快速分崩离析？

外兵董卓凭什么可以进京把持朝政，一手遮天？又为什么很快败退关西，最终遭到心腹吕布的暗杀？

袁绍真的是个草包吗？那他又如何做到关东最强大的诸侯？正当他如日中天的时候，又为什么会突然败给了一直低于他之下的曹操？

曹操在群雄并起逐鹿中原的时代，是如何起家的？又如何一步步走向成功？为什么他只承认他和刘备才是英雄？眼看天下就要统一，为何又瞬间败溃，落荒而逃？

刘备真的是仁人君子吗？他为什么要三顾茅庐？既然卧龙凤雏得一可安天下，可为什么刘备两个都得到了，却依然无法安定天下？从无立锥之地到割据一方，小贩出身的刘备如何成为一国之君？

诸葛亮真的神机妙算吗？刘备凭什么会信任他？他又是如何独揽蜀国大权的？在敌强我弱的情况下，诸葛亮又为何要不断地对曹魏强行用兵，无功而返？

司马懿真的害怕诸葛亮吗？司马家族为何可以成功取代曹魏江山？为什么三国时期最强大的曹魏竟然最先灭亡？而昏庸无能、荒淫无度的司马炎，却又为何能够毫不费力的吞并三国，一统天下？

为什么？为什么…… 诸多疑点，很少有哪个史学家能够给出一个明确的答案。而许多读者受制于传统文化惯性思维的影响，对这些问题纵是稍有疑惑，也从无深究其本质。

而这部《博弈三国》，是一本讲述关于博弈论的书，用三国里最精彩的故事，来探讨各类竞局中优选策略的问题。带着"博弈"的眼光，重新审视三国那段历史，各种疑问将会拨云见日迎刃而解。

人的行为，都会受到利益的驱动，在如何争取利益最大化的考虑下，各人都会采取各自相应的优选策略以应对，当各自的竞争策略相反发生碰撞时，也就构成了一种博弈。

三国中的那些博弈竞局，经典而奇异。奇就奇在他是"实用博弈"，而非现今西方的"理论博弈"。

理论博弈，都要受到许多假设条件的限制。比如：博弈的双方都是理性的人，都在同一起跑线上，都用公平的手段竞争……可这些，都很难在现实中发生。

实用博弈，是不受任何条件限制的。这就和我们的现实情况非常接近。

比如，当你走进股市，或是走进商场，你就会发现自己总是个"弱者”，对手总是在使用不公平的手段竞争。这些就和三国中的情形是一致的。

细细研究三国，就会发现：三国的主旋律，一直都是围绕“弱者怎样战胜强者”这条主线进展的。

一般来说，弱者是很难战胜强者的，但在三国中，偏偏十有八九都是以“弱者胜出”而告终。所以，研究三国，就是研究“实用博弈”最好的教材。

弱者究竟何以胜出？这正是本书的价值之所在。这不是对古老历史的简单复述，而是提供一种别样的眼光，为你寻求一个接近于我们人性利益本原的答案，从中也可以体会到智力晋级的快感。

目录

附一

附二

第一　汉室兴衰

皇权与相权斗争的结果：要么是相权窃取了皇权，要么就是皇权侵害了相权。究竟何方可以胜出？万古不变的规律是：弱肉强食、适者生存——无论你是谁。

01 皇权与相权最隐蔽的较量

开国皇帝夺取天下，并不是皇帝一个人的功劳，而是皇帝和他的战友这一群人共同的功劳，因此，这一群人成为国家的最高决策者，而不是皇帝一个人。

皇帝和他的战友们属于合伙人关系，胜利果实，大家当然都有份儿，各自按股分成，都占有一定的不同比例的份额，合伙人根据功劳的大小，担任不同级别的官员。

皇帝与官员共同成为国家的最高决策者。在官员里面，又有级别大小之分，最大的是相，居百官之首，相的权力仅次于皇帝的权力。

任何人的任何行为，都必然导致三种结果：增值、保本、亏损。

正常人的行为选择与动机，从主观上讲，都是要使自己增值，或是退而求其次保本，最不愿意接受的是亏损。

因此，老百姓有使自己增值的欲望——想做官。做官的有使自己增值的欲望——想做相。而做相的，也同样有着使自己增值的欲望。

做相的如果再继续增值，就意味着：做皇帝的正在亏损。

所以，皇权与相权之间，必有矛盾，有矛盾就必有斗争，而斗争的结果：要么是相权窃取了皇权，要么就是皇权侵害了相权。究竟何方可以胜出？万古不变的规律是：弱肉强食、适者生存——无论你是谁。至于封建礼教忠孝节义嘛，很难约束得了的。

不是说没有忠心的人，而是这一方面的东西看不见，摸不着，实在是不太靠谱。只有实力，才是唯一可信的凭据。

丞相一职，秦时由一人担任，有时也由左右两丞相担任，权力是相当大的。汉时，皇帝在与丞相的博弈中，抓住机会分两步将相权彻底整垮。

首先是瓦解。皇帝将原本集中的相权，拆开分成若干股，由三公九卿各持股若干份，将丞相的权力分散，由多人担任，使之再无法与皇权抗衡。

其次是架空。皇帝又私设一个“内朝”，选用自己最亲信的人，组成宫中决策机构。“内朝”对“外朝”发号施令，“外朝”即三公九卿，仅剩个名分，已无决策权，只能做些传达、执行之类的事。从此，政府高级官员的权力被皇帝剥夺了，本属合伙的权力，最终落到了皇帝一人的手中。

这一回合较量的时间跨度是很长的，总之，最后的胜利者是皇帝，而丞相被淘汰，晾在了一边。

皇权虽然巩固了，但他的“内朝”内部又分裂成了外戚、宦官两股势力。这是在战胜相权过程中留下的后遗症。

老皇帝死了，小皇帝继位，年幼不能决策天下事，就由他的妈来主持朝政，他的妈也不过二十几岁，就委托她娘家的兄弟（皇帝的舅舅）来主持朝政，称为外戚，一般都是封的大将军，位在三公之上。他们的主要责任，是防止其他任何官员以任何形式窃取皇权。

外戚与小皇帝有血缘关系，能守住皇权，外戚有大功。可问题是，小皇帝长大后，舅舅家族的势力也日益庞大，自己曾委托给舅舅的权力如何收回？他就只有依靠自己身边的宦官，也就是太监，这些太监一直看护小皇帝长大成人，比亲爹还亲，他们帮皇帝夺权成功后，得到的封赏，“超登公卿之位”。

太监和皇帝共同扳倒外戚后，权力又回到皇帝手中，当然，也有太监的份儿。新皇帝总是要娶妻生子的，妻子的兄弟多数又是封大将军，又成为新的外戚。

汉灵帝统治时期的格局为：

1. 皇帝和他手下的太监们，打倒了舅舅家族，成为最具实力的一方。我们简称之为“甲”。
2. 皇帝的舅官何进（妻兄），成为新封的大将军，也较有实力。我们简称之为“乙”。
3. 朝廷里其他的三公九卿、文武百官们，虽然人多，其实实力最小。我们简称之为“丙”。

这三方力量中，甲乙两个强方都是皇帝的自家人（奴仆+亲戚），他们是最铁的人，同为“内朝”。丙方为“外朝”，其实只有这两方。皇帝再无能，皇权也是稳固的。

三公九卿、各级官员们尽管一直被晾在一边，但他们还是会瞅准时机，与皇权相搏。《三国演义》第一回提到汉灵帝在位时发生的一系列灾异现象：

1. 一条大青蛇，从梁上飞下，把皇帝惊倒，百官俱奔避。
2. 蛇不见了，忽然雷雨冰雹，半夜方止，毁坏房屋无数。
3. 洛阳地震。
4. 海水泛溢，沿海居民，尽被大浪卷入海中。
5. 母鸡变公鸡。
6. 黑气十余丈，飞入温雄殿中。
7. 五原山岸，尽皆崩裂。

十年中发生这些怪异现象，应该也算正常。但官员中有一个议郎，即大名人蔡邕，上疏皇帝，他不说别的，只说母鸡变公鸡这件事，是“太监干政”导致的。

母鸡变公鸡是否属实？即使属实，也和太监没有半点关系。

这件事反映了：官员中有人企图打击太监。而太监行使的权力是“皇权”，打击太监就有可能被说成是挑战皇权。也许他的立场是对的，但方法绝对错误。

从博弈优选策略的角度来看，作为弱势的丙方，直接攻击最强势的甲方，这是在找死。结果，这个大名人蔡邕很快就遭到了陷害，被革职，放归田里。

02 开局不利的黄巾军大起义

尽管有些太监坏到了极点，但太监行使的权力是“皇权”。皇权神圣不可侵犯。任何官员胆敢得罪太监，就等于是冒犯皇上。

太监帮皇帝夺回权力，那可是用命换来的，有功该赏。太监的势力发展迅猛，极为猖狂，以至朝政日非，民不聊生，最终酿成了东汉末年的黄巾军大起义。

黄巾军的领袖是冀州钜鹿郡人张角。

张角本是个不第秀才，以宗教领袖自居，四方授徒，施符治病，信众日多，各地百姓为去拜见张教主，仅死在半路上的就不计其数，足见其影响力之大。

东汉皇帝的地盘，共计有13个州，而张的教徒，则遍布青、幽、徐、冀、荆、扬、兖、豫，这东部的8个州。

张角将他的教徒们编成三十六方，大方万余人，小方六七千，各立渠帅，称为将军，四方百姓，蜂拥而至，头裹黄巾，追随张角反叛者，达四五十万人之多。

张角自称“天公将军”，还有两弟，张宝称“地公将军”，张梁称“人公将军”。

黄巾起义，声势浩大，打的各州官府望风而靡。

民间有人造反，皇帝就命令他的舅官大将军何进镇压起义军。

由于朝廷的军队数量不够，不足于消灭庞大的起义军，大将军何进做了以下两个方面的部署：

1. 启奏皇帝，火速降诏，传圣旨给下面各州的地方官员，让他们自行招兵买马，各自备御，讨贼立功。
2. 朝廷里派遣三位中郎将：卢植、皇甫嵩、朱俊，各引精兵，分三路讨伐镇压。

朝廷的正规军队与地方武装，两方合击起义军。

在何进对张角的这场博弈中，张角是占优势的，就是人多，除此之外，好像没有别的什么优势。而且，作为领导人的张角，在布局阶段存在明显的漏洞：

1. 暗中送钱，结交太监封谞为内应。
2. 造反之前，派弟子唐周去给太监报信。

这里面存在至少如下变数：

1. 唐周可能去报信，也可能去告密，两个选择，各占50%。
2. 太监有可能支持，也可能不支持，两个选择，各占50%。

这件事要成功，先要唐周选择不告密，太监接到信后，再选择支持。因此，成功的概率最多只有25%。已失算。

这还只是从一般情况下估算的。如果再从利弊得失的角度深入分析，成功的概率几乎快要接近0了。

其一：张角送金钱给太监，如果只是为了传教，应该是有效的，太监收到钱后，帮他这个忙只是举手之劳。

如果是为了造反，那就很难说了。皇帝一倒台，太监也没权了，就算张角打赢了，当了皇帝，他太监还是个太监，最好的结果只是和原先持平，费一趟力和不费力的收益几乎是一样的，差别不大。

并且，不费力的收益是确定的。

太监选择支持张角，不仅对自己无利，而且还要承担巨大风险。这就亏大了。因此，太监选择不支持张角的可能性只会更大。

其二：张角派弟子唐周去报信，唐周能从中得到什么好处？

唐周的行为选择，多数也会和人群的共性一致：受到“利益最大化”的驱使，怎样收益最大，便会怎样做。

被派去送信的人，地位一般都不会高。如果唐周完成了送信的工作，估计最多也就是几句表扬，几两银子而已，没什么赚头。

而唐周出卖张角，向官府报案，则有可能瞬间获大利，或许还有官做。因此，唐周选择告密的可能性只会更大。

结果，唐周一出门就向朝廷告了密，导致张角发动起义的全盘计划被打乱，把个发了大财的太监公公也给害死了。

布局失算，不一定结局失败，但一定会导致中局困难。

03 关张创业初期的艰难奔命

朝廷派出三路大军，与地方上的各州官员共同抵抗、镇压黄巾军大起义。从这以后，各州地方上的官员们便有了自行招兵买马的实权。

朝廷这一招是很起作用的。因为权力下放，地方官员们的利益只会更大，很容易选择与朝廷合作，不容易跟着起义军瞎起哄。

最北方的幽州，太守刘焉，出榜至本州各县招募义兵。

当榜文发到涿县时，有刘备、关羽、张飞三人结拜为兄弟来投军。（演义作桃园三结义，正史则无。）

刘备，现年28岁，编席子、卖鞋子为生。

关羽，至少27岁前就杀过人，流窜至涿县，职业不明。

张飞，颇有庄田，卖酒屠猪为业。

三人之中，张飞略有钱，由他投资，招了300个乡勇，但是没有马，没有兵器。

他们三人，都属社会最底层人员，且都有自己的谋生手段，如果没有黄巾起义，他们还会继续原有的生活，刘备继续卖鞋，关羽继续亡命江湖，张飞继续杀猪卖酒。

现在突然要改行，就说明：要么是原行业做不下去了，要么是新行业比原行业获利更大。

通常就是这两种情况，总之，不会无缘无故地改行。

改行做什么？他们面临两个选择：

1. 投靠官府，去剿贼。
2. 投黄巾军，参加革命。

这两个行业是对立的，不能兼职，究竟该选哪边为好？

当时的实际情况是革命军的势力大，政府军的势力小。而他们兄弟三又是社会最底层人员，按说，投身革命的可能性会更大。

但政府军开的价高，价格高者优先成交，这在哪都是的。皇帝的圣旨上明文写着杀贼者立功，立了功当然有官做。而革命军可能只管饭，因为他们本身就是为争夺生存权而战的。

从战争结束后的情况看，因杀贼而升官的比例还是相当大的，刘备这个小贩，也当上了市长，这种机会真的是极其罕见的，可见朝廷还是下了本的。

另外，有两个大商家听说他们要投军杀贼，一次性就赞助了他们50匹马，500两金银，1000斤镔铁打兵器。

不需要高瞻远瞩，就可以看清楚：投政府军，赚头更大。

三兄弟得到赞助后，又招了200个兵，一共500兵，来投幽州太守，太守大喜。这个太守刘焉，乃是汉鲁恭王之后，而刘备自称是中山靖王之后，扯得上是亲戚，刘焉就认了刘备为侄儿。

刘焉喜的当然不是得了这个侄儿，而是这500名兵士。这个侄儿和他没什么关系。

不数日，革命军5万来攻，刘焉只派刘备的这500人去打，风险奇大，刘备欣然领军前进。虽然不太合理，但也没有多大矛盾。

1. 刘焉派刘备出战，可以尽量保存自己的实力。

2. 刘备奉命出战，可以获得立功的机会。

尽管不太合理，但不发生利益冲突，且互为有利，所以很容易达成一致。这一仗，关羽、张飞以闪电战快速斩了贼将首领，其余乌合之众一哄而散，刘备捉了许多俘虏，大胜而回。

第二天，青州太守来信求救，说已被围困，不日将陷，刘焉派刘备去青州助战，又叫手下的邹靖带5000兵同去。这次又立了一功，解了青州之围。

刘备投军后，新手上阵，居然连立两次大功，且都是以少胜多，若不是军事奇才，则必是运气极佳。

但是，刘备很快就作出了一个重要的决定：到冀州广宗县去，投奔中郎将卢植。于是，邹靖把带来的5000人又带回去了，刘关张带着本部500兵去了广宗。

书上都是夸他们一出山就立大功，其实不是的，没有功的，为什么？刘备两胜之后，本金还是原来的500兵，职位也没有任何变化，他的功在哪？最多只能叫有功无利。照这样干下去，只有投入，没有产出，可以明确地预见得到：

1. 刘关张打了胜仗，没有收益，若是败了，就会被打死。
2. 若是没被打死，就会安排到下一次去送死。
3. 总有一次会被打死。

跟这样的地方军合作，有什么意思？不如跳槽到中央的正规军去，发展的机会可能会更大一些。地方军不被中央军管，刘备这一走，功劳当然就全部记在了地方军头上。

由此可见：

1. 无论布置多么困难的任务给有进取心的下属，下属都会高兴地接受，或是不情愿地强迫自己接受。工作难度一般不会造成人才流失。
2. 对于已得利益的分配不公平，是导致人才流失最直接的原因。

04 胜利的果实究竟属于谁

中央军分三路：卢植、皇甫嵩、朱俊。

革命军也分三路：张角、张宝、张梁。

卢植与张角对战于广宗，张角有15万兵，卢植只有5万兵，但抗得住，未分胜负。

刘备三人带着500兵来投卢植。卢植大喜，留在帐前听调。

卢植说："贼弟张梁、张宝在颍川，与皇甫嵩、朱俊对垒。你引本部人马，我再助你1000官军，前去颍川助战。"刘备领命，引军来到颍川。

颍川的皇甫嵩、朱俊用计烧散黄巾军，黄巾军逃跑时，遇到同来助战的骑都尉曹操，曹操拦住，大杀一阵，斩首万余级，夺得旗幡、金鼓、马匹极多，抢了不少贵重物资。

刘备来迟了，曹操已经杀过，他才来。所以，皇甫嵩、朱俊又叫刘备回去，刘备只好再往回走。空跑了两趟，没捞到油水，正在生闲气，忽见路上一囚车，押的竟然是卢植！刘备大惊，忙问其故。

原来，卢植奉大将军命出征，宫里的太监赶来勒索，此时的太监公公，如日中天，连大将军都被他们压着，又何况下面的一个中郎将！卢植没钱给，太监就上奏皇帝，说他高垒不战，惰慢军心，因此朝廷震怒，取卢植回京问罪。又另派一中郎将董卓来代替。

卢植只有5万兵，而张角有15万兵，高垒不战，也说得过去，换个董卓来，也强不到哪里去。董卓战是战了，但被张角杀的大败，幸好是刘关张三人救了董卓一命。

董卓见他三人低贱，身无半职，故十分轻视。

刘关张三人是来投卢植的，现在却要在董卓手下受气，况且奔波了这多时，什么好处也没捞到，张飞就憋不住了："二兄要便住在此，我自投别处去也！"

张飞要走，就意味着他的300兵也要被抽走，刘备、关羽仅剩200，分不得，于是，刘备道："我三人义同生死，岂可相离？不如都投别处去。"

于是，兄弟三人弃了董卓，又跳槽到朱俊这边。

当时，曹操跟着皇甫嵩讨伐张梁。

皇甫嵩屡胜，而董卓屡败，朝廷也把董卓拿回去审，命皇甫嵩代之，统领两路军马。

革命军这边，张角病死，张梁统其众，也率领两路军马。

皇甫嵩连胜七阵，斩了张梁，又把张角从棺材里挖出来割了脑袋，送往京师请赏。朝廷加皇甫嵩为左车骑将军，领冀州牧。曹操也有功，任济南相。他们已经结束，班师赴任去了。

朱俊见他们都升了官，便催促军马，急攻张宝。张宝的部下见势不妙，刺杀了张宝，投降。三个头领都死了，黄巾之乱平息。

紧接着，黄巾军的余党又有三人聚众数万，要为张角报仇。这一次，朝廷命朱俊一路军马讨伐。

朱俊将黄巾军围困。 这时，扬州的孙坚，一个地方上的小官员，他也和刘备一样，自己组建了一支队伍，他招了1500个兵，赶来助战。

于是，朱俊、刘备、孙坚三方合伙夹攻，大胜黄巾余党，斩首数万级。黄巾军彻底覆灭后，朝廷论功行赏：

朱俊被封为右车骑将军。

孙坚除别郡司马上任去了。

刘备几经周折也谋了个中山府安喜县尉。（县尉下面的两个位置由关张占着），这个县尉一职，大概是刘备、关羽、张飞三个人合伙共有的，只不过是以刘备的名字注册的，所以这三个人吃饭一起吃，睡觉一起睡，发了工资三人一起花。

总之，杀贼立功的人，基本上待遇都比较好。

但是，好景不长。皇帝总是要把临时下放的权力收回去的。

于是，太监们又开始代表皇帝行使皇权，勒索这些有军功的官员。边勒索，边裁员。勒索是为了私利，裁员是例行公事。如此，大家辛苦了一场，胜利的果实，又流到了太监公公们的手里。

相关人员的结局如下：

皇甫嵩、朱俊两个车骑将军被撤了职，罢了官。由太监公公担任了车骑将军。多数官员被裁掉，封了13个太监为侯。

董卓破黄巾军无功，朝廷准备给他定罪，但董卓连忙拿出重金贿赂了太监公公们后，不仅幸免被害，还被封为了前将军、西凉刺史。从这之后，董卓就成为了西北20万大军的最高统帅，威震一方。

曹操的身份比较奇特，父亲是一个太监的养子，所以没怎么动他，当然也有其他原因。

孙坚也有人情，官职未动，长沙又有人造反，太监假传圣旨任命孙坚为长沙太守讨贼。

刘备的这个县尉是三个人分的，所以拿不出多的钱，被裁掉了。绕了一大圈，又回到了最初的起点上，一切都得重新再来。

好在革命军此起彼伏，地方上得不停地招兵御敌，故此，机会多多，刘备又因新的军功获得一个平原县令的官职，且颇有钱粮军马。

曹操，下级官员的代表。

孙坚，地方势力的代表。

刘备，草根阶层的代表。

在镇压黄巾军起义的大浪潮中，他们都是协助作战的小股势力，但是后来，他们却都逐步演变成了那个时代的中坚力量，的确都属不易。

我们从中也可以清楚地看到：在创业之初，由于起步的基础不同，导致所遇到的困难是没法比较的。曹操固然很杰出，但他获得好机会的可能性相对要多一些。而刘备则尽是遇到倒霉的事。

在创业阶段，出身的条件比自身能力更加重要。

05 外戚与太监的残酷竞局

黄巾起义平息之后，皇帝病危，召大将军何进入宫，商议后事。只要皇帝一死，大将军把持朝政的时代就又要来临了。

在这一局中，要决策的项目是：立谁为新皇帝。

有权参与决策的人是：皇帝、太监、大将军这三方内朝的人。而外朝的三公九卿、文武百官们，都只能静等通知，不能参与。

皇帝有两个儿子，大儿子叫刘辩，是大将军何进的妹妹何皇后生的。小儿子叫刘协，是王美人生的，王美人死了，刘协就由婆婆（即皇帝的母亲）董太后收养。

这两个儿子，究竟立哪一个？若按制度，长子是合法的继承人。但是皇帝更偏爱小儿子，临死前，决定立小儿子为接班人。

皇帝选择的是小儿子。那么，太监们究竟该怎样选呢?

他们的选择，也是和皇帝一样的，立小儿子刘协为新皇帝。这倒不是因为他们如何如何地忠于皇帝，而是涉及他们的已得利益甚至是身家性命，因为：

1. 大将军何进一定会选择自己的外甥皇长子刘辩做新皇帝。

2. 大儿子刘辩做了皇帝，大将军何进就会把持朝政。

3. 何进把持朝政，太监们的利益就会落到何进手里，或死在何进手上。

立小儿子做皇帝，对太监最有利，立大儿子做皇帝，对太监最不利，所以绝对不能让何进的外甥做皇帝。这一选择是太监们的优选策略。

内朝三方人中的两个强势方的意见是一致的：立小儿子刘协做新皇帝。这就等于通过了，因为大将军何进无论怎样选择，都不能改变这一结果。

可问题是：皇帝一死，局势就变成太监、大将军两方了，如果小儿子当了皇帝，大儿子的舅舅大将军何进必然不服，他若生出事端怎么办?

一个叫蹇硕的太监说：“若要立刘协为太子，必须先杀掉何进，以绝后患！”

皇帝说“好。”于是，杀何进，通过了，宣何进入宫。

“强对强”，结果不太好判断。而“强对弱”，就很容易预料。对手越弱，胜算越大。而“弱”又可以分成不同的级别进行排序：

1.略弱 2. 较弱 3. 很弱 4. 极弱

何进的实力比太监们略弱一点点，差距不大，真打起来，未必收拾得了。最好的办法是：使何进从“略弱”变为“极弱”，这样方能一击必胜！

把何进骗进宫，在他毫不知情的情况下，直接暗杀掉，就是以强对极弱，这种做法的胜算概率最高，成本也最低。

从中我们也可以看到：阴险的招数比正大光明的招数更易获胜。因为阴险的招数导致了信息的不对称，信息的不对称又导致了实力的不对称，实力的不对称导致了最终的胜负结果。这一点是有数据支持的，不管你喜不喜欢。

大将军何进接到通知，兴冲冲地往宫里走，他这一去，必然就是去送死！但意外的事常有，当何进刚走到宫门时，一位官员说：“你不能进去，蹇硕公公要杀你哩。”就这一句话，把太监设的局打破了。

何进大惊，急转身回走。马上召集诸大臣商量：太监们要对我下手了，我决定杀进宫去，把这帮太监斩尽诛绝！

这一局的决策项目是：杀太监。

参与的决策者是：内朝的大将军何进和外朝的诸位官员，两派人。地点就在何进的私宅内。

这个时候，东汉王朝高层的整体大格局为：

甲方（最强）：太监。

乙方（次强）：大将军何进。

丙方（较弱）：诸位朝廷官员。

乙方如果直接攻击最强的甲方，获胜的把握不怎么确定。因此，大将军何进没有单方面采取行动，而是与处于丙方的诸位朝廷官员联合起来共同攻击甲方，这样比较牢靠些。这是优选策略，正招！

乙方、丙方联合起来杀太监，一致通过了。但在具体怎么杀的问题上，丙方阵营（朝廷官员）内部却出现了争议，有如下两种看法：

1. 所有的太监，全部一次性的斩尽杀绝（以袁绍为代表）。
2. 只杀罪魁祸首，其余的太监不可尽诛（以曹操为代表）。

他们都各自说出了一套理由，并且都十分有理，究竟哪一种策略更好呢？

我们先看看下面这个分析：

1. 作为丙方，单独攻击甲方是找死，必须和乙方联合，共同攻击甲方才是正招，这和乙方的选择是一致的，所以双方很容易结盟。
2. 结盟后，乙方一定要尽全力攻击甲方，否则，失败的可能性极大。从而导致乙方不得不成为认真履行合同的一方。
3. 丙方助乙攻甲，开始也一定是认真的，但如果一举将甲方全部歼灭了，则乙方存在对丙方下手的可能，丙方为了自保，就会私自悔约，放过甲方一马，使甲方喘过气来反扑乙方，丙方再开始认真履行合同对付甲。
4. 丙方此一时彼一时，必须见风使舵，方能占据最有利的位置。甲乙两方尽管都会痛恨丙方，但暂时都不会对丙方下手，因为甲要尽全力攻击对自己威胁最大的乙，乙也要尽全力攻击对自己威胁最大的甲。丙方就是安全的。
5. 一直等到甲乙双方斗得两败俱伤之日，便是丙方出面收拾残局之时，一举消灭双方而胜出。

这是三方博弈中，丙方优选策略的基本模型。

袁绍主张将甲方一次性全部消灭，曹操主张只将甲方中带头的人消灭。

因此，曹操提出的方案就是丙方的优选策略，非常正确的。

但是，对于乙方大将军何进来说，将甲方一次性全部消灭，才是乙方的优选策略。

所以，袁绍表态后，将军大喜；而在曹操表态后，将军叱骂曰：“汝小辈，安知朝廷大事！”

各人有各人的看法，并不存在“对不对”，只存在“对不对味儿”，袁绍对将军的味儿，就是对的，曹操不对将军的味儿，就不对。

大家正在商量，有人来报信：皇帝已经死了，太监们要骗大将军进宫，准备杀掉。

说未了，传圣旨的人到了：“宣大将军何进，速速入宫！”

06 大将军究竟死于谁人之手

博弈是一门艺术，研究的是如何选择的学问。不同的选择，导致了不同的结果。

在众多可以选择的条件中，选择最佳策略可以加大胜算的概率。

如果斗争的双方采用的都是优选策略，那么，至少可以继续抗衡下去（即：不败）。如果某一方采用了劣选策略，那么，就很有可能被对手立即吃掉。

所以，我们说：结果总是不太确定，但策略总是有优选。

在上一回中，我们分析了太监、大将军、朝廷众官员这三方势力各自的优选策略：

甲方，太监们的优选策略是：杀掉大将军。

乙方，大将军的优选策略是：联合众官员，杀掉所有的太监。

丙方，众官员们的优选策略是：联合大将军，只杀掉少部分太监，使太监们与大将军互相对杀，然后从中坐收渔人之利。

这是三方各自的优选策略，如果谁不采用优选策略，谁失败的概率就会相当大。

众官员里又分两派：

1. 袁绍要杀掉所有的太监。

2. 曹操要杀掉少部分太监。

因此，曹操的方案就是丙方的优选策略，袁绍的方案就是丙方的劣选策略。

但袁绍的劣选策略正好是乙方大将军的优选策略。所以，大将军只派袁绍带兵杀进去，而不派曹操。袁绍由此获得了执行权，去执行对丙方阵营最为不利的方案。

是不是说袁绍没有曹操聪明或狡猾呢？

不是的。袁绍的劣选策略，只是他口头上说的，并不能代表他的实际行动，而他在执行大将军的任务中，居然又用实际行动作出了和曹操完全一致的选择！想不到吧。

丙方第一步：

袁绍冲进宫中，只斩杀了太监蹇硕一人，按他自己说的要斩尽杀绝，他却不杀了。跑过来对大将军说："今日可乘势尽诛之。"大将军当然很高兴，好！好！

袁绍如果真的要把太监们杀尽，就根本不会给对手丝毫喘气的机会。明明有条件杀，却停手不杀了，他这样做，实际上就是在故意放太监们一马。

太监们向何皇后（现任太后）求情。何太后对大将军说："蹇硕要害你，他已经被杀了，你怎么要把别的太监都杀掉？不是这些太监的提拔，你我兄妹能有今天的富贵吗？"

大将军说："好，算了吧。"

大将军这是一步软招，已经偏离了优选策略。不妥！

袁绍用实际行动，完成了丙方阵营优选策略的第一步，杀了一个太监，留下其余的太监，便于攻击大将军。

丙方第二步：

丙方的第二步是使太监和大将军相互对杀。

太监们三番五次地想扳倒大将军，都没有得逞。而大将军想杀太监，却碍于妹妹何太后的情面，不好下手。

因此，袁绍就为大将军出了个主意："既然您不好意思动手，那就传旨叫下面各个地方政府的头领们都带兵来逼宫，太后迫于压力，必然会杀掉太监。"

大将军道："此计大妙！"

曹操有不同意见：纷纷招外兵，动静太大，其事不秘，事必不成。

袁绍这一步，其实是个妙招，他就是要让事不成。

1. 他的目的不是要杀太监，如果真要杀太监，秘密的方法有很多种，不需要招外兵，把动静搞那么大。
2. 把动静搞大，是在提醒、逼迫太监们快速下手杀大将军！

自小皇帝登基后，大将军上升为甲，太监们下降为乙。若长期斗下去，太监们迟早是要完蛋的，太监们完蛋了，大将军再无牵制，对丙方就极为不利。

袁绍把外兵招来逼宫，太后必然会被迫下令诛杀太监。因此，太监们只剩下唯一的选择，即抢在外兵逼宫之前，先杀掉大将军！否则没有活路。

如果袁绍不把外兵招来，太监们就还存在与大将军慢慢周旋的余地，选择多多，不一定会急着采用暗杀手段。

结果，大将军进宫的时候，被预先埋伏的太监们砍为两段！把脑袋割下来甩到了墙外。

大将军遭到太监们的暗杀，是由袁绍"招外兵来逼宫"这一步棋直接导致的！大将军到死都不知道自己是怎么死的。

袁绍一个人单独完成了丙方阵营优选策略的第一步和第二步。却未被人识破。

丙方第三步：

太监们杀了大将军，马上宣布圣旨："何进谋反，已被诛杀，其余胁从人员，一概赦免，既往不咎！"

这个时候，大家就应该各自散场回家，才是符合法定程序的，因为外朝的官员必须听命于内朝的决策。

袁绍突然厉声大叫道："阉官谋杀大臣，诛恶党者前来助战！"

袁术（袁绍之弟）第一个率兵冲入宫中，但见阉官，不论大小，尽皆杀之。袁绍、曹操并列第二，斩关入内，将太监们剁为肉泥。一时间，宫中火焰冲天。

当大将军被太监们暗杀的时候，局势就发生了明确的逆转！丙方阵营的第三步：出面收拾残局的机会，终于到来了！

这个机会稍纵即逝，假如他们当时听从太监的指挥，都走了的话，局势很快就会稳定下来，胜机将不复存在。

袁绍、曹操、袁术在这一关键时刻所表现出来的果决，令人叹服！他们争先恐后，奋勇杀监，且配合默契。只要是阉官，甚至只要是没长胡子的人，一律格杀勿论！

曹操原先不主张把太监杀尽，现在丝毫不落于人后，见太监就杀，仅有的一点仁慈也没了，为什么？甲乙双方大火拼的机会出现了，丙方阵营等的就是这一天！必须杀干净，以防后患。

不需要商量，大家不约而同地做，就连以前罢了职的官员也赶来助战。

所有的太监们，被斩尽杀绝了。

杀完了太监，再杀太监们的家族，也都尽皆灭族了。

杀完了太监们的家族，再杀到大将军的家族，大将军的弟弟，也以勾结太监谋害兄长的罪名而被砍为齑粉！

皇帝"内朝"的外戚、太监这两股强大的势力，在一夜之间，被杀得片甲不留，成为了永远的历史。

就这样，作为保卫皇权最重要的两股力量，外戚和太监，几乎在同一时刻消失了。自此之后，东汉皇室失了势，也就衰落了下去。

在这一局中，作为弱势的丙方阵营，即朝廷的众位官员们，大获全胜！没有人给他们滥杀的权力，也没有人给他们下达滥杀的命令，但是，他们赢了！

记住他：袁绍。

第二　董卓之乱

世上没有绝对的公平，无论你怎样分，总有人会感到不公平。既然不可避免，那就干脆直接让少数人来承担这个不公平。究竟让哪一部分人来承担呢？最优选的策略是：让对自己威胁最大的少数人不公平，才是最经济的做法。

01 外兵董卓凭什么可以把持朝政

一夜之间，皇帝内朝的外戚、太监全部都灰飞烟灭了，成为中国历史上罕见的大变局。

现在，只剩下外朝的众位官员们，群龙无首，秩序混乱。

以前，大量的朝廷要职，一直都被外戚与太监们占据着，今夜，他们统统被杀掉之后，所空出来的职位，就成为众官员们的胜利果实，几乎人人都有获得晋升的机会。

这一局，要决策的项目是：面对这一大堆胜利果实，大家究竟该怎样分配？

首先要说明两点：

1. 无论怎么分配，一定会有人感到不公。因为从来就没有绝对的公平。
2. 无论怎么分配，一定会有人获得最大的份额。也就是说，一定会产生一个新的把持朝政的人出来。

人人都希望分配得多一些。实力强的人，希望按实力大小进行分配；资格老的人，希望论资排辈进行分配；功劳大的人，希望按功劳大小进行分配。

究竟按什么原则分配最合理？这在当时是没有标准的，无论按什么标准进行分配，都是有争议的，因此，兼顾多种因素综合参照后的标准，争议可能会最小。

在杀太监的过程中，袁绍、曹操、袁术的功劳最大，但他们只是下级官员，小辈耳，离把持朝政的距离还很远，因此，他们在这一局中竞争的目标不会是把持朝政，而是在现有的基础上能够得到提升。

高级官员竞争的目标当然是把持朝政。由谁来把持朝政？这只会在高级官员中产生。按武标准是比实力大小，按文标准是排资论辈。

1. 实力比较

全国13个州中，凉州兵马最为雄壮，因此，凉州的董卓，最具实力，但别的州也不一定就比他差，比如并州的丁原就不服他。

董卓的兵马本来就强，再加上大将军一死，他的兵马都被董卓接收了，实力也就更强了。

并州的丁原，是个劲敌。董卓设计收买了丁原的部将吕布，吕布杀了丁原，并州兵散去一半，剩下的被吕布带来投靠了董卓。

至此，董卓的实力，几乎已经无人能够控制。

2. 排资论辈

名义上级别最高的是三公，在汉朝中央政府，和三公一个级别的还有将军、太傅，合称五府，大将军在三公之上，其余将军在三公之下。

因此，新一届把持朝政的人，只会在中央政府的三公、将军、太傅这五府中产生。

董卓不仅是凉州地方的最高长官，而且还是中央政府的前将军。他上面的大将军、骠骑将军、车骑将军都死光了，不在了，董卓的排名也就靠前了，他现在的身份是相当于代理大将军。

董卓进京，是接到大将军何进的诏书后来的。《三国演义》说，董卓得诏大喜，早有不臣之心。其实呢，董卓当时考虑更多的只是雄霸西北凉州，至于造反，估计条件还不够。

大将军叫他进京来逼宫，董卓应该很痛苦，因为他不知道该不该去，如果不去，就是抗旨不遵，如果去了，又怕被扣压在京城不放他回来。所以这个选择是很艰难的。

最后，他决定还是先带3000人过去看看情况。只带3000人，就没有造反的意思，只不过是应付差事而已。

没想到，比他大的官，在一夜之间被杀了个精光！这就是个意外所得，幸亏他以前花大价钱在太监公公手里买了一个“前将军”，现在派上了大用场。

在众官里面，同时具备资格与实力这两个条件的人选，只有董卓一个人。所以，董卓获得了胜利果实的最大份额，成为新秩序下把持朝政的牛人。

这样分配的争议是最小的。大家都情愿接受，或是不情愿也忍着接受，因为再没有比董卓更合适的人选了。

有人说，董卓专权，都是袁绍招外兵导致的。

董卓是外兵，但他同时也是朝廷的前将军。你招不招外兵，他都是会以朝廷前将军的身份跑来把持朝政的。

如果董卓不是前将军，仅仅只是外兵，他跑来把持朝政就是造反，当时就会发生战争。因为当时奉诏来逼宫的各路外兵都在场，也只有极个别人对董卓不满，大多数人并不反对。

董卓成为最大的受益者。（这在当时是顺理成章的事，大家基本上都默认了。至于他后来的表现不好，那是后来的事，不要混为一谈）。

其他的官员们，也多有升赏，以前罢职的人也多有重用。总之，朝廷官员这一阶层的人，多有不同程度的收益。

董卓成为最大的一个官员，他自封为“相国”。于是，被废除多年的丞相，又死灰复燃了。

外戚、太监，总是留给大家不太好的印象，但事实上，他们才是保护皇权的重要力量，失去了他们，皇帝就成了一个孤儿，皇权被相权轻易地击败了。

02 董卓为什么要废掉皇帝

董卓、三公九卿、文武百官、袁绍、袁术、曹操等等，凡是剩下来的人，他们统统都是原先丙方阵营的人。因为：

1. 他们都是同朝为官。并且都是外朝的官员。
2. 他们都不是皇帝内朝的外戚。
3. 他们都不是皇帝内朝的太监。

原先的外戚、太监都死掉后，他们所空出来的大量职位，就变成了所有外朝官员们的利润。大家都可以获得不同程度的增值，由于人人都想分配的多一些，故此，又产生了新一轮的竞争。

在这所有的外朝官员之中，只有董卓的实力、资格都是最占优势的，所以董卓成为新秩序下的老大。

董卓在重新分配这些利润的时候，必须保证做到以下两点，方可使自己立于不败之地：

1. 让多数人公平。
2. 让少数人不公平。

因为没有绝对的公平，无论你怎样分，总是有人会感到不公平的。既然不公平是不可避免的，那就干脆直接让少数人来承担这个不公平。

感到公平的人，不一定会对自己拥护，但是感到不公平的人就一定会对自己敌视。因此，不公平的人只能是少数，名额必须有限。只要多数人是公平的，少数人就翻不起大浪。

那么，究竟让哪一部分人来承担不公平呢？最优选的策略是：

让对自己威胁最大的少数人不公平。

因为不公平的名额是有限的，好钢必须用在刀刃上。对自己威胁最大的人，无论怎样分，总是对自己有威胁的，所以，让对自己威胁最大的人来承担不公平，就是最经济的做法。

对董卓威胁最大的人有两派：

1. 文派。是官员中级别最高的三公。不过三公的地位虽然高，但都是虚职，没有实权。
2. 武派。是京中带武装队伍的军官。不过他们手里虽然有兵，但地位一般都不太高。

如果一旦发生叛乱，这些手里有兵的下级军官一定是最具实力的。所以，这一部分人对董卓的威胁最大。让这一部分人来承担不公平，就是董卓的优选策略。

在这一部分人中，袁绍、袁术两弟兄都是京中带武装队伍的军官，而他们的叔叔袁隗则是太傅，三公一级的人物。因此，袁氏家族就最具把持朝政的可能。

袁隗是董卓最强有力的竞争对手，要打击袁隗，就得先拔掉袁绍、袁术两弟兄。

在前期大将军与太监的斗争中，袁绍、袁术等带武装队伍的下级军官都是杀太监有功的，是以什么名义杀的呢？以国家的名义，为国锄奸，为皇帝锄奸，故此，他们不是叛臣，而是皇帝的功臣。

是功臣就该封赏，一封赏就又加大了对自己的威胁。演变下去，就会出现抗衡，或是战争。故此，必须设法把这些功臣的功劳都给抹杀掉。

找什么理由呢？从这些下级军官身上确实找不到什么正当理由，那就只好拿皇帝开刀。

把皇帝废掉，皇帝一废，这些下级军官的功劳也就等于废了。

小皇帝登基的时间很短，和大多数官员都还没有建立利益关系，只有这些立了军功的下级军官们和小皇帝存在利益关系。因为他们杀太监，是在为小皇帝的舅舅报仇，这个功劳不知道该有多大。

而把小皇帝一废，他们的利益关系就被解除了。

大家私分的是皇帝的权力，在董卓的操纵下先完成分配方案，再叫皇帝签字通过，你们这些人原先的功劳，都去找那个破产了的皇帝结账吧。

这就是董卓废掉皇长子少帝，又立皇次子为献帝的真正用意。不是为了欺负小皇帝孤儿寡母，而是为了打击竞争对手。

如果董卓不是为了打击竞争对手，仅仅只是为了便于自己操纵皇帝，那他就不会废长立幼，因为大儿子刘辩没有小儿子刘协聪明能干，这是公认的，相对来说，操纵大儿子比操纵小儿子更加方便些。何必多此一举。

董卓走这一步棋，是要冒一定的风险的，但这是一步要招，尽管会招骂，甚至会出现叛乱，依然还是要铤而走险，坚决执行。

于是，董卓以"复兴汉室"的名义向大家宣布：为了大汉江山的兴旺昌盛，我们不能用这个近似于痴呆的皇长子做皇帝，否则就会重蹈汉灵帝的覆辙！用精明能干的皇次子做新皇帝，国家才有希望。

董卓说得很清楚，他是在为国家着想，为天下着想，就是有人骂自己也无所谓。他的这步棋一走出，就直接导致了袁氏兄弟连夜逃出了京城。

废皇帝的后果，并没有出现什么麻烦事，只出现了预算中最好的一种结果。

袁氏兄弟逃跑是正招。因为董卓的这个动作，明摆着就是冲他们来的，无论合作，还是不合作，演变下去，都是迟早要对他们下手。所以别人不怕，他们最怕，逃命要紧。

通过废长立幼，直接打击有军功的这部分对自己有威胁的人，间接震慑其他的人，再提拔大量对自己无威胁的名流名士做官，为以前的冤案平反，罢官的复职，使受益的成为多数人，董卓的位置就稳了。

那个原先被罢了职的蔡邕，也被董卓安排到京城来再次当官。因为他是名人，用一个名人的经济价值，要远远超过无数寻常人。

废长立幼，封建社会里这么大的事，大家也都默认通过了，也没见哪路诸侯为了忠于皇帝而起兵讨伐他的。为什么？因为受益的人占到了大多数。

袁氏兄弟逃出了京城后，一个向北跑，一个向南跑，他们的职务换上了董卓的人，这个时候，已不构成威胁了，于是，又变成了董卓拉拢的对象。

董卓封袁绍为北方冀州渤海郡太守，封袁术为南方荆州南阳郡太守，京官变成了土皇帝。又加地位低的袁术为后将军，使他兄弟不和。

就目前的局势来看，董卓已经具备了成为一代名相的外在条件，但是，他的内在素质，还是低了。

03 怎样谋杀奸相董卓

汉灵帝本来是准备立小儿子刘协当皇帝的，未能如愿，后来董卓还是把刘协推上了皇位，这刘协还是有当皇帝的命。

刘协就是汉献帝，他实际上只是个孤儿，空有个名义，皇帝的权力，他最多只占1%，都被董卓霸占了。

董卓把废掉的少帝监控起来，又把何太后害死了，何太后是被扯住双手，从楼上直惯而下摔死的。自此，董卓每夜入宫，夜宿龙床，奸淫宫女公主。

这侵犯的是皇权，不过，此时的皇家已经成为了少数人，都拿他没办法。

董卓引军出城，行到阳城地方，遇村民男女。卓命军士围住，尽皆杀之，掠妇女财物，装载车上，悬头千余颗于车下，扬言杀贼大胜而回，于城门外焚烧人头，以妇女财物分散众军。

这侵犯的是民权，不过，老百姓手无寸铁，也都斗不过他。

在当时的朝廷官员中，董卓的爪牙甚多，这就足以保证他的位置能坐稳。

一日，大臣王允在家中设下宴席，邀请过去的旧臣们来喝酒。

酒过数巡，王允道：“董卓欺主弄权，社稷旦夕难保。想高皇诛秦灭楚，方有了大汉天下；谁想传到今日，竟丧于董卓之手也。”

王允经过一番试探，发现众官都不表态，只有曹操一人有意。

于是，王允就与曹操私下商量。

曹操高声道：“操虽不才，愿身入虎穴，斩下董卓之头，悬于都门，以谢天下！”

王允问他：“孟德有何高见？”

曹操说：“近日我屈身以事董卓，实欲乘间图之。现在颇得董卓信任。听说司徒府上有七宝刀一口，愿借与曹操，入相府刺杀董贼，虽死不恨！”

王允道：“孟德果有此心，天下幸甚！”便亲自酌酒，敬了曹操一杯。曹操一饮而下，当庭盟誓，王允便取出宝刀，交给曹操。

曹操藏了宝刀，转身而去。

为什么在那么多的旧臣里，只有王允和曹操要害董卓呢？这是因为新秩序下的分配，对王允和曹操最不公平。

王允是司徒，三公之一，排司徒前面的是太尉，太尉也是董卓在担任。扳倒董卓后的最大受益者，应该是王允和袁隗等三公级别的高级官员。

袁氏兄弟逃出了京城后，旧臣中带兵的官员属曹操最高，但他不是董卓的人，不可能被董卓重用。

因此，王允和曹操共同扳倒董卓之后，就会建立下一个重新分配的新秩序，在这个新秩序下，王允和曹操都会成为受益最大的人。

当然，他们不会说得这么直接，而是说为了国家，为了皇帝。

王允和曹操联合，是旧臣中最强的组合了，但和董卓的势力相比，还是差得远，简直没法比。因此，暗杀就是优选策略，成本最低，胜算最高。

甲：最大势力，丞相董卓。

乙：高级官员，司徒王允。

丙：下级军官，校尉曹操。

乙方必须联合丙方，因为王允没有单独接近董卓的机会，必须依赖可以单独接近董卓的人，方能行刺。

丙方的曹操也必须联合乙方的高级官员，方能行刺。

如果曹操不联合乙方，单方面采取行动，则存在如下变数：

1. 存在成功或不成功这两个变数。最好的结局是暗杀成功。
2. 在暗杀成功的情况下，又存在变数：乙方有可能以暗杀大臣的罪名杀掉曹操。

因此，曹操要暗杀董卓，必须先得到乙方的认可。乙方即使口头上保证了，丙方仍不可全信。这样就导致了丙方在履行合同的时候，不卖力，才是优选策略。

04 曹操为什么刺杀董卓没成功

董卓躺在床上，曹操如果挥刀乱砍，不管三七二十一的乱砍，是完全有可能令董卓当场毙命的，即使董卓从镜子里发现了，也来不及反攻，可曹操为什么不和他拼命呢?

今天我们就来分析这个问题。

曹操、王允密谋要暗杀董卓，只要干掉了董卓，他们就有望成为下一轮重新分配中的最大受益者。

乙方与丙方只有联合起来共同对付甲方才是优选策略，否则，任何一方单独去攻击甲方，都是极其危险 + 愚蠢的。

现在，他们结盟了，这是正招，必须的。结盟之后，作为乙方的王允，应该尽全力与甲方董卓相搏，才是合理的，这样才能更加团结丙方，加大对甲方的攻击力度。

王允与董卓相搏的方式总共只有两种：

1. 明争。即以合法手段，在朝堂之上争取更多的有利条件，削弱董卓的势力。
2. 暗斗。即以非法手段，在僻静之处直接把董卓暗杀掉了事。

由于王允的司徒身份是个虚职，而朝廷的大多数要职都已被董卓的爪牙占据了，因此，王允不具备在朝堂之上以合法手段与董卓相争的条件。

如果采用暗杀手段，王允也不具备与董卓单独相处的条件。

那么，王允与董卓之间，根本就不存在相搏了。也就是说，作为乙方的王允，没有条件履行自己的义务。

如果不能履行自己的义务，那么，这个合作联盟，就必将面临解体的可能。

现在，乙方王允把自己该履行的义务全部交给了丙方曹操，事败，则曹操亏损，事成，则王允获利。这种合作还能不能继续得下去?

不是说王允这个人没有诚意，而是他不具备合作的条件。所以，这次联盟暗杀董卓的计划，从一开始就是不成立的。

作为丙方的曹操，在和乙方结盟的时候，有一个很重要的环节不能忽视，那就是“鼓吹”，这是一步要招，必须“鼓吹”，并且还要信誓旦旦地“鼓吹”!

比如，在前面的密谋杀太监的局中，袁绍就向大将军信誓旦旦地鼓吹：愿斩关入内，诛尽阉党。说的将军大喜。至于后来袁绍是不是真的会一次性把太监们斩尽杀绝，在当时，谁也不知道。

但话一定要这样说。这样说没有任何坏处，而好处却有三：

1. 取得合作者的信任。
2. 坚定合作者的信心。
3. 鼓吹的成本，总是为0。

鼓吹之后，合作者未必就有信心，也未必就完全信任他，但总是比不鼓吹要好。因为空口一句白话，是没有任何成本的，既然不付成本，当然可以狂吹，怎么好听就怎么说。

至于后来没办成，令人相信的理由多的是。

曹操在这一局中的表现就非常到位。他信誓旦旦地对合作者王允说，杀一个董卓是很容易的，你把宝刀借给我，我马上把董贼的头割下来悬挂在城门上，以谢天下，虽死不恨！

很好。

这样说固然很好，但真要这样做了，就是极为劣势的选择，作为丙方最优选的策略是助乙攻甲，见机行事，如果单独进攻甲方，那就是在找死。

曹操如果真的单独去进攻甲方，刺杀董卓，那么，一定会有如下变数发生：

1. 董卓躺在床上，曹操挥刀上去乱砍，存在砍死或没砍死两种结果，曹操有一半的成功机会。若没砍死，则曹操必死，这就结束，没有变数了。若砍死了董卓，后面还有变数。
2. 曹操砍死了董卓，吕布牵马过来，持戟杀操，操挥刀再砍吕布，又有两种结果：吕布杀死曹操，或曹操砍死吕布。曹操哪是吕布的对手？几乎不可能。假设他非常幸运，万一砍死了吕布，后面还有变数。

3. 曹操砍死了吕布，被众家丁围住，曹操挥刀乱砍，又有两种结果：曹操被众家丁杀死，或曹操冲出包围，逃离了相府。后面还有变数。

4. 曹操逃出了相府，又有两种结果：原先的合作者乙方王允以刺杀大臣的罪名杀死曹操，或王允承认曹操的功劳给他加官。而在这两个结果中，杀死曹操是乙方王允的优选策略，这种可能性最大。

所以，曹操死定了。

因此，曹操只要去刺杀董卓，就有可能死在董卓手里；不死在董卓手里，则死在吕布手里；不死在吕布手里，则死在众家丁手里；不死在众家丁手里，则必死在王允手里。没有活路。

如果曹操是个脑子进了水的“死士”，那还有可能会选择与董卓同归于尽，可问题是曹操的脑子很正常，并且很发达，他是不会做无谓的牺牲的。

所以，在谋划刺杀董卓这一局中，从乙方王允的角度看，不具备合作条件，从丙方曹操的角度看，有百害而无一利。于是，先前信誓旦旦的约定，就必然会变成一个虚假的联盟，从而无法实施。

也就是说，刺杀董卓的计划，从一开始就是个虚假合同，并不会真正去执行的。

既然无法实施，就得另做打算。最后，曹操选择了放弃。他也和袁氏兄弟一样，逃离了京城。

曹操刺杀董卓的故事，是《三国演义》上讲的，目的是为了突出曹操的勇敢、机智与狡猾。正史上没有这个事。

05 临时拼凑而成的十八路关东联军

现在的中央朝廷，是由董卓的凉州部下（简称凉系）和原先的朝廷官员（简称旧系）共同构成的，曹操是旧系，不是凉系，所以他很难得到董卓的重用。

曹操与王允合伙暗杀董卓，由曹操一人去执行，事败，曹操亏损，事成，王允获利。这根本就是行不通的。

因此，曹操如果继续留在京城，无论是与董卓合作，还是与王允合作，都没有好结果。也就是说，他呆在京城已经没有增值的希望了。所以，曹操选择了和袁氏兄弟一样的道路，就是理所当然的。

曹操逃出京城，走这一步棋的变数是很不确定的，有可能会混好，也有可能会混栽，没有人能保证，所以走这一步棋是在冒险。

但若不冒这个险，继续留在京城，那么后面的变数很确定，只有一种可能：就是一定会混栽，这是可以保证的。

在“一定会混栽”和“可能会混栽”这两者之间选择，应该是好选的。

两利相权，取其重。两害相权，取其轻。

曹操主动弃职后，逃到兖州陈留地方，和父亲商量：打算变卖家产，散尽家资，招募义兵，讨伐董卓。

作出这个决策，是需要魄力与勇气的，这才是真正体现曹操英雄气概的地方，而不是所谓的敢刺杀董卓，那只是说说而已。

曹操的父亲比较支持：行啊，就是本钱太少了，我认识一个巨富卫弘，若能得到他的相助，大事可图矣。

曹操就请卫弘喝酒，卫弘答应投资入股，出尽了家财，也极有英雄气概。

紧接着，曹操做了两件事：先发矫诏通知各个地方政府的太守刺史们，共同起兵讨伐董卓。然后招兵买马，组建自己的队伍。

这个顺序是合理的，做两件事的时间可以重叠着一起用，如果先组建队伍之后，再发通知，必然会浪费时间。

曹操现在的身份应该是不担任任何职务的，因此，他的队伍是民营性质的，和最初的刘关张一样，不同的是本钱巨大，他的这支民营队伍不见得比国营的小。

曹操招到的人：

1. 乐进，李典，留为帐前吏。
2. 夏侯惇与族弟夏侯渊，各引壮士千人来投。

   此二人是曹操的弟兄：曹操的父亲曹嵩，原是夏侯氏之子（夏侯嵩），过房与曹家，因此是同族，曹家其实就是夏侯家。夏侯惇自小习枪棒，14岁就杀过人，亡命江湖，经历一点也不比关羽逊色。
3. 曹氏兄弟曹仁、曹洪各引兵千余来助。此二人弓马娴熟，武艺精通。

创业之初，还是家族势力为主。这些人只要是活下来的，后来都成为元老。

曹操发矫诏通知各地方政府官员时，他不可能预先知道谁会来，谁不来。因此，为了争取更多的力量，他必须满发，全国那么多州郡，最优选的方案就是所有州郡，全部发遍，来多少算多少。

发多少的选择权在于曹操，来多少的选择权在于各地官员。

发传单的成本是最低的，只要能来一路兵马，产出就远大于投入。所以，发传单应该尽量发遍铺满。这样才有可能招来更多的响应者。

尽管策略上可以有优选，但结果却总是不太确定。

曹操的传单发出后，几乎就没有谁理他的，曹操仅仅招来了一路兵马。是哪一路？袁绍！

袁绍老早就有此意，一接到曹操的通知，就聚集麾下文武，引三万兵，离渤海来与曹操会盟。

袁绍这个人的身价是相当高的。

1. 出身高贵，名门之后，祖上有四代人担任过三公的职务，极为显赫。朝廷、地方的许多官员都是袁家的门生。
2. 在所有的地方官员中，只有袁绍曾经在中央朝廷担任过最高职务（司隶校尉，在中央较低，但可以相当于地方上一个州的太守），并且袁绍在杀太监时，功劳最大。
3. 袁绍个人修养颇高，有姿貌威容（即：英俊威武），且善做谦虚状，又好纳名士，好养门客。在京城时，宾客莫不争赴其庭，来投奔他的人有时会造成交通堵塞，无论贵贱，袁绍都会下车以礼相待。

就单单只从“面子”这个方面来讲，袁绍这个人是没有什么问题的，有着其他人所无法具备的门面资源。门面资源也是一种强有力的竞争优势。

早在杀太监之前，袁绍和曹操就是密友，现在，他们的利益是一致的，敌人又是同一个人，袁绍又怎会不来呢？

即使以前的关系不好，没有任何交情，只要利益是一致的，敌人是一致的情况下，选择合作，总是正选。

有袁绍的加盟，形式就不一样了，二人商量之后，再发一次传单，号召全国各地的各路诸侯们，一起联合起来，去攻打残暴的董卓。打董卓是为国锄奸，是正义的行动，希望大家都来参与！

这一下，招来了十六路兵马，加袁绍、曹操共为十八路。诸路军马，多少不等，有三万者，有一二万者。

（1）后将军南阳太守袁术。（2）冀州刺史韩馥。
（3）豫州刺史孔伷。（4）兖州刺史刘岱。
（5）河内郡守王匡。（6）陈留太守张邈。
（7）东郡太守乔瑁。（8）山阳太守袁遗。
（9）济北相鲍信。（10）北海太守孔融。
（11）广陵太守张超。（12）徐州刺史陶谦。
（13）西凉太守马腾。（14）北平太守公孙瓒。
（15）上党太守张杨。（16）长沙太守孙坚。
（17）渤海太守袁绍。（18）即曹操。

各路诸侯为什么只给袁绍面子，不给曹操面子？因为大家虽然都有此意，但都不知道其他人的真实意图，不知道谁是敌谁是友，谁又知道呢？所以就都不敢贸贸然地参加。

曹操的面子小，你一参加他，很有可能导致敌多友少，未灭董卓，反先灭了自己。而袁绍的面子大，有他参加的话，应该可以保证敌少友多一些。

不是面子表面的交情问题，而是面子背后的利益问题，安全保障的问题。有袁绍的面子做保障，有野心的人们就自动地浮出了水面。

来的这十八路军马，称为关东联军，是一种纯粹的合伙关系，并没有上下级之分，他们经过协商之后，一致推举声望最高、人缘最好的袁绍为十八路关东联军的“盟主”。

他们代表正义的力量去挑战董卓。但无论怎样，董卓是代表政府的，当然就一定要剿灭、镇压这些叛军。

至此，天下形成以董卓为首的政府军，和关东十八路联盟的反政府军。这两大阵营的对垒，都是有理由的，都说为了国家，究竟谁是谁非？只能以成王败寇论。

06 关东联军与董卓之间的利益冲突

汉朝的天下，有13个州。除司隶（中央）外，还有12个州（地方），各州下面的郡（小国）多者有12个，少者也有五六个，总数大约有105郡。因此，郡以上的地方官员至少有117个。

袁绍、曹操号召大家都来打董卓，传单发遍全国。在这117处的地方官员中，一共只来了17处。还有至少100处的没来。若按正史，没有18路的说法，打董卓的队伍只会更少。

公开反对董卓的占14.5%，是少数人。他们基本上都是位于关东地区的各路诸侯。关东地区在全国的东北方向。

还有大多数占85.5%的没有头脑发热。这85.5%的多数人究竟是反对董卓呢？还是支持董卓呢？不知道，因为他们没有明确表态。

此时，全国的格局是：

1. 董卓直接控制的势力，是北方西边的凉州，和北方中间的司隶，这两块地盘。（被攻击方）
2. 关东联军的主要力量聚集在北方东边的7个州。因为是在司隶的东边，故称为关东。（进攻方）
3. 除了北方的9个州外，在汉朝的南方，共有4个州：扬州、荆州、益州、交州，他们不表态。（观望方）

战争只发生在北方，南方的4个州很平静。简言之：东北方“以袁绍为首的反政府军”和西北方“以董卓为首的政府军”之间展开对决，南方的各路诸侯们不支持，不反对，不参与。

南方为什么不参与呢？从地图上可以看到：南方的益、荆、扬3个州的面积几乎要比北方的9个州略大，而每个州的级别又都是大致相等的，这就只能说明：南方不够发达。

凡看地图，有一个很重要的规律：划分越密集的地方越繁荣。

好比今天的蒙疆藏地区，从地图上看，大得很，却不一定有人愿意去。

益州是古巴国、古蜀国，荆州人是南蛮，交州是天涯海角，即使董卓的凉州，也被戏称为胡汉杂交，这些大地盘在当时人的眼里都不过是少数民族，并不像现在这么富饶。

南方的益荆扬3个州相比，扬州是沿海的，所以又比那2个强。荆州其实不是什么好地方，在这个时候还不是兵家必争之地，因为起不到枢纽作用。不过荆州北部和司隶接壤的那一块还是比较好的。

南方不够发达，这是原因之一。还有一个更重要更直接的原因，就是董卓尽管作恶多端，但还没有把魔掌伸过来伤害他们的利益。

在上面北方的9个州中，西边只有一个很大的凉州，除中间的司隶外，东边还有7个小州，这7个州，才是当时全国最好的地段。

这和做生意开门面抢码头是一个道理，越是闹市区的门面，面积越是趋小，租金越是趋贵，越是郊区的门面，面积越是趋大，租金越是便宜。

董卓当然要优先考虑这上面东边的7个黄金地段，所以，他现在没有精力对下面南方的4个州下手。

因此，对于南方的4个州来说，不存在利害得失，你们打你们的，我们搞我们的，不关我们的事，所以不参战，只看戏。尤其是最远的交州，从秦始皇时起，就一直在看戏啦。

北方发生战争，南方还算是安定的。

董卓的凉系不仅霸占了京城，而且还要继续向东推进，尽量把自己凉系的干部安排到这东边的7个地方上去，这就意味着：要把这东7州原先的各路诸侯们都换下来，赶滚蛋。

如果董卓能够成功地得到关东7州，那就很有条件进一步向南侵占，从而得到整个全国。

董卓想把自己的势力延伸到东边来，可是，这东边7个州的人民不答应，怎么办呢？那就只有打！

东边的这7个州中，冀州最强，天下之重辎也，不仅是关东最富的，也是全国最富的。除冀州外，又属兖州最香。因为：

1. 兖州面积最小，相对最密集，人均收入相对就高。
2. 兖州接壤最多，与5个州为邻，起到了枢纽的作用。

所以，冀州、兖州就是董卓优先考虑的对象，乃是这一时期的兵家必争之地。如果董卓能够成功得到这2个州，就很有条件进一步扩张，从而得到另外5个州。

讨伐董卓的队伍，基本上都集中在关东的这7个州里面。

其中，马腾是关西的，本来就喜欢和董卓作对。袁术、孙坚是从南方荆州过来的，这3路人马不是严格意义上的关东军。但他们打董卓的目标是一致的，所以一起被统称为“关东联军”。

在正史中，并没有18路的说法，但讨伐董卓的核心力量仍是关东7州的各路大小诸侯们，所以这一点没有什么冲突。

董卓企图吃掉关东的全部地盘，扩张自己的势力。而关东联军打董卓则是为了自保，否则就会被董卓一个个吃掉。最终演变的结果，无非只有以下两种情况：

1. 董卓达到目的，成功得到了关东地盘。
2. 联军达到目的，成功守住了关东地盘。

这两方的关系，势同水火。能满足1，就绝不能满足2；能满足2，就绝不能满足1，双方没有均衡点。因此，这就注定了：必有一方的目的不能得逞。

究竟谁能达到目的，谁不能达到目的，这在事先是不可预知的，只有“搏”了之后，才会有个结果出来。

而在关东联军的阵营里面，由于大家都是自发组合的，派系众多，那就必然会人心不齐，动机各异。

从各方势力的利益角度来看，无非有三类目的：

第一类：朝廷中旧系失势的京官（比如二袁、曹操）。他们最希望打死董卓。打死了董卓，他们就有望回京担任要职。

第二类：关东各路诸侯，即地方上的土皇帝们。他们希望打跑或打死董卓都是可以的。只要董卓不侵害他们的利益就行了。

第三类：不一定受到董卓威胁的人。他们只是想乘机浑水摸鱼，从中渔利。至于能不能打赢董卓，倒不是十分重要。

除了利益目的之外，可能还有其他的非利益目的，比如：或许与董卓有私仇的，也或许真的是为公伸张大义的等等。

总之，这18路诸侯，在打董卓这个大目标上还是一致的。而打董卓的目的动机，则各有各的想法，并不太一致。这个变数就大了。

07 联军盟主袁绍的优选策略

任何人的行为，都是由选择驱动的。不同的选择导致不同的行为，不同的行为导致不同的结果，而结果只有三种：增值、保本、亏损。

所谓优选策略，就是在众多的可以挑选的方案之中，选择一种最有可能导致结果为增值的方案出来。

如果谁违背了这个原则，作出了与优选策略相反的劣选决策，那么，无论你多么高尚，都有可能被淘汰出局。

现在，东边的袁绍等18路诸侯造反了。他们没有别的选择，不造反不行：

1. 打董卓，存在三种不确定的结果：增值、保本、亏损。各有三分之一的可能。
2. 不打董卓，只存在一种很确定的结果：亏损。迟早要被董卓蚕食掉。

所以，打董卓是优选策略。这个选择是有可能导致结果为增值的。而不打董卓，则没有增值的可能，只会亏损。

既然决定了要打，就得找个理由来证明他们的行为是合法的。找合法理由，不完全是为了讲道义，而是为了获得其他不参战的诸侯们的支持。

你打董卓是合法的，其他不参战的诸侯们可能会支持你多一些，你打董卓是非法的，其他诸侯就有可能会乘机剿灭你而立功。

所以，一定要找个好理由，方能出师有名。

找好理由，尽管一直被视为道德层面的东西，但他同样也是有可能导致结果为增值的优选策略。所以一定不能忽视。

找什么理由打董卓最好呢?

最大的理由，是质疑董卓上台的合法性。如果能证明董卓上台当太尉当相国是以非法手段谋取的，那么，毫无疑问，这个理由的攻击性就是最强的。很容易导致群起而攻之。

但是，没有一个人质疑他的合法性，这就说明大家都默认了董卓上台是合法的，他上面的高官都死光了，是该轮到他接班了。他的这个相位也是由皇帝签字盖章认可了的，是合法的。

所以不能以这个理由去打他。

请注意：董卓是在上台之后干的坏事，不是通过干坏事上的台。他之所以能够上台，完全是由当时的外部环境提供的机遇，使他白捡了一个便宜。

这个理由不行，那就再找下一个理由：董卓上台之后，都干了哪些坏事。

董卓干的第一件坏事，是废长立幼，换皇帝。以这个理由来打董卓，行不行呢？也不行：

1. 皇帝年少时，由三公、将军、太傅这五府掌政。因此，换皇帝，是“五府”共同做出的决策。虽然是董卓蛮横霸道地威胁强迫大家通过的，但毕竟都是大家一致通过了的。

那么，由五府做出的换皇帝这个决定，你下面的官员就只能接受，而无权反对。所以根本就不能以这个理由来造反。

2. 如果袁绍指责董卓换皇帝是谋反，那么，这个理由对袁绍自己也是不利的。

因为袁绍的优选策略至少有两个：一是进攻，消灭董卓。二是在消灭不了的情况下，袁绍可以在东边的7个州建立一个新的汉朝，找一个皇室宗亲来担任皇帝一职。

所以千万不能说董卓换皇帝是谋反，否则，自己也不能这样干了。

基于以上两个原因，袁绍尽管十分痛恨董卓换皇帝这件事，但也绝不能以这个理由来讨伐董卓。因为这个理由并不能导致结果为增值。

不能导致结果为增值的理由，无论多么正确，都是没有用的。

因此，只有再往下继续寻找理由：董卓滥用职权，犯下了一系列的滔天罪行，天下共愤。这些都是可以作为讨伐董卓的理由来加以利用的。

董卓的确做过许多令人发指的事，所以以这个名义来讨伐他，就是说得通的。于是，袁绍说：董卓，你坏，你残暴，你不是人！

说董卓坏，董卓专干坏事，是讨伐董卓最大的理由。这是因为找不出比这更好的理由了。

讨伐董卓的理由虽然有了，但问题是：即使董卓有罪，你又有什么权利来制裁他？大家谁都没有这个执行权。执行权在皇帝，不在袁绍。袁绍想要制裁董卓，得有皇帝签字通过了才行。

皇帝在董卓手里，这是不可能被批准的。因此，董卓的优势就相当大了，无论他怎样胡作非为，他的暴行都是合法的，都是经皇帝批准了的。而只要是反对他的，就都是非法的，都会被批准逮捕。

既然没有皇帝的授权，袁绍他们就只有伪造，这叫做："奉天子密诏"。

奉天子密诏，就是皇帝秘密下旨，命令我等前来攻打董卓的。这一点非常重要！因为打董卓，这是皇上的意思！并不是我袁绍存心要跟你董老头子过不去。

密诏当然是假的，大家都心知肚明。但是伪造这个东西，是必需的，他可以向大家"保证"：请放心，打董卓是合法的，是皇帝叫我们打他的！我们并没有造反，而是在为皇帝、为国家铲除奸臣败类。

这也是有可能导致结果为增值的选择。

请记住优选策略的要点：被选择的行为，应该具备导致结果为增值的可能。而不是其他。

也就是说，是"因为打董卓可能导致增值"，才去打他的（以他坏的理由去打他）。而一般书上说的都是"因为董卓坏"，才去打他的。这两者是有天壤之别的。

董卓那么坏，怎么只有他们去打董卓呢？南方人不参战，难道个个都不忠吗？很显然不是这么回事。

在那么多打董卓的人中（包括刺杀他的），也许有的只是为了泄私愤，也许有的真的是为了忠于封建皇帝，也许有的另有其他目的，总之，原因会有N种，说不清的。

其实，无论是什么原因，都不重要，重要的是看结果是否产生了增值。因为：

1. 只有使结果产生了增值，才能胜出。
2. 行为不能使结果产生增值，那么，这个行为就是浪费。
3. 行为使结果产生了亏损，你就会被淘汰。

08 一代奸雄董卓的优选策略

当袁绍等关东诸侯兴兵来打时，董卓又是怎样应对的呢？

他总共只有三种选择：攻、守、退。

1. 攻。主动出击，采用粗暴的手法猛打狂拼，或是采用柔和的手段离间瓦解，或是其他办法。总之，攻只有一个目的：彻底击败打垮关东联军，使关东的7个州真正成为自己的地盘。
2. 守。被动防御，守住关东联军的进攻，使他们攻不破。这样，董卓占据西边的凉州和中间的司隶这两块地盘；关东联军占据东边的7个小州。双方势均力敌，互不能胜，各占一半。
3. 退。主动或被动撤退，放弃司隶，退回到凉州老巢去。退走之后，董卓占据西边的凉州这一大块地盘，关东联军占据中间的司隶和东边的7个小州。双方各占一半，董卓占小头，关东联军占大头。

这三个选择中，攻，是首选，因为进攻有可能导致结果为增值，而其他两个选择则不能。

18路关东联军中，各路兵马多少不等，有三万者，有一二万者。总共大概40万人。董卓京中的兵马大概二十几万，处于弱势。一交战就折了猛将华雄，吕布纵英雄，也只够保个本。

凡是属于双方对抗性的博弈，往往是实力在起主要作用，智慧起到的作用相对要少些，而运气起到的作用就更少了。

董卓采用强攻，根本攻不进去。来硬的不行，就来软的，采用离间瓦解之术，拉拢联军中最前面最勇猛的孙坚，但是，孙坚不买账，董卓瓦解不了。

因此，处于弱势的董卓，没有条件实施最优选的策略，进攻无法取胜。那么，他其实只有两个选择，防守司隶，或是退守凉州。

防守司隶，二十几万人未必守得住40万人的进攻，这也不好。如果把他老巢凉州的二十几万大军都调过来，应该是可以守得住的。

问题是凉州的大军主要是用来防御境外胡人的，暂时挪用一下估计还是可以，但绝不能抽过来长期驻守司隶。否则，就等于是放弃了凉州。

既然不方便把凉州的二十几万人调过来，那么，把司隶的二十几万人调过去，可不可以呢？这个选择应该是可以的。放弃司隶这块小地方，总比放弃凉州老巢大地方要好。

所以，董卓做出了一个很重要的决定：迁都。把京城从洛阳搬到长安，皇帝、大臣、官员都强行搬过来。也就是退出司隶，牢守凉州。

这是董卓在两个可以挑选的劣势选择中，做出的较为优选的决策。

董卓集中两处兵马（约有四五十万），在选择是守司隶还是守凉州的问题上，选择守凉州是优选方案。这个是可以肯定的，应该没有什么争议。

而有争议的是：如果董卓集中全部兵力四十几万，猛烈进攻关东联军，效果是不是会更好呢？

这个才是最优选的策略！因为集中兵力后，并不比关东联军弱，甚至要强，再者，只有进攻才有可能导致增值，带来收益，而无论防守何处，都不会增值，最多只能是保本。

那么，董卓为什么不选择这一更具优势的方案呢？这是因为选择进攻，成本太高，董卓必须押上全部家当来下注，而进攻后的变数总是胜败各占一半，胜则独霸天下，败则倾家荡产。

也就是说，这个优选策略可能导致董卓要么获得100%的利润，要么一切归为0，出现两个极端。

如果选择防守，那么可以确定的是已得到的这部分利润，是完全守得住的，虽得不到100%，但也不至于变成0。

关东联军需要获得收益，董卓同样也需要获得收益。关东联军若不打董卓就不可能产生收益，而董卓不打关东联军，则还有别的办法产生收益。这就要考虑到皇帝的收入了。

因为皇帝的收入已经变相地成为董卓的。董卓手里多了皇帝这张牌。

皇帝主要有两项收入：一是全国各地的税收要上缴进贡给皇帝；二是卖官的钱，每个职务按大小论价，这个是皇帝的私房钱，从汉灵帝开始的，即卖官鬻爵，这在当时是合理的。

现在，这两项主要收入（或另有其他收入）当然是由董卓代皇帝收管的，只要皇帝在自己手里，他就有权向大家收这个钱。

东方的7个州虽然乱了，但在程序上还是免不了的，由于这个钱是交给皇帝的，所以必须按时交纳。因为大家反的只是董卓，而不是反皇帝。

但这个钱一交上去，就又到了董老头子手里，所以很矛盾，于是，大家渐渐地，开始学会赊账了，口头上还是承认给，就是拖欠着不拿出来。

下面南方的4个大州并没有乱，当然是会定期按合同交钱的。

总之，只要皇帝在董卓手里，董卓就赚大了，这个利益要远比拿家当去跟人家拼命划算，无非是减少了东部几个州的收入而已。

因此，董老头子不与关东联军火拼，只是防守，他的较高收益是有保障的。

董老头子不愿意冒险，保守地选择了防守，这是相对理性、稳健的做法。但也从侧面暴露出董老头子这个人缺乏一统江山的英雄豪气，不敢像历代开国皇帝那样孤注一掷，做亡命之徒。

董老头子攒了不少的钱，说过这样一句名言：“事成，则雄踞天下；不成，守此亦足以毕老！”

都安排得好好的。

在这一局，董卓的攻、守、退三选之中，攻法本来有两种，但一种不能成功，一种又不敢冒险。因此，他实际上只剩下防守司隶和退守凉州这两个选择了。

09 董卓为何要纵火烧毁洛阳城

董卓的策略，首先是想办法消灭关东联军，如果消灭不了，那就想办法守和，如果守和不成，那就只有等着去死了。

董卓要想消灭关东联军，他总共只有两个进攻选择：

1. 就本部20万人，进攻联军40万。这个办法存在百分比很小的巧胜可能，但经董卓反复试验而确认：不能获胜，只有小亏。
   因此，这个选择根本无法实施，达不到目的。
2. 把老巢凉州的20万人调来，40万进攻联军40万。这个办法应该存在一定的胜算几率，但就算成功，也只能增加东部7个州的收益，而一旦失败，则必将血本无归，倾家荡产。

收益与风险严重失衡，不划算。所以他不愿冒险，这个选择没有加以任何试验就主动放弃了。

两个进攻的选择，一个无法实施，一个主动放弃。这就是说董卓不可能消灭关东联军。

既然不可能消灭关东联军，那就只有守和。守和后的结果是董卓占西，联军占东，各分一半，战争结束。这个结果是董卓放弃进攻后的最佳结果，他应该想办法促成这种局面的形成。

在这一局中，董卓要决策的项目是：怎样才能守和。

董卓要想守和，有两个选择：

1. 就在洛阳防守。不让关东联军打败。

2. 退到凉州防守。不让关东联军打败。

如果就在洛阳防守，本部20万人，防守联军40万的进攻。这个难度比较大，有一定的守和可能，但是损耗一定不会小。

即使守住了，也只是在僵持，对方一定不会轻易罢兵，时间一耗长，联军方有出现内乱的可能，董卓方也同样有出现内乱的可能。董卓方的人少些，先出现内乱的几率或许比联军方大。

因此，就在洛阳防守，虽有守和之可能，但风险较大。如果退到凉州防守，则非常容易形成守和的局面。

注意：就在洛阳以20万守40万，不是说一定会输，而是有些难度，或许也能守住，只是相比“退回凉州以40万守40万”来说，后者肯定更为容易些。

可见，防守成“和”的最佳位置应该是凉州，所以“退守凉州”为董卓的优选策略。

只是这个优选策略存在一个弊端：就是一旦放弃了司隶洛阳，这块地盘就丢了，损失这笔财富，多少有些不划算。

董卓最终还是选择了主动放弃洛阳，退守凉州去了。这一退，就明确地向对手表了态：妥协，不想和你们打仗了。

并不是说董卓怕了袁绍，是因为打仗对董卓益处很小，而害处极大。这是由利益关系决定的，打仗的本质，就是为了争夺利益，不是为了打仗而打仗。

董卓已经是巨额利益的获得者，为了避免损失，保存已得的胜利果实，这样选择应该是比较稳健的做法。

董卓虽然主动让步了，但对手却不一定会跟你一样讲客气，也让你一步，哪有这样的好事？

对手的选择，依然也存在攻、守、退三种可能。

1. 攻。关东联军继续追击，追到凉州来打。

2. 守。关东联军放弃追击，但防止董卓反攻。

3. 退。关东联军不存在退，只要不进攻，就可以算退。

因此，对于董卓来说，只要关东联军不进攻，不追到凉州来打，一切就万事大吉了。对方只要一放弃进攻，则和局马上成立，双方各占一边。

所以，董卓只有一个任务，就是阻止关东联军的追击。

用什么方法来阻止敌人的追击呢？用兵当然是个办法，但最好的办法还是用利。因为联军打董卓的目的，也不是为了打仗而打仗，更不是为了忠于皇帝而打仗，而是为了争夺利益而打仗。

董卓因为想吞掉东部，威胁到了东部的利益，所以东部要和董卓拼命，而没有威胁到南方4个大州的利益，所以南方就不愿意参战。就是这个道理。并非东部人比南方人更忠于皇帝，更痛恨贪官。

现在，董卓主动逃跑了，不惹你们了，这就已经解除了对东部的利益威胁。

那么，东部攻击董卓的积极性，马上就要降下来。因为他们即使能把董卓消灭掉，他们所能得到的利益，还是和这差不多的。那就没有必要浪费精力了。这是原因之一。

原因之二：董卓一撤退，主动把司隶这个小地盘送给18路诸侯，那么，一定会分赃不均狗咬狗。谁若继续追击，谁将孤军犯险挨揍，并且自己可能得到的那份利润就会被同伙们瓜分，有害无利，导致关东联军都不敢轻易追击。

董卓做出了让步之后，40万兵马就凝聚到了一处，胜率就会增加，对手如果还要追过来打，阵线就会拉得太长，胜率就会下降。

对手如果也是理性地权衡利益得失的话，理论上就该停止追击了。和局就此形成。

但是，主动放弃司隶洛阳这块地盘，损失这笔财富，是不划算的，这怎么办呢？董卓想出了一条毒计：

把洛阳的财富全部席卷一空，掠到他凉州来，这就等于没有什么损失，再放一把火把洛阳城毁掉，变成一个废墟，送给18路关东诸侯，这样一来，还是董老头子赚了：

1. 全部财富已经归了董卓，而关东诸侯们将一无所获。

2. 地盘已经变成了废墟，对于双方来说，都失去了价值，你要你就拿去。

于是，董卓开始行动了：

先一杯毒酒，将废掉的皇长子少帝毒死，免得你们把他抢过去搞复辟。又逼迫汉献帝迁都，把京城从洛阳搬到西边长安去，皇帝、大臣、众官员们都强行搬了过来。

又杀掉袁绍的叔叔，将袁家灭族，职务换上别的人，你袁绍就是打死了董卓，依然轮不到你来把持朝政，彻底断了袁绍的念头。（袁绍只有报仇的私念了，事实上，袁绍也一直没有报仇。）

然后，将洛阳所有富户的财产全部没收入官。凡是袁绍等门下宗党，全部抄斩，取其金宝。

再将洛阳之民，数百万口，全部驱赴长安。

每百姓一队，间军一队，互相拖押。死于沟壑者，不可胜数。又纵军士淫人妻女，夺人粮食；啼哭之声，震动天地。如有行得迟者，背后三千军催督，军士手执白刃，于路杀人。

最后董卓临走的时候，叫诸门放火，焚烧居民房屋，并烧掉了宗庙宫府。南北两宫，火焰相接；长乐宫廷，尽为焦土。又派吕布去挖掘先皇及后妃的陵寝，取其金宝。军士们乘机把官民坟冢都挖尽了。

董卓将抢来的这些金珠缎匹好物，装载了好几千车，往长安去了。

这一兽行，董卓自己手下的人也曾反对过，但董卓说了："吾为天下计，岂惜小民哉！"

10 曹操为什么要单独追击董卓

董卓把京城的财富全部转移到凉州后，一把火烧了京城，转身就走了。关东联军仅仅只能占领一个废墟，虽然没有多大收获，但威胁已经被解除了。

现在，关东联军的各路诸侯们坐在这一片废墟上，商量下一步究竟该怎样行动。无非是两个选择：

1. 继续追击董卓，赶到凉州去消灭他。
2. 放弃追击，就此结束战争，各人回家。

这两个选择，究竟哪一个更好？

董卓已经主动放弃了进攻权，又主动放弃了防守权（京城），仅仅只保留了一个退守权（凉州），因此，董卓的选择权只剩下一个：退守凉州。

而关东联军则攻、守、退，三选皆有能力做到。

选择权越多，则越占优势。也就是说，董卓已经不打关东联军了。而关东联军则是既可以打董卓，也可以不打董卓。从而掌握了战争的主动权，应该更具优势。

那么，关东联军应该采取继续追击的策略才是首选。即使后来确实打不过，再退回去也不迟嘛。

但是，大多数人都不愿再打了，选择了放弃追击。为什么会作出这样一个次选的决策呢？我们来分析一下：

第一，成功的胜算有多大？

董卓是主动撤退的，并不是打败了逃跑的，所以你赶上去打他，结果根本无法预料。

但可以预见的是：董卓的40万兵力正在会拢聚集，而关东联军的40万兵力正在战线拉长。这个形势对联军并不利。

总之，没有任何数据可以支持联军必胜，同样，也没有任何数据可以支持董卓必胜，所以，这个结果是不太确定的，应该是双方各有一定的胜算几率。

在不确定的事物上猜来猜去，是没有意义的。优选法是人在选择，不是神在选择，这个问题既然暂时无解，就先放一放，再从其他角度进行分析，看还能不能找到比较确定的因素。

第二，成功后的利润有多大？

关东联军能不能打赢是个未知数，假设打赢了（这是最好效果），消灭了董卓，能产生多少利润呢？这个应该比较好算：

皇帝下面依然是五府（三公、太傅、将军）掌政，这些关东的地方官们能不能混成京官呢？估计有的人能，但能不能混进五府呢？恐怕是不能的。

最多只有袁绍或是袁术混上了大将军之位，或是两弟兄一个当大将军，一个当骠骑将军，总之只有一个名额可以进五府去把持朝政。

这些关东的地方官员们即使混成了京官，也比在原先的地方上当土皇帝强不了多少，在朝廷里不能把持朝政又受制于人，甚至还不如在自己的地盘上当土皇帝划算。

因为这些诸侯们已经是地方上的最高长官了，这和当年的董卓在西北地方当最高长官是一样的，皇帝怎么给他封官，他都不太愿意去的。

这样一算：冒着死亡的风险去打董卓，即使打赢了，还是回地方上当土皇帝，不打董卓，马上就可以回去当土皇帝，打与不打的利益是一样的，差距不大。那么，上面那个无解的问题就可以不用解了。

现在，董卓跑了，对他们构不成威胁了，所以他们一致选择了放弃追击，因为费一趟力和不费力的收益是一样的，你还跑去打，不是脑残么？

只有袁绍、袁术两弟兄才有可能成为进攻获胜后的最大受益者，所以，也只有他们才是最希望大家出一把力杀到凉州去的人。

可是，他们只是少数，绝大多数人都是不会无偿卖命的，在这种情况下，不要说袁绍只是个盟主，他就是皇帝，他就是玉皇大帝，他也是指挥不动了的！

所以，关东联军没有继续追击董卓，是由可以预见的（很确定的）利益结构导致的，请大家再不要把这个责任全部归罪于袁绍指挥无方了。书上之所以要那么写，完全是出于某种需要而故意污蔑袁氏的。可以肯定地说，这个时候的袁绍，要比任何一个人都着急！

大家都不再卖力，袁绍这个盟主根本就调不动这帮诸侯了，东西方形成和局的大势已定，难于扭转。

曹操正是看破了其中的奥妙，捏住所有人的软肋，大叫道：“董贼弃逃，此天亡之时也，一战而天下定矣！诸公何疑而不进？”

众诸侯皆言：“不可轻动。”

曹操大怒道：“竖子不足以谋！”遂自引一万兵来赶董卓。

曹操这个举动，并不是真要去打董卓，只是做做样子而已。因为一万人去打几十万，是很搞笑的，不需要细推就能知道结果。所以他一定会采用只追不打的策略，做做样子，给大家看看也就行了。

袁氏弟兄一看：好！只有曹操是和我们一条心的，真正值得信赖的朋友！

各路诸侯一看：好！只有曹操是真正一心为公为国的人！我们都不如他。

这样演变的后果必然是：若袁氏弟兄得势，曹操将成为被重用的对象。若袁氏弟兄失势，则曹操有可能被推选为下一个盟主。左右逢源，为今后的发展，获得了一定的政治资本。

曹操单独去追击董卓，一定没有取胜的可能，若只追不打，安全应该没有问题的。但是董老头子相当的狡猾而老练，差点要了曹操的小命。不过曹操还是逃回来了。

第三　关东内讧

集体的优选策略，和个体的优选策略，经常会发生矛盾，出现背离。这是不可调和的，究竟谁是谁非，没有定论的，争论一万年也不会有结果。唯一有凭的是：谁强谁弱。只有“强者”最容易胜出，而并不一定是“对者”胜出。

01 袁绍为什么要另立皇帝

董卓撤退之后，关东联军也不继续追击，双方就此罢兵休战，于是，东西方之间彻底形成了和局，很长时间都再没有刀兵相见。因为互不侵犯，已失去了利益冲突。

这一时期，天下的局势为：

1. 董卓占据了上面北方的西部，不足四分之一的地方。

2. 关东联军占据了上面北方的东部，大于四分之一的地方。

3. 下面南方是没有发生动乱的4个大州，占全国二分之一的地方。

这三大板块，在名义上全部都属于皇室汉献帝所有。但是，汉献帝被牢牢地控制在董卓手里。

东部关东联军的部分收入，必须按规定向汉献帝进贡，（主要有两项收入：一是地方税收，二是卖官的钱）。但是关东联军不愿上交，因为一交上去就等于是白送给董老头子了。

但又没有理由拒交，怎么办呢？赊账、拖欠是最好的办法，口头上还是保证给，就是不拿出来。董老头子也确实拿他们没办法。

这样，关东联军虽在名义上还是汉献帝的臣下，但实际上已经是独立了。他们的收入，各个地方的最高长官各人自己装腰包里，你董老头子还是继续当你的丞相，只要不来惹我，大家就相安无事。

东西方形成了对峙状态，谁也战胜不了对方，由动态的战争演变成了静态的抗衡。如果维持现状，不发生其他变化，继续演变下去的话，只要时间一长，西边的董卓方就会渐渐占优。

因为占全国二分之一的整个南方，虽然不是董卓绝对控制的势力范围，但他们是要定期向汉献帝交“租金”的，当然是由董卓代为收管。

也就是说，董卓可以享受全国接近四分之三的利益。而关东联军仅享受大于四分之一的利益。

董卓由于多了汉献帝这张牌，就多了下面整个南方的收入。从长远利益的角度来看，这个局面对关东联军是不利的。注意：是指长期战略而言。

关东联军在不能消灭董卓的情况下，要想长久的和董卓博弈下去，最好的做法就是去抢下面南方4个州的利益。只有这样，才既可以使自己增值，又可以有效地遏制对手，缩小与对手间的差距。

所以，这一方案是关东联军长期战略的优选策略。

全部抢到，恐怕不可能，但最可能也是最容易形成的局面是：西南的益州归董卓，东南的扬州归联军，中间的荆州可能会有局部战争，如果平分，也是联军占大头。最下面的交州怎么分都是可以的。

这样一来，关东联军就可以占据一大半江山了，而董卓只能占一小半。这个局面就很利于关东联军未来的走向。

能抢到一半，是最有可能形成的结果，全部抢到是最好效果，完全抢不到是最坏效果。

因此，对于关东联军来说，当前最重要的问题是：如何去抢占下面南方4个州的利益。

首先，绝对不能武力攻打，你去打他，凭什么打他？他必然要和你拼命，这样一来，很容易形成南方的诸侯们和西北的董卓联手夹攻关东联军。

所以，不能取代他们，只能让他们归顺。他们还是继续做当地的土皇帝，只是原先交给董卓的“租金”就不用再交了，而是转交给关东联军。

这样，对于南方的诸侯们来说，“租金”无论交给谁，都是一样的，利益上不会受到任何损失，甚至交给新老板，还有可能优惠。

问题是：南方的诸侯们和关东的诸侯们是同样的级别，他们交“租金”给皇帝是理所当然的事，凭什么要交给你关东联军呢？

关东的诸侯们是没有资格找南方的诸侯们收“租金”的，只有皇帝才有这个资格。那么，关东的诸侯们就必须要弄一个皇帝出来，才能够具备这一资格。

于是，关东的诸侯们在袁绍的倡议下，一起来作这个重大的决策：怎样弄一个皇帝出来。

经过商议，首先，决定推举汉室宗亲刘虞出来担任皇帝一职。

刘虞凭什么当皇帝？这不是造反么？这不是造反。

因为皇帝是汉灵帝的长子，即少帝，已经被董卓毒死了，董卓又另立的这个小皇帝（献帝），其实根本就不是汉家皇室的骨血，那是个假的！天下的诸侯们都被董卓欺骗了，长安的众公卿们因为惧怕董贼，也都不敢说。但国不可一日无君，所以，立汉室宗亲刘虞为帝。

如果这个决策一旦通过的话，南方的诸侯们肯定有人会相信，会动心，因为不会100%的人都跟董卓一条心。任何事都是三分之一的人干，三分之一的人看，三分之一的人对着干。

南方的诸侯们不会在乎谁当皇帝是否合法，因为谁当皇帝都与南方的诸侯们没有什么大的关系。

当年，董卓一句话，这个皇帝不行，换一个！大家还不是都默认了。现在，袁绍如果说，这个皇帝是假的，再换一个！大家的反应会和原先是一样的。

出现两个皇帝之后，南方有望分成两半，西边的归董卓，东边的归关东联军。有条件形成东西两汉并存对峙的局面。

董卓的优势，就是多了皇帝这张牌。而关东联军的这个决策，另立一个皇帝出来，既有可能可以使自己行为的结果增值，又可以有效地遏制打击对手方的优势。

所以，这个决策对于关东联军整个大集体的长远利益来说，是一个优选策略，至少也是一个优先考虑的方案。

因为这个策略可以导致原先四分之一对峙四分之三的局面，改变成二分之一对二分之一的局面，劣势变成均势，双方平分秋色，联军不吃亏。

策略是好的，下一步就是怎样落实的问题了。

02 袁绍兄弟间的明争暗斗

关东联军如果单方面宣布西部长安的汉献帝根本就不是汉家皇室的骨血，是个假皇帝！从即日起作废，自己再立一个皇帝出来，宣布这个才是正统，那么，南方的诸侯们就有可能选择向这边的皇帝交纳“租金”。

因为汉献帝本来就是一个很有争议的皇帝，大多数人是不赞同他当皇帝的，为这件事，朝廷的官员们把太监都杀绝了。后来董卓把他弄上台后，大多数人还是不太情愿的。

所以废掉他，说不定得到的民心还要多些。总之，南方的诸侯们不可能100%的反对，这就行了。

这样做如果成功了，关东联军就有可能占据东部的半壁江山，具备了和西部董卓长期抗衡的资本，是有好处的。

若不这样做，则无得也无失。不过，时间一长，董卓就又会渐渐地被养肥了，这对关东联军是没有任何好处的。

所以，废掉汉献帝，另立汉室宗亲刘虞出来当皇帝，就是关东联军长期抗衡的优选策略。

优选策略只有在通过之后，才能去执行。

因此，下面紧接着的一个重要环节就是，这个优选策略究竟能不能被通过。

袁绍将“废献帝立新皇”这一方案亮出来大家讨论，如果关东联军的各路诸侯们都通过了，那么南方的各路诸侯们也许也会认可（仅仅只是有这样一种可能，但不一定）。

无论南方的诸侯们是否会认可新皇帝，但你必须得保证首先要在关东联军的内部获得通过之后，才可以往下说。

那么，现在最关键的问题是：关东联军的主流力量是否同意袁绍废掉汉献帝，另立刘虞为新皇帝呢？

袁绍的弟弟袁术，第一个站起来反对：“当今圣上聪明睿智，你怎么要背叛他呢？只因董卓祸乱天下，我们兴的是义兵去打他，所以才有人支持，你说皇上不是汉室血脉，这岂不是在诬蔑他吗？从古至今，做人都要以忠义为先。你说的这，不行！”

其他的各路诸侯，要么不表态，要么直截了当地说这不行，哪能这样做呢？这不是大逆不道吗？这和奸贼董卓还有什么两样！总之，绝大多数人是不支持或直接反对的。

那么，这个方案就没有办法通过了。

袁绍还不死心，又直接找刘虞本人商量。刘虞他自己也不愿意，直摆手。刘虞坚决反对说：“我就是流亡到国外匈奴去，也绝不会干这样的事。”

如此，袁绍欲立刘虞为皇帝的方案被否决了。那么，大家究竟为何要反对呢？

先说袁术。

袁术虽然是袁绍的弟弟，但他是大老婆生的，而袁绍则是小老婆（甚至是婢女）生的，袁术当然自视高过袁绍。

原先袁术在京中的职务一直比袁绍低，后来一跃成为朝廷的后将军，是董卓允许后由皇帝签字了的，作为袁术默认董卓废长立幼的一种报酬。

他的这个“后将军”是货真价实响当当的，在关东联军的各路诸侯中，他的身份是最高的。现在，如果宣布汉献帝作废，也就是等于把袁术后将军的身份也给废了，那袁术又凭什么要答应呢？

其次，关东联军内部又分成南北两派：

1. 北派，是豫、冀、兖、徐、青、并、幽7个州的各大小诸侯，他们是纯粹的关东诸侯。
2. 南派，是从荆州过来的袁术、孙坚，仅有两路人马。这两路不是严格意义上的关东诸侯。

如果他们成立一个新国家，则一定是以上面北派的7个州为主。那么，大将军之位就一定是袁绍的，而不会轮到袁术。

所以，成立一个新国家的最大受益者将会是袁绍，而袁术则会成为被排挤的对象。这一决策将会对袁术有害无利。当然，袁术反对的话说得非常好听，做人要以忠义为先。

再说其他的各路诸侯。

北派7个州，自然会有7个州级别的最高长官。各州下又设郡，各自所辖的郡数量不一，合计约有54郡。虽说有些并没有参与讨伐董卓，但你要成立一个新国家，他们肯定都有资格要参与。

袁绍仅仅只是一个小小的郡守，虽然在战争时期担任的是盟主之职，但他也只有协商指挥的权力，并无什么特权，管理极为松散。大家各人出资，盈亏自负，赚了都自己藏着，赔了该你倒霉。既可以听从他的，也可以不理睬他的。

因此彼此之间是一种纯粹的合伙人关系。并且没有较为严格的管理条例约束。

现在，一旦成立一个新国家，原先的合伙关系，马上就变成了隶属关系！原先的朋友关系，马上就变成了上下级关系！原先的平等关系，马上就变成了主仆关系！

袁绍在当盟主的时候，给自己封的是车骑将军，联军中的最高长官，虽然是个虚的，但成立新国家之后，就会担任大将军之职，成为把持朝政的人。

各路诸侯的利益都会有损，只有袁绍一人直线飙升，成为最大的受益者。

当然也不是100%的人反对，还是有支持的，比如韩馥就大力支持。

韩馥为什么要支持呢？因为韩馥是冀州的最高长官，冀州是东7州（也是全国）最强大的一个州。

如果要成立新国家，首都当然就是在冀州了。那么，韩馥这个最具实力的诸侯，就有条件成为新国家里把持朝政的人。他也会是最大的受益者。

因此，韩馥和袁绍天天都在一起商量，亲热地很，讨论怎样组建新国家。他们甚至把新皇帝的玉玺都刻好了。

但是，韩馥和袁绍两个人，毕竟只是整个关东联军里的少数派。所以，他们废掉汉献帝另立刘虞为新皇帝的这一决策，对于绝大多数的其他诸侯来讲，就是有害无利的，大家当然都要反对，不能被通过。

集体的优选策略，和个体的优选策略，经常会发生矛盾，出现背离。这是不可调和的，究竟谁是谁非，没有定论，争论一万年也不会有结果。唯一有凭的是谁强谁弱。

只有“强者”最容易胜出，而并不一定是“对者”胜出。

在这一决策中，关东联军的各路诸侯是多数派，袁绍是少数派，袁绍处于弱势，所以就拗不过大家，这一优选策略也就无法实施，被迫放弃了。

03 袁绍夺取天下的战略规划

袁绍的第一选择是消灭董卓，成为全国的大将军。问题是他不具备这个条件，因为他已经指挥不动大家了，无法实施。那么，这个第一选择就只有被迫放弃，往下进行第二选择。

袁绍的第二选择是先在东部半壁江山建立一个新国家，成为半个国家的大将军。然后再瞅准时机，灭了董卓，一统天下。这个选择就没有前一个选择直接了，得分两步走，方能获得最后的成功。

可是，第二选择的第一步，成立新国家，他也实现不了，那么，就根本不能谈第二步了。

如果袁绍不能成为半个国家的大将军，他就只是一个小小的郡守。等待他的命运必将是迟早一天被淘汰掉。

所以，他必须再做选择。在他可以选择的范围内进行优选。

按倒推法：

1. 要想最终控制全国，得先控制东部的半壁江山。只有控制了东部的半壁江山，才有条件与董卓争天下。
2. 要想控制东部的半壁江山，得先控制东部上面的7个州。只有控制了东部上面的7个州，才可以号令下面南方的各路诸侯。
3. 要想控制东部上面的7个州，至少得先控制7个州里面的一个州。如果一个州也控制不了，那一切都是空谈。

因此，袁绍现在最切实际的做法，就是如何谋得一个州的控制权。

东部的7个州分别是：豫、冀、兖、徐、青、并、幽。

这7个州中，只有冀州的地盘最好，实力最雄厚，粮草最充足。如果控制了冀州，才可以成为这7个州中的老大，继而才有条件去控制其他的6个州。

所以，袁绍的整体战略规划就是：

先取冀州——再取东6州——再取南方各州——最后取天下。

一共4个步骤。

如果袁绍得到了冀州，以后的变化虽然还是不确定，但变化的范围已经可以大致框定：

1. 从最好效果来看，如果变数一直对袁绍有利下去，那么，袁绍最终可以夺取天下。
2. 从最坏效果来看，如果变数一直对袁绍不再有利，那么，袁绍至少可以是各路诸侯中最大的一个诸侯，即使再没有任何发展，也不至于被别人轻易消灭。

如果袁绍得不到冀州，那他就只是一个小小的郡守。迟早一天会被消灭淘汰掉。

所以，能不能得到冀州，对与袁绍来说，至关重要，得不到一定是死路一条；得到了，至少可以立于不败之地，并且还有可能继续发展。

夺取冀州，是袁绍当前的最佳选择，因为他已经没有其他好的选择了。但夺取冀州一定会与冀州的现任老板韩馥发生冲突，这样就主动挑起了关东联军的内讧。导致的结果是：

1. 与冀州的现任老板韩馥展开激烈的争夺，双方各有胜负之可能，袁绍不一定能得到。
2. 即使抢到了冀州，也必会失去其他关东诸侯的信任。失去往日的号召力。

所以，强行占领并不是高招，只是个下策。

最好的方式是用和平的手法得到冀州，这就必须采用一定的计谋，计谋一旦成功，既可以不与冀州老板韩馥为敌，也不与其他关东诸侯为敌，又可以轻易获得冀州，且不会发生关东联军的内讧。

如果这种计谋不存在，或是不能实施，那就必须撕破脸去强行抢夺！总之，无论如何，一定要先得到冀州，才能再往下说。

能不发生内讧是最好，可以继续当谦谦君子，若发生了内讧，也不怕，无非就是当个见利忘义的小人。

无论是当君子还是当小人，都是没有实际意义的，最重要的是先要得到这个利益，才能保证你不被淘汰，才有资格参与下一回合的角逐。

否则，都是空谈。

04 袁绍如何谋取战略要地

冀州，不仅是关东最好的一块地盘，也是全国最好的一块地盘，天下之重辎也，袁绍垂涎已久。

袁绍的第一步战略目标是：夺取冀州。

冀州的现任老板是韩馥，如果袁绍直接去攻打韩馥，则有可能出现以下两个弊端：

如果打不赢韩馥，就会连立足之地都没有了，因为袁绍的粮草是靠韩馥供应的。如果打赢了，也会背上骂名，失信于天下诸侯。

因此，除非万不得已才硬打，在此之前应尽量寻找更好的办法。

袁绍攻击韩馥，属于双方博弈，袁绍是弱势方，弱势方的胜算概略普遍较低，如果要想战胜强势方，弱势方使用的方案一般有两种：

第一种：积聚优势力量快速猛烈攻击对手的薄弱环节，使其瘫痪，丧失反击能力。这种方式存在较大的侥幸巧胜之可能。

第二种：避免双方博弈的竞局模式，人为地再增加一路人马参与进来竞争，演变成三方博弈的竞局模式。弱势方就存在较大的获胜机会了。

因为只是在万不得已的情况下才去硬打，所以，第一种方案暂时不能使用，现在的首选是如何引导演变成三方博弈的局面。

要想演变成三方博弈的局面，那就需要再增加一路人马参与进来。增加谁呢？必须增加一路比袁绍更强的才行。

因为在三方博弈中，乙丙联合攻击甲方，乙丙必须要有共同的愿望，乙方必须成为最卖力者才能有效。

如果增加的一路并不想打韩馥，则不会与袁绍合作。如果没有袁绍强大，那么就是袁绍处于乙的位置了。因为袁绍不便于硬打，所以就不便于充当乙方。所以增加的这一路一定要比袁绍强，才可以由他来处于乙的位置，承担主攻的任务。

符合这个条件的，目前有北平郡太守公孙瓒。

在关东的各个诸侯中，公孙瓒的实力算是比较强劲的了，刘备、关羽、张飞等人都是投奔在他的手下。但是公孙瓒的地盘太小了，所以他早就打冀州的主意。

于是，袁绍写信给公孙瓒，二人相约，共攻韩馥，平分冀州。公孙瓒看了大喜，即日兴兵来打韩馥。此时，三方的形式为：

甲：韩馥，兵力充足，地广粮多。

乙：公孙瓒，队伍精锐，战斗力强，只是地盘太小。

丙：袁绍，有“盟主”这个壳资源，也有一定战斗力，但地盘太小，又缺粮。

袁绍与公孙瓒联盟，他们两方的实力加起来，对付韩馥应该是没有问题的。那么，他们两人的利益得失究竟会怎样呢？这是可以预先估算的：

第一，袁绍可能得到的利润：

1. 最好的效果是利用公孙瓒与韩馥火拼之后，袁绍再出来收拾残局，夺得冀州，取代韩馥，再乘势灭了公孙瓒，一次捉到两条鱼。
2. 较好的效果是利用公孙瓒与韩馥火拼之后，袁绍再出来收拾残局，夺得冀州，取代韩馥，翻脸与公孙瓒对峙，一次只捉到冀州这一条鱼。
3. 正常的效果是公孙瓒与韩馥火拼之后，袁绍出来收拾残局，公孙瓒抢了一半地盘，袁绍也抢了一半地盘，平分了，一次只捉到半条鱼。
4. 最坏的效果是公孙瓒抢了整个冀州，袁绍白忙了一场，没捉到鱼。

第二，公孙瓒可能得到的利润：

1. 最好的效果是先夺得整个冀州，再控制“盟主”袁绍，然后号令关东群雄。
2. 较好的效果是夺得整个冀州，与袁绍翻脸为敌，出现对峙。
3. 正常的效果是与袁绍平分了冀州。
4. 最坏的效果是袁绍抢了整个冀州，公孙瓒白忙了一场。

因此，二人的合作，无论怎样演变，对自己都是利大于弊的，双方都能接受的价格是：平分了冀州，这个争议是最小的。并且，双方都有独霸坐大的机会，而以最坏的打算来看，也不过是白忙一场，只会出现浪费，不会出现亏损。

所以，这笔生意风险极低，而收益极高，不做就是傻瓜。而局势对公孙瓒来说，又似乎是更加有利一些，原因是：

1. 公孙瓒的部队作战力很强，甚至有单独打败韩馥的可能。
2. 公孙瓒一直想打韩馥，一直都没有理由，现在有理由了，是奉盟主之命，这个机会是不可丢失的，所以一定会去打。
3. 退一万步说，即使打败了，公孙瓒也可以和韩馥重新讲和，因为这根本不关他的事，他不过是奉盟主之命行事而已，责任很好推卸。

而公孙瓒的这一招，袁绍也一定先能料得到，所以他必须预先补好这个漏洞。

于是，袁绍在写信给公孙瓒叫他攻打韩馥的时候，又秘密安排人去通报韩馥，说公孙瓒正在联络其他各路诸侯，马上就要兴兵来打你了。我也收到了他的信，当然，以我们的交情，我是不会打你的。

果然，公孙瓒一打过来，兵锋不可当，韩馥就慌了神。书上都是说韩馥此时乖乖地把冀州白送给了袁绍，这从逻辑上讲就不怎么通顺了，很假。

韩馥真的就那么傻，那么没主见吗？何况他还并没有被逼到无可选择的绝路上去，怎么说也是有应对之招的，所以，绝对不会就这样平白无故地把冀州拱手于人，事情没有这么简单。

05 困境中左右为难的韩馥

在袁绍起兵反董卓的时候，冀州老板韩馥一开始是拿不定主意的，究竟是打袁？还是打董？难于抉择，所以一般都是评价韩馥“没主见”、“没头脑”。

其实，这件事是非常容易理解的：

1. 从公事公办的角度看：袁绍有天子密诏叫韩馥打董卓，而董卓有政府公文叫韩馥打袁绍，那么，韩馥接到了两个自相矛盾的上级指令，他根本无法去执行。
2. 从私交感情的角度看：韩馥以前是袁家的门生故吏，而现在他的冀州最高长官职务却又是董卓安排来的，两边都对自己有恩，究竟打谁好？都不好！

3. 从他自己的“个人利益”角度来看：韩馥无论是打董卓、还是打袁绍，他所得到的收益都是一样的！没有差别，并不会因打谁而导致收益增多。这是最重要最关键的原因。（而中立则有害）。

在这种情况下，如果谁有主见，就会过于武断，离淘汰也就不远了。韩馥没主见就是很正常的。比较明智的做法，是先混进革命队伍看形势，哪边强就往哪边倒，这样才不会吃亏。

所以，韩馥并非真的就是一个没主见的人。总之，不能轻易相信某某人没主见没头脑这类的话。因为在博弈中，有两个非常重要的要点绝不可忽视：

1. 要尽量地把对手的实力估算得够强，够狠，够毒。
2. 要尽量地把自己的收益估算得够低，够少，够稳。

只有这样，才可以尽可能地减少漏算，避免损失。

现在，袁绍与公孙瓒合伙算计韩馥，韩馥不可能把冀州白送给袁绍，世界上没有这么便宜的事。还没分出胜负，谁会轻易服输？

韩馥得到的信息是：

1. 公孙瓒已经摊牌，正在攻打韩馥。所以，这一定是要还击的。
2. 袁绍的队伍正在移过来，没有摊牌，你不知道他是来攻打的，还是来帮忙的，所以一定不能先打袁绍。

袁绍有可能是来帮他的，也有可能是来打他的，猜不准。凡猜不准就往坏处猜，把敌人想的够坏才不至于吃亏！

那么，袁绍很有可能会来打他，尽管嘴上说的是来帮忙。此时，韩馥面临两种变数：

1. 坏的结果：袁绍与公孙瓒合力发兵，首尾夹击。
2. 好的结果：袁绍来帮韩馥，二人打败公孙瓒。

韩馥必须避免第一种情况的发生，尽量促成第二种情况的出现，才是对自己最有利的选择。因此：

1. 韩馥绝不能先攻击袁绍，否则袁绍会以此为借口而发起猛攻。
2. 韩馥也不能容忍袁绍的队伍在他后面鬼鬼祟祟，以防偷袭。

那么，韩馥干脆把袁绍请到冀州来，就可以避免上面两种情况的发生，同时，还可以乘机控制住袁绍，挟“盟主”以令诸侯。

注意：韩馥请袁绍到冀州来，一是为了共同对付公孙瓒，二是为了控制袁绍，有一举两得之便。可不是想把冀州白送给他的！

这个策略是比较好的，可能有朋友会说，韩馥败就败在不该请袁绍到冀州来。我们来分析这个问题：

1. 韩馥请袁绍到冀州来，韩馥有控制住袁绍的可能性，当然，袁绍也有控制住韩馥的可能性。机会都有，双方是均势的。
2. 韩馥不请袁绍到冀州来，当韩馥与公孙瓒火拼之际，万一袁绍乘机向韩馥发起猛攻，或者偷袭，韩馥将必败。韩馥始终处于劣势之中。

两利相权取其重，两害相权取其轻。在劣势与均势中，韩馥选择了均势，这是较好的做法。如果他不把袁绍请来，败的可能会更快。

袁绍来到冀州后，通过种种方式，把韩馥的人杀了一批，换了一批，赶跑了一批，再者冀州也有不少官员都是袁氏的门生故吏，都向着他，所以袁绍很快就把韩馥的权利掏空了，控制了整个冀州。

在这一回合的较量中，韩馥技不如人，地盘被袁绍抢去了，最后躲在厕所里自杀了。

关于韩馥让冀州的故事，肯定是假的，故事这样说：

荀谌问韩馥：“在对人宽厚仁爱方面，您比袁绍怎样？”韩馥说：“我不如。”

“在临危决策，智勇过人方面，您比袁绍怎么样？”韩馥又说：“我不如。”

“那么，在累世广施恩德，使天下人家得到好处方面，您比袁绍又当如何呢？”韩馥摇摇头：“还是不如。”

连提了几个问题后，荀谌才说："如今为将军着想，不如把冀州让给袁绍。袁绍得到冀州以后，公孙瓒也就不能和他抗争，那时，他一定会深深感激将军。冀州交给亲密的朋友，将军不但能获得让贤的美名，而且您还会比泰山更加安稳，希望将军不必有什么顾虑！"

韩馥也就同意了。

这个故事很显然是违背人之常情，事之常理的，因为韩馥如果真的不如袁绍，就应该除掉袁绍以后快，而不是把自己的地盘白送给人家。韩馥之所以要答应，是出于要控制袁绍的目的，并不是真心要把冀州送给袁绍。

如果他真的要把冀州送给袁绍，那他就不会后悔了。后来之所以后悔，是后悔没有先下手为强，被袁绍抢了先，不是后悔请他来。

编出这样一个故事的目的，在于说明袁绍得到冀州的合法性，因为是白送的，所以韩馥、袁绍都有美德。

如此，则袁绍得到了冀州，而整个关东联军内部，只有公孙瓒在带头发起内讧，袁绍这个盟主并没有起内讧。公孙瓒是小人，袁绍是大贤之人。

06 袁绍与公孙瓒的利益争夺

袁绍得了冀州，韩馥已经被淘汰出局了。

因为冀州是袁绍与公孙瓒共同合谋所得到的，并且又有合约在先，所以公孙瓒派他的弟弟公孙越来见袁绍，要求履行和约，平分冀州。

袁绍答应了。

于是，公孙越就来到了冀州。

虽然袁绍口头上答应了，但实际上是不可能将冀州分一半给公孙瓒的，原因很简单：

1. 从私的角度看：袁绍已经成为了最大的关东诸侯了，要做的事必然是巩固自己控制的势力范围。无论如何，不会放弃自己已得的利润。
2. 从公的角度看：袁绍得到冀州，是韩馥“让贤”所得。而公孙瓒是个小人，想抢人家的地盘。如果袁绍将冀州分一半给公孙瓒，则说明袁绍也是个小人。

为了向大家证明袁绍和公孙瓒并不是一路人，那就绝对不能分一半给他。

不但不能分冀州给他，还要想办法打他！

结果，当公孙瓒的弟弟公孙越来了之后，袁绍就假装着很乐意的样子，口头上很爽快地答应了，嗯，把冀州分一半给你，会的，你先回去吧。

公孙越大喜，高兴地辞别了袁绍，走在回去的半路上还不到五十里，只见路旁突然闪出一彪军马，口中大喊着：“哪里去？我乃董丞相家将也！”

当场乱箭射死了公孙越。

公孙瓒知道了以后，大怒道：“袁绍诱我起兵，攻打韩馥，他却就里取事。今又诈称董卓，射死了吾弟，此仇如何不报！”于是尽起本部兵马，杀奔冀州而来。

公孙瓒的错，就是从这个时候开始的。

凡优选策略，都是建立在对“未来利益的预期”这个基础上的。

公孙瓒的弟弟被杀了，这已经成为了过去，如果为这个事去打袁绍，那就不是优选策略的范畴。

1. 公孙瓒为弟弟报仇而打袁绍，这是：为过去事耿耿于怀。
2. 公孙瓒为得到冀州而打袁绍，这是：对未来利益的预期。

做同一件事，动机不同，则结果会有天壤之别。

凡是为过去之事耿耿于怀的人，他的行为，不是以获利为主时，其策略也就谈不上什么优选了。

当然，人是有感情的，有血性的，并非事事都会理性对待，因情绪激动而行为失控也是常有的。不过，我们现在讨论的是怎样获得利益的优选策略，那就得遵循其中的客观规律。

公孙瓒因为弟弟被袁绍杀了，就要来火拼报仇，这就欠妥。而袁绍的全族人都被董卓灭了，袁绍至今也没找董卓报仇。这就是袁绍与公孙瓒的区别。

凡有做大事胸襟者，是不会为过去之事耿耿于怀的，他们的行为都是建立在对未来利益的预期之上。他们所做的每一件事，尽量不要造成浪费，尽量要使结果导致收益。

公孙瓒如果还想得到冀州，他就应该暂时先忍一下。

因为这个时候，袁绍得到冀州后的实力，已经大于公孙瓒，公孙瓒如果和袁绍硬拼，那是要吃亏的。

在冲动之下做出的狂躁决策，不遵循优选的规律，败局就已经注定了。

经过几个回合的较量之后，公孙瓒损兵折将，落于下风，再也无力与袁绍相争了。

自此，袁绍成功地占据了冀州，有了一块根据地，终于成为了关东诸侯里面的第一霸主，完成了他整体规划中的第一步。

第四　群雄逐鹿

机会的产生，一般有三种情况：一是人家白送的，但一般不易碰到；二是竞争对手可能出现决策错误，为你制造了机会；三是对手本没有错漏，但当对手遇到更为强大的对手时，出于某种策略需要，而不得不给你提供机会。

01 王允如何驱使吕布谋害董卓

袁绍得了冀州，成为关东最大的一路诸侯。

此时的东边，虽然各路大小诸侯林立，但名义上还是听从袁绍这个盟主的。而西边的董卓方，看起来平静得很，其实暗流涌动，一场谋杀案正在酝酿之中。

司徒王允一直都想暗杀董卓，只要干掉了董卓，王允就是五府中资历最老的人了，就该轮到他来把持朝政，成为下一个重新分配新秩序下的最大受益者。

由于王允的司徒身份是个虚职，实力不够，无法与董卓正面相争，因此，他只有采用暗杀这一种手段。

王允曾经暗中联络多人暗杀董卓，合作均没成功。主要原因在“曹操为什么刺杀董卓没成功”一篇已讲明，是因为王允并不具备合作的条件。

王允作为“乙方”角色，在联合丙方的情况下，却不能主动攻击甲方，完全指望丙方去单独行动，当然就难于成功了。

可王允一直不肯放弃暗杀董卓的计划，一定要坚持到成功，那么，王允只有两条路可走：

1. 王允继续寻找“死士”，只要找的人够多，说不定就会有一个脑子进了水的死士愿意和董卓同归于尽。

但是，愿意当死士的这个人，必须是董卓身边的人，才可能接近他。天天和董卓见面的那些人是不会为王允无偿卖命的。

再者，王允找的人若太多，则会走漏消息。

因此，受到这两个方面的限制，王允的这一条路就显得很困难。

2. 王允想干掉董卓，又不便于自己动手，那么，他就应该像袁绍对付韩馥那样，自己处于丙的位置，再找一个有条件攻击董卓的人出来充当乙的角色。

这个人是谁呢？王允找的是吕布。

吕布是董卓的义子，如果由他来杀董卓，一定要比任何人的成功率都高。

可是，吕布为什么要杀董卓呢？以吕布的地位，即使杀了董卓，也不能取代董卓的相位，所以吕布要做这件事的可能性是非常小的。

王允为了促使吕布去杀董卓，实施了貂禅连环计：

1. 王允先把美女貂禅以“女儿”的身份，许配给吕布。

吕布此时不可能知道王允要他去杀董卓，但一定知道王允是在主动拉拢自己。并且，王司徒把自己的女儿嫁给董太尉的义子，这是完全合情合理、门当户对的，对大家都有好处，看不出有任何阴谋。

如果吕布不接受，则无利无害。如果吕布接受了，则有利无害。

有什么利呢？他可以成为王司徒的女婿，如果娶了貂禅，吕布就是董卓义子加司徒女婿的身份了，这可以保证吕布成为晚辈中最有前途的一个人，将来一定会进五府把持朝政。

而且，吕布娶了貂禅，确实看不到有什么害处，吕布当然是选择接受了。

至此，吕布对王允这个未来的岳父相当尊敬，不断地和王允主动搞好关系，二人的交往越来越密切。

2. 王允再把美女貂禅以“歌妓”的身份，送给了董卓。

董卓得到一个歌妓是一件很平常的事，不存在什么利害关系。他只会认为王司徒是在主动和自己搞好关系而已。可以选择接受，也可以选择不接受。

所以，董卓接不接受貂禅，就很难说得准，因此，貂禅的容貌在这个时候会起到决定性的作用。

结果是董卓接受了。

3. 王允再对吕布说：我的女儿，董丞相帮你接回去了，正准备择日为你办喜事成亲。

吕布高兴地回去，却发现貂禅并不是准备嫁给他的，而是被董卓霸占了。

至此，吕布恼恨董卓，二人由此生怨。

貂禅再乘机与吕布偷情，故意使董卓发现，导致吕布失去了董卓的信任，董卓恼怒之下，声称要杀了吕布。

吕布失去了董卓的信任之后，如果继续与董卓合作，可以肯定的是有害无利，如果选择与王允合作，则是有害有利的可能性都有。

在“有害有利的可能性都有”与“有害无利”这两者之间，当然应该选择前者。

所以，吕布很被动地选择了与王允合谋，干掉董卓。

在这一局中，促成吕布杀董卓的根本原因，还是由利益关系决定的，并非小说中描写的仅仅只是为了争一个女人。

02 董卓临死前的异常征兆

吕布负责董卓的安全工作，由他来杀董卓，成功率可以接近100%，现在，吕布已经答应了王允。

杀了董卓之后，吕布的安全问题如何得到保障？这是吕布必须要考虑的事项，否则极易被王允以谋杀朝廷大臣的罪名除掉。

因此，吕布与王允反复磋商之后，又陆续增加了合伙人。

新增加的合伙人分两个部分：

1. 董卓身边不受重用的李肃，他答应一起杀掉董卓。
2. 汉献帝，他答应下圣旨，以证明杀董卓是合法行为。

这样，凡是参与的人都会得到好处，一是胜算的可能性完全不成问题，二是董卓死后，他所霸占的一切权利，成为所有参与者共同的利润，大家都可以得到一定程度的收益。

李肃来见董卓，说皇帝要把皇位禅让给你，请太师快去登基。

董卓听了大喜，结果这一去，就命丧黄泉了。

在这一事件中，董卓失败的主要原因是完全不知情导致的。

试想，董卓要是知道，或者只是怀疑，也不至于死的那么突然，甚至很难说究竟死的是谁。

由于保密工作做得较好，所以董卓没有知道对手的行动计划，甚至连对手是谁都不知道。

在整个过程中，董卓得到的全部信息，仅仅只是几条“征兆”：

1. 昨夜梦一龙罩身。

董卓自解：今日果得此喜信。

2. 董卓的母亲（九十余岁）说，我近日肉颤心惊，恐非吉兆。

董卓自解：将为国母，岂不预有惊报。

3. 路上，所乘之车坏了，折一轮，董卓下车骑马，马咆哮嘶喊，扯断辔头。

李肃乱解：此乃弃旧换新，将乘玉辇金鞍之兆也。

4. 正行间，忽然狂风骤起，昏雾蔽天。

李肃乱解：主公登龙位，必有红光紫雾，以壮天威耳。

5. 是夜有十数小儿于郊外作歌曰："千里草，何青青！十日上，不得生！"

从这些"征兆"中，能不能给董卓以启示、提醒呢？

应该是可以的。董卓应该从中发现一些问题，至少可以引起必要的警觉。

有的朋友可能会认为这样讲，是一种迷信思想。

但是，我们今天可以从逻辑关系上来论证这种"迷信思想"的合理性：

1. 董卓在进宫的路上，遇到了一系列的反常现象，这些现象从本质上讲，与有人要谋杀董卓，其实并没有什么必然联系。
2. 董卓所乘之马，咆哮嘶喊，可能是在阻止主人进宫。据说有些动物是有灵性的，但是无法论证，所以，既可以相信，也可以不相信。
3. 童谣：千里草就是"董"，十日上就是"卓"，不得生就是"死"。童谣的产生有两种情况：一是自然随机产生，二是人为编排散布。

所以，当董卓在听到童谣之后，至少应该保持半信半疑，因为童谣有可能是人为散布的。

"征兆"与事物之间，并不存在必然的逻辑关系，仅仅只是一种象征，一种暗示，一种预兆而已。

现在，董卓完全被大家蒙在鼓里，没有一个人告诉他真相，因此，董卓所得到的信息就为0，完全不知。

而路上出现的一系列征兆，董卓就可以当做是一种“提醒”来使用。

尽管这种“提醒”的可信度很值得怀疑，（因为征兆得到应验的可能性也是随机产生的，有时很灵验，有时不灵验），但依然应该选择“宁可信其有”。

这是因为：

1. 已知信息为0，不相信任何征兆的提醒，则总信息还是为0。

2. 已知信息为0，相信一些征兆的提醒，则总信息会有可能大于0。

在“信息为0”和“信息大于0”之间，“信息大于0”是优选策略。所以呢，可以推出这样一个结论：

对于迷信的征兆，选择“宁可信其有”，一定要比选择“完全不信”更具优势。

即使征兆并不灵验，也没啥损失。所以还是不妨信信为好。

在事件的过程中，董卓没有放过任何一个征兆，他对所有征兆的态度，也确实是选择了“宁可信其有”，这没有错，那么，究竟错在哪呢?

前面我们已经说过：凡猜不准，就往坏处猜，把敌人想的够坏，自己才不至于吃亏!

任何一个征兆，总是可以应验正反两个不同的结果。当董卓得到一个征兆之后，就应该猜出两种相反的结果，才比较合理。这两种相反的结果之中，理论上应该尽量往坏处猜才不至于吃亏!

董卓如果这样做了，就完全可以引起必要的怀疑，警觉，至少不会轻易上当被宰！可惜，董老头子当时被胜利冲昏了头脑，全部是往好的结果方面在猜！此乃博弈之大忌也!

就是这个地方出现了漏算。

03 铲除奸臣的王允是个怎样的人

董卓大摇大摆地走过来了。此时站岗的人都被吕布换了，提着宝剑守在门口。董卓惊问曰："持剑是何意？"王允大喊道："反贼在此，武士还不动手？"顿时，两旁转出百余人砍杀董卓。

董卓大呼："吾儿吕布救我！"

吕布从车后跳出："我奉皇帝圣旨来杀你，不好意思了！"一戟直刺咽喉，董卓在绝望中死去，头颅早被李肃割去了。

吕布左手持戟，右手怀中取诏，高声叫道："奉诏讨贼臣董卓，其余不问！"这一步非常重要：打击的对象只能是少数，仅仅只是董卓一人，其他的胁从人员概不追究，全部赦免。如此，则无人反抗。

董卓死后，家族皆被斩首，不分老幼，但系亲属，悉皆诛戮。没收了董老头子多年的积蓄：黄金数十万，白金数百万，绮罗、珠宝、器皿、粮食，不计其数。

没收后，上交回报给了谁呢？回报王允。

于是，王允大犒军士，设宴于都堂，召集众官，酌酒称庆。大家一起重新瓜分杀死董卓后所得到的利润。

为了对付董卓，关东联军18路诸侯兴兵折腾了一场，却没了下文。而这个不露声色的司徒王允，却巧施连环计，令董卓喋血宫外，毙命当场！可见，王允的手段不可小瞧。

那么，王允究竟是个什么样的人呢？

起初，董卓要废掉少帝立献帝的时候，请大家喝了一次酒，酒席上发生了冲突，甚至要拔刀相向。此时，王允说："废立之事，不可酒后相商，容改日再议。"

这句话，说得恰到好处。

1. 不表明态度，自己就有权衡的余地，可以先看清形式，再见机而动，顺势而趋。
2. 化解了矛盾，平息了纠纷，双方都对他存有感激之心。
3. 双方都会私下拉拢他，都会对他抱有希望。左右逢源。

后来袁绍一跑，王允自然就站在了董卓这一边，废立之事通过了。

当董卓大权在握的时候，王允又屡劝他称帝。一日，王允对董卓说："我颇通天文星象，如今汉家气数已尽，太师功德振于天下，若舜之受尧，禹之继舜，正合天心人意。"

董卓曰："安敢望此！"

王允曰："自古有道伐无道，无德让有德，岂过分乎！"

董卓笑曰："若果天命归我，司徒当为元勋。"

王允一面拍董卓马屁，而一面又私下怂恿吕布说："方今天下，别无英雄，唯有将军耳！"

如果说王允的左右挑拨两面三刀是出于计谋的需要，这是完全可以理解的，并且做的很正确，很成功。

但是，王允上台之后，其实和董卓也没有什么两样，居功自傲，把谁都不放在眼里，以致群下不甚附之。仅仅只是换了个把持朝政的人而已。

参与杀董卓，也有皇帝的一份功劳，汉献帝选择杀董卓，是因为可以从中获得利益，即恢复部分损失的皇权，如果不杀董卓，汉献帝的权利将永远被董卓霸着不放。

所以，汉献帝杀董卓是有利可图的，但是，在杀了董卓之后，王允并没有分一根一毫给汉献帝。

在皇帝与众官员的博弈中，皇帝的本钱早就玩完了。自从大将军与太监同时被消灭后，刘家皇帝再没有实力控制局面了，从那个时候起，就可以看做：汉已灭亡（仅剩一个名号）。

准确地说，是刘家皇帝丧失了对朝廷的控制权。

在这种情况下，无论是谁上台，都不可能把自己的利益白送给刘家皇帝，即使有个体行为发生，也绝不可能有群体行为发生。

董卓如此，王允也如此，后面的人也同样都是如此！因为皇帝已经变成了弱者，无论你是否忠于皇帝，站在弱者一方总是很难斗过强者的。

如果王允把董卓霸占的权利全部交还给皇帝，再开历史倒车，复辟到前期内朝外朝的秩序上去，那么，可以肯定地说，王允马上就会成为众矢之的，死的会更快，更惨。

如果王允把董卓霸占的权利拿出来给大家分了，那么，大家就都没有意见了。

因为人的行为总是沿着阻力最小的路线在走。所以在对待皇帝的问题上，奸臣董卓和忠臣王允的看法是一致的，都不让皇帝掌握实权。

在对待其他人的问题上，王允和董卓有区别。奸臣董卓好屠杀愚民百姓，而忠臣王允则好滥杀知识分子。相同点是：都喜欢对弱势群体下毒手。

当朝知识分子大名人蔡邕，名气很大，王允上台后的第一天的第一件事，就是整他。把蔡邕关牢里了还不放过，最后在牢房里把蔡邕迫害致死了。

前面我们已经讲过关于如何分配的优选策略：

1. 无论怎样分，一定有人会感到不公平。这是不可改变的。
2. 既然一定会有不公平，那就只能让少数人承担不公平。因为“少数人不公平”的危害程度一定要比“多数人不公平”的危害程度更小。
3. 对自己威胁最大的人，无论公平与否，都是会对自己构成威胁的。

所以，最优选的分配方案就一定是：让对自己威胁最大的少数人承担不公平。这种做法才是最经济的。

现在，王允上台后，谁对他的威胁最大呢？没有人对他有威胁，大家一致的支持他，这个局面对王允是相当有利的，他完全有条件做一代旷世忠臣。

如果硬要算的话，吕布可以算做是有潜在威胁的，王允不仅不寻找其他理由加以控制，还提拔他为奋武将军，统领兵权，又封温侯，和自己平起平坐，同秉朝政。这样一来，就存在了不确定因素：

1. 吕布如果选择合作，则二人相安无事。
2. 吕布如果选择不合作，则吃亏的多数是王允。

这是从长期而言，存在的一个可以预见的漏洞。

另一方面，蔡邕的名气无论有多大，也不对王允构成威胁，杀一个蔡邕虽然很容易，但危害程度要远大于董卓杀几百个愚民百姓，因为文人阶层比愚民百姓的影响力要大得多。

所以，王允杀蔡邕是一件蠢事：

1. 王允从中得不到任何好处，仅仅只是出口胸中郁闷之气。
2. 王允打击的是知识分子名人名士整个阶层，不准人写史书，打击面太广，令天下人心寒，自己给自己树敌制造麻烦。

好钢一定要用在刀刃上，现在他一得势就急忙滥用，伤害的只会是自己。群臣们觉得这个人的变化简直太快了，大家都在笑看王允如何死。

因此，王允和董卓相比，其实水平还大不如董卓。在大的方面，他分不清轻重，所用之人和所杀之人全部都与优选策略背道而弛，差劲得很。

无论他说他有多么忠心，只要是做出了劣选的决策，那等待他的就是被淘汰。

04 吕布是从什么时候开始被动的

董卓的兵力有两个部分：

1. 凉州的嫡系部队以李傕、郭汜、张济、樊稠，四将为主。

2. 京城长安的部队以吕布、李肃等人为主。

董卓死后，吕布担心凉州兵来复仇，劝王允速速解散凉州军马。王允犹豫不决。怎么叫犹豫不决呢？就是不解散的意思，只是不愿明说罢了。因为可以利用他们来牵制吕布。

不仅不解散，王允反而还放风说："如今天下大赦，独不赦李郭张樊此四人。"

可是，王允居然又不采取任何行动。那么，王允究竟想干什么？既然你不想赦免他们，又为什么要把消息放出去使他们恐慌呢？

这就只有一种解释，唯一的一种：王允故意要逼李郭张樊四人造反。

他们与吕布火拼之后，王允便可以坐收渔人之利。

消息传到凉州，李傕说："既然朝廷不肯赦免我等，我们不如各自逃生去吧。"

大家正要散伙。谋士贾诩说："不可！你们一跑，一个小小的亭长就能把你们捉住，还不如召集人马，杀入长安，为董卓报仇，事成，或许可以把持朝政，若其不胜，再走也不迟呀。"

大家一听，对呀，有道理，都说这样最好。于是，开始散布谣言，说朝廷要把凉州兵杀绝，又说朝廷要把凉州所有的人都杀绝，那个王允连当今名士蔡邕都杀了，又何况我们凉州人？

搞得人心惶惶，一下子就聚众十数万，分四路杀奔长安来了。

尽管大敌当前，吕布还是借故杀掉了对自己威胁最大的李肃。由于抵挡不住凉州兵的进攻，吕布准备逃跑到关东联军的阵营中去，因为关东联军是反董卓的，而吕布是杀董卓的第一功臣。

吕布的身份现在和王允相平。

1. 如果王允死了，一定是吕布的地位最高。

2. 如果王允不死，由于没有兵力，也不能帮上吕布什么忙。

所以，对于吕布来说，王允已经没有利用价值了，吕布既可以选择带王允一起跑路，也可以选择不带王允跑路。

吕布在形势相当危急的时刻，反复多次请王允一起跑路，保命要紧，这就说明吕布还是比较重感情的，至少这一回是感情用事的。

但这也没有什么错，因为带不带王允一起跑，从利害关系上讲，差别不大。带，说明吕布够朋友，不带，说明吕布只顾自己。

王允就是不跑，吕布劝不住，只好自己带兵逃跑，投奔关东联军的南派袁术去了。临走的时候，吕布把董卓的人头挂在腰间，跨马而去。

其实，吕布带不带董卓的人头，从利害关系上讲，差别也不大。

因为人的行为多数是建立在对未来预期利益之基础上的。杀董卓，已经成为过去之事了，过去你杀了董卓，皇帝已经赏了你，这就结束了。董卓的人头，对于将来的事，还有什么利益可言呢？没有了。

所以，吕布带去的这颗董卓的人头，并没有为吕布增加收益。不过，总的来说，带与不带相比，可能还是带着要略好一点点的。

吕布在逃跑的时候，带上王允，或是带着董卓的人头，从未来局势的发展来看，都起不到什么很大的作用，因此，这些都是可带可不带的。

那么，带上什么东西才有可能会导致未来产生利益呢？

应该是带上皇帝一起跑路，这才是最优选的策略！

吕布与王允共同掌政，吕布是领兵的，当然要负责皇帝的人身安全，并且还必须由他来负责这个事。这个时候，如果他把皇帝劫持走，或说保护走，那后面局势的发展，肯定比他独自逃命要美得多！

1. 带上皇帝一起跑，从公来讲，护驾有功，从私来讲，一人独揽大权。
2. 不带皇帝一起跑，从公来讲，工作失职，从私来讲，没有占据到有价值的资源。

不过，吕布和这位小皇帝没有私人感情，只是和王大人有私人感情，所以，他认为王大人的命比皇帝的命还重要。这一次的感情用事，竟然决定了吕布的一生！

在皇帝、王允、董卓的人头这三项资源中，只有皇帝的价值最大，吕布却舍皇帝而携董卓人头逃窜，错漏如此，劣之极矣！

在多个可以选择的范围内，选择最优的一种方案，一定要比选择其他方案更好！假如说，选择了最优方案也是要失败的话，那么，选择了其他方案，就100%的只会是失败得更快更惨！

吕布当时如果带上皇帝一起跑，后面的变数虽然也是不确定的，但一定要比他带王允，或是带董卓的人头，都要好得多！

如果说，吕布敌不住凉州兵而逃跑了，这个责任就不怪吕布，因为这是吕布个人能力所不能控制的范围，没办法的事。

而他不带皇帝一起跑，这就完全是吕布的水平有问题了，因为这是他能够做到的事，却没有做。

吕布错失了这一优选策略，从而落入了下风。往后，一直都是处于不利的局面之中挣扎。能熬那么久，还算他有本事。

任何人，只要你主动放弃优选策略，（或是你根本就不知道优选策略），就一定会给他人制造机会，使自己陷于被动。除非，对手也犯一次同样的错误，再把机会让给你，或许还有翻身的可能。

05 逼迫皇帝强要官职的人

董卓被杀之后，董卓的旧部：李傕、郭汜、张济、樊稠，四将率众杀奔长安而来，纵兵大掠，包围内庭，各门火焰竟天。

他们四个要为董卓报仇，主要攻击目标，为这边的四个杀害董卓的主谋：皇帝、王允、吕布、李肃。

李肃已经被吕布铲除了，而吕布又已经逃跑了，因此，他们逮住了王允。

李傕、郭汜二人问王允道："董太师乃社稷之臣，他究竟犯了什么罪？你要杀他？"

这一下，可把王允给问住了，王允答不上来。

当时杀董卓的时候，王允是以反贼的罪名当场处决他的，但是杀反贼也得拿出反贼的证据才行啊，可王允没有证据，拿不出来。他是这样回答李傕、郭汜二人的："董贼之罪，弥天亘地。"

弥天亘地，就是很大的意思，反正董卓的罪很大很大很大，他这个人坏透了顶，罪恶滔天。王允又说："当日董卓被杀的时候，长安士民，皆相庆贺，难道你们没有听说过吗？"

总之，王允就是这样答非所问，含糊其词地应付着。

董卓这个人确实很坏，蛮横，霸道，可他又是异常的狡猾。换皇帝应该是罪，但不是他一个人的意思，是五府一致通过了的。杀老百姓，取其金宝，应该是罪，但他说是杀的贼大胜而还。火烧洛阳宫，掘坟盗宝有罪，但他说是关东叛军干的。夜宿龙床，奸淫宫女公主有罪，但谁能跑到皇宫里去看到呢？

所以，董卓尽管作恶多端，你一般的人，休想抓住他的尾巴。王允拿不出真凭实据，也就是很正常的。

李傕、郭汜二人，对此也没做深究，只是又对王允发出了另一问："好，就算你说的董太师有罪，那关我们什么事呢？我们有什么罪？凭什么天下人皆可赦，单单不肯放过我们四个？"

王允这一下就彻底没招了，扯白也扯不上来了，因为圣旨上说得很清楚，只杀董卓一人，其余人员一概不究。

王允之所以不放过他们四个，前面已经说过，是他设下的一条奸计，想坐收渔人之利。可那是行不通的，这叫玩火者自焚。他仅仅只擅长一些小谋诡计，并没有什么大略雄才，失败是早晚的事。

现在，他说了这样一句话："我王允今日有死而已！逆贼何必多言！"

他说他今天只有死了，看起来忠义得很，其实很丑形，理屈词穷到这个地步，就等于是自己承认了自己原先的行为都是无理的，现在只有一死了之，承认自己该死，死的无话可说。

李郭二人手起刀落，把王允杀于城楼下。

杀了王允之后，下一步是杀皇帝。

李傕、郭汜二人商量："今天既然到了这里，不杀了天子谋大事，更待何时？"

张济、樊稠二人谏曰："不可，若杀了他恐众人不服，不如还是叫他当皇帝，把各路诸侯都骗来杀掉，可图天下也。"

这是正招。不要老是计较过去了的事，报个仇有什么意义？要向前看，留着皇帝，是可以带来收益的。

当时，内庭的伺臣们见事急，逼请皇帝亲自出来止乱，皇帝上宣平门倚楼问曰："卿等不奏请通报，辄入长安，意欲何为？"

李傕约住军士，口呼“万岁”，仰面奏曰：“董太师乃陛下社稷之臣，无端被王允谋杀，臣等特来报仇，非敢造反。”

皇帝说：“王允既已诛杀，军马何故不退？”

李傕、郭汜回答道：“王允谋杀董太师，臣等已经帮陛下锄了奸，有功于皇室，皇上还没有封赏我等官爵，所以不敢退军。”

皇帝没有办法，问道：“卿欲封何爵？”

李、郭、张、樊四人，便各自写了职衔献上，勒要如此官品。皇帝无奈，也只得依从了他们。

封李傕为车骑将军、池阳侯，郭汜为后将军、美阳侯，此二人同秉朝政；樊稠为右将军、万年侯，张济为骠骑将军、平阳侯。然后谢恩，退了兵。

他们之所以可以把持朝政，是因为他们是皇帝的有功之臣，皇帝身边的奸臣谋杀了董太师，他们帮皇帝铲除了奸臣，皇帝正式为他们加官授爵，一切都是合情合理合法的。

连东边的关东联军也认可了，没有谁反对。

关东联军原先是反董卓的，现在，董卓已经死了，从原则上讲，关东联军没有理由不听从朝廷的调遣。

至此，西北董卓方的势力最终落到了李傕、郭汜二人的手里。他们把皇帝控制在手中，对天下各路诸侯发号司令，成为这一回合中最大的赢家。

06 三国时期最善于策略分析的谋士

李傕、郭汜二人因为帮皇帝锄了奸，故得以把持朝政大权。当初若不是谋士贾诩的一句话，他们最好的结局就应该是隐姓埋名躲在乡野耕地种田，而一直不被人发现。

所以，李傕、郭汜要重赏贾诩，欲封他为侯。贾诩说："此救命之计，何功之有！"坚决不受。于是李傕等又拜贾诩为尚书。

凉州还有一路军马是马腾，马腾的级别原先比李傕等人要高。现在，李傕等人犯上作乱，居然可以控制朝廷，号令天下，并且皇帝还认账，这一笔买卖真是赚大了。所以，马腾也想做这一笔买卖。

于是，凉州的马腾伙同并州的韩遂，二将引军十余万，杀奔长安来。声言讨贼，再来帮皇帝锄一次奸。

因此，李傕等人与马腾等人存在一次大型的博弈。

贾诩为李傕献计："二军远来，只宜深沟高垒，坚守以拒之。不过百日，待他们粮草耗尽时，必然退回，然后我军再出兵追之，二将可擒矣。"

李蒙、王方不同意贾诩的方案："这不算什么好计。愿借精兵万人，立斩马腾、韩遂之头，献于麾下。"

贾诩道："今日若战，必当败绩。"

李蒙、王方齐声叫道："吾二人若败，情愿斩首；吾若战胜，公亦当输首级与我。"

李傕听从贾诩之计，先严密防守，再点一万五千人马与李蒙、王方二人出战。二人欣喜而去，结果却被马腾之子马超所斩杀。

李傕坚守不战，果然西凉军不到两月，粮草俱乏，撤军回去了。

贾诩这个谋士，一生基本上没有做出过什么有失水准的决策。

那么，这一次他是凭什么做出准确判断的呢？

首先，无论是李傕胜，还是马腾胜，对于皇帝来说，都是换汤不换药，一回事，差别不大。

其次，对于关东联军来说，也是换汤不换药，差别不大。但是，打总比不打要好得多。因为双方一打仗，西边的实力总和就一定会减少，这对关东联军是有利的。

那么，李傕的选择，从大局来说，就应该相反，不打总比打要好得多。

我们再从马腾的角度来看：大老远的赶来打仗，快打比慢打要好。

1. 快打：一定很快就能知道结果。无非是打得赢、打不赢这两种结果。如果打得赢，当然是最好了。如果打不赢，还可以再跑回去，来日方长。因此：只要是快打，无论打不打得赢，后果都不至于太坏。
2. 慢打：就是在拖延时间，比消耗。双方都不开打，那么，双方都不存在失败，但是，马腾的粮草供应不上来就会出问题。

李傕是在保存实力，而马腾则是在消耗，这样一直耗下去，一定是马腾受损。

因此，马腾大老远的跑来，只有以求速胜，才是最划算的！选择快打才具有优势，选择慢打就一定要吃亏。

那么，李傕的选择，从这一局部来讲，就应该是和马腾的利弊关系相反，选择防守要比选择进攻更为有利。

注意，在任何形式的博弈中，进攻都是首选。因为：

1. 主动进攻，只会产生这三种结果：战胜、战平、战败。
2. 如果不进攻，则只会产生两种结果：战平、战败。

不进攻，就不存在获胜的可能。

而贾诩在这一局中所设的计谋（不进攻）之所以有效，是因为有以下三个原因支持：

1. 从李傕的角度来看：无论是消灭马腾，还是赶跑马腾，都是可以的，只要不打败仗就行了。所以就完全可以不必急于进攻。
2. 不急于进攻，虽对李傕无益，但也无害。而对马腾而言，不仅无益，反而有害。所以这就是根据实际情况，针对敌人的要害，做出的最佳选择。
3. 马腾如果撑不住了，就会撤退，即放弃进攻，李傕再实施反攻，即重新选择进攻，这个时候，优势扩大了，就很容易取胜。

所以，贾诩的计谋并不是不进攻，而是不急于进攻，等待敌人处于弱势时再进攻。

贾诩说："彼兵粮尽，必将自退"，这个完全应验了。而他说的"然后再引兵追之，二将可擒矣。"则是明显地在吹牛。

因为敌人撤退时，你去进攻的获胜概率虽然要比以前大些，但总不是100%的事，反攻也同样存在胜、平、败三变（胜率大些），是不是全胜还很难说，而要想擒住两个头领，则是更难说了！

以贾诩的分析能力，他应该知道擒住两个头领的难度有多大，但他为什么又说的那样容易呢？

这是故意在吹牛，好让李傕相信、采纳自己的"防守策略"。

前面我们说过，人的行为基本上都是建立在对未来预期之基础上的，所以贾诩把这个牛吹到了极限，（因为这次战争，没有比擒住两个头领更大的收益了），这样就很容易打动李傕。

李傕正是期于擒住两个头领的诱惑，才会采纳贾诩策略，先老老实实地防守。尽管后来没有擒住两个头领，李傕依然是佩服贾诩的，因为他们只要能赶跑马腾不来滋事，就可以了。

李蒙、王方二人要出战，并说贾诩的计谋不好。贾诩说："今日若战，必当败绩。"这句话，是不合逻辑的，瞎说的。

若战，必当有胜、平、败三种可能，未必就是"必当败绩"。可贾诩为什么要这样瞎说呢?

这是一个激将法，故意激他二人去送死，他二人不肯服输，才想和贾诩打赌。

因为他二人本来就不是跟他们一伙的人，迟早是铲除的对象，所以李傕只派他们去战，又不派兵增援，大家都躲在城里拖时间，看着他两个傻家伙仅一万多人拖住敌人十几万，慢慢耗。

所以贾诩说他二人必死！不死才怪。

07 曹操是怎样起家的

李傕、郭汜二人把持朝政的这段时间，各路诸侯都处于调整期，天下暂时出现了少有的平静。

此时天下的格局为：名义上还是东汉一个政府，实际上已是各霸一方。无论局势多么复杂，我们都可以用归纳法理出头绪：

东汉政府可以看作三大板块：

1. 北方西部（约四分之一）由李傕、郭汜二人控制皇帝，号令天下。
2. 北方东部（大于四分之一）由关东联军的各路诸侯占据。
3. 南方（占二分之一）的各州郡相对比较安定。

在关东联军里面，各路诸侯的关系也是相当复杂的，但仍然可以归纳简化为三个区域：

1. 北派：以袁绍为中心；
2. 南派：以袁术为中心；
3. 中派：夹在中间的兖、青、徐、豫四小州，是袁绍、袁术两股势力的缓冲地带；而豫州基本上已被袁术控制。因此，中派区域是指：兖、青、徐三州。

袁绍、袁术都是强势力量，都想进一步扩张，瓜分中部的兖、青、徐三州，形成南北两大派。

袁绍怕袁术的势力壮大了对自己有威胁，他就暗暗联络袁术背后的刘表牵制袁术；而袁术也怕袁绍的势力壮大了对自己有威胁，他就暗暗联络袁绍背后的公孙瓒牵制袁绍。

兄弟两个将“近交远攻”的手段互相施展在对方的身上。

因此，袁绍、袁术都有事做了，在“巩固”与“发展”之间，必然要先选择“巩固”，所以暂时都还没有精力向中派推进扩张。故此中部的兖、青、徐三州暂时得以苟存。

当时，曹操的根据地在中派的兖州，生存在二袁的夹缝之中。

不久，中派的青州地区，又爆发了黄巾起义。地方上有人闹革命，朝廷应该派兵去镇压，李傕、郭汜二人派谁去好呢？

派谁去都会消耗自己的实力，为了保存自己的实力，他们如果以朝廷的名义派关东联军的一路诸侯去，应该是最合适的，这样做，西北集团是不会受到任何损耗的。

如果指派袁绍或袁术去，也都不合适。首先，可以肯定，他们不会听从调遣去消耗自己的实力。再者，假如他们愿意听从调遣去平乱，那么，结果一定是：

1. 派袁绍去，有或胜或败两种结果，如果袁绍胜了，袁绍的势力会更强大，如果袁绍败了，袁术就会失去控制，必然独大。
2. 派袁术去，变化、结果与袁绍相同。
3. 如果派袁绍与袁术一起去，肯定是胜，但提供了二袁瓜分中部的机会。

所以，派袁绍或袁术去都不好，如果派曹操去，会怎样呢?

1. 原先袁绍袁术曹操先后逃离董卓，二袁都封了官，但曹操没有，他是前期的最大不公平者，如果重用他，比用其他任何人都要经济划算。
2. 如果曹操失败了，与西北集团关系不大。
3. 如果曹操壮大了，关东联军就会形成三股势力。

在关东联军实力总合一定的情况下，如果只有袁绍一个主帅统揽全局，那么，对西北集团的威胁就是最大的，如果有袁绍、袁术两个主帅分揽全局，那么，对西北集团的威胁就会小些，如果有袁绍、袁术、曹操三个主帅分揽全局，则威胁更小。

因此，朝廷有意起用曹操，是从西北集团的大局出发的。

曹操代理中央朝廷前去平乱，就又从民营的身份变成国营的身份了，领了圣旨，发兵青州。

对于曹操来说，这一仗是机遇与风险并存的，但优势要偏多一些：

1. 他以前有过对付黄巾军的经验。
2. 这次用他，会提高他的积极性。
3. 他是代理中央朝廷去和青州地方政府共同平乱的，因此，中央朝廷应该给他兵，如果不给兵，就给钱，如果既不给兵又不给钱，那就自己赚的利润自己得。

总之，是要给一定的好处的，否则，曹操拿什么去打仗呢?

战争的结果是：曹操捞足了油水，把青州的黄巾军收编成自己的“青州兵”，约有三十几万，朝廷因功加曹操为镇东将军。曹操自此威名日重。

曹操上次镇压黄巾军的时候，因为兵力充足，所以采用的是灭绝政策。

而这一次因为人手较紧，所以采用的是收容政策，将“黄巾军”变成了他私人的“曹家军”。因需而变，两次都对极了！

曹操当时的根据地在中派的兖州，在各大利益集团相互竞争制衡的环境下，抓住了机会，施展了本事，建立了自己的立足之本。他招贤纳士，广罗人才，文有谋臣，武有猛将，威镇山东。

青州的油水被他捞了，兖州又被他占着，中3州还有一个徐州。

如果徐州也能被他控制住，那么，他就可以成为一股仅次于二袁的新生势力，关东联军就会分成三瓣，尽管还比不上他们，但至少可以与之相争。

徐州，成为曹操的下一个目标。

08 徐州争夺战中的各路英豪们

曹操发迹的时候，派人去把父亲曹嵩接来。曹嵩经过徐州时，徐州太守陶谦出境迎接曹父，盛情款待了两日，又叫部下张闿护送。

陶谦作为中部3州之一的徐州老板，想和曹操结交，与之合作，是非常重要并且极有远见的一步棋。

1. 中派太弱，迟早是要被二袁瓜分的，陶谦一定会失去诸侯的地位。
2. 现在曹操已经崛起，但仍然不是二袁的对手，也面临同样的威胁。如果陶谦与曹操合作，他们就具备了与二袁争衡的条件，三派就可以并存。
3. 陶谦与曹操合作，当然要听从曹操的，但总比被二袁瓜分取代要好。

所以，两害相权取其轻。这是正选。

在关东联军里面，陶谦是州级别中尚未被他人控制取代的最弱小的一路诸侯，他的选择权实在是太少，所以必然会处处被动。选择结交曹操与不结交要好。

尽管曹操也有吞并徐州的可能，但陶谦主动向其示好，这至少是可以减缓这种可能发生的。所以陶谦的主动合作是正选，应该做的。

但是，陶谦的主动合作却惹出了意外，那个部下张闿见财起意，杀尽曹嵩全家，抢了财物逃走了。反而加速了矛盾激化。

曹操大哭，誓要斩杀陶谦，洗荡徐州！遂率大军杀奔徐州而来。

张闿有死罪，陶谦也应该负一定的责任，但罪不至死，而徐州百姓更没有半点责任，曹操现在借机攻打徐州，与陶谦为敌，这一选择究竟合适否？此时，他有两个选择：

1. 不计较陶谦，承认他是好心，只追究张闿即可，与徐州建立合作关系。
2. 硬把全部责任赖在陶谦头上，灭了陶谦，强夺徐州。

这两个选择导致的后果分别是：

1. 如果曹操选择与陶谦合作，那么，曹操会成为中部3个小州的操纵者。
2. 如果曹操杀了陶谦，那么，曹操会成为中部3小州的直接控制者。

二选皆佳，前者稳健，后者激进，两利相权取其重。曹操杀了陶谦，独霸徐州，局面会更优些。更重要的是：现在有“杀父”的借口，而以前或以后都不易找到攻打徐州的借口。

如果曹操能够杀陶谦而得到徐州，那么，这种结果对曹操来说，当然是最好的。如果杀不了陶谦，那双方必然会成仇，这种结果还不如直接选择合作。所以打徐州存在这两个变数。

按最坏的算，假如没得到徐州，双方成了仇人，对曹操的危害也依然不大。

1. 曹操在没有受到外力威胁的情况下，强夺徐州是优选策略。这是一个双方搏弈的局面，在双方搏弈中，强者最容易获胜，弱者最容易淘汰。所以，打陶谦没有危害。

2. 假如受到外力威胁，比如袁术（或者袁绍）参与进来，就成了三方搏弈的局面，那么，最弱的陶谦就只有被迫与曹操联手共同抵御强敌。

否则，曹操完蛋了，陶谦也要完蛋。当曹操有危险的时候，陶谦还是要帮他的，所以，打陶谦没有危害。

3. 在三方搏弈中，陶谦作为最弱的丙方，一定会见风使舵两边倒，这对曹操是有潜在威胁的，所以，只有消灭陶谦才能消除这一隐患。与其指望别人配合，不如自己完全掌握。

总体上讲，曹操打陶谦这一决策是利大于弊的，可行。

曹操的战略目标是要抢到徐州，陶谦是要守住徐州，那么，双方的矛盾冲突就不可避免。

现在曹操的大军打过来了，陶谦又该怎样应对呢？打，肯定是打不赢，守，能不能守得住还是个未知数。总之是难办。

陶谦没有选择向皇帝报案，或向盟主报案，而是请朋友帮忙，共同来守住徐州，私了算了。这是使矛盾激化最小的做法，对中部3个小州实力总和的消耗是最少的。

来帮陶谦守徐州的，实力都不怎么强，其中，就有刘备。

刘备是北派势力公孙瓒手下的人，他现在还是个小小的县长，最低级的官员。孔融来邀请他时，他感叹道："世界上还有人知道我刘备啊。"

于是，刘备找公孙瓒借五千兵马。公孙瓒说："曹操和你无怨无仇，何苦替人出力？"

从公孙瓒的高位来讲，替任何低层次的人出力，都不值，因为可以预期的利益实在是太小。

而从刘备的低位来讲，替任何高层次的人出力，都不亏，因为可以获得增值的机会实在是多。

公孙瓒与刘备私交较好，借了他2000，刘备自己有3000，共5000兵马，往徐州而来。

09 刘备是怎样起家的

孔融邀请刘备同去帮陶谦，刘备选择去，当然他不是去和曹操拼命的，只是做做样子，混个名声而已。

因为他带的5000人塞给了孔融4000，自己只1000，又能打什么仗呢，那4000人就天天吃孔融的，刘备可以节省一大笔开支。

刘备到了徐州，对陶谦说："我给曹操写封信，劝他和解，操若不从，厮杀未迟。"这个选择是高明的。

1. 现在的局势，就是公孙瓒写信来劝架，曹操恐怕也不会给面子的，何况还是无名之辈的刘备。
2. 刘备这个小人物给曹操这个大人物写信，无论语气多么和善，事不成那是必然的，但决没有坏处。因为曹操与刘备没有利益冲突。
3. 小人物给大人物写信，无论能不能得到实质利益，都只会把小人物的名气混大。有利无弊。

曹操接到信后，大骂道："这刘备是哪个？敢来劝我！"谋士郭嘉说："他好言来劝，我们也好言以答，先稳住，我们还是按计划攻城。"曹操赞许。

正在商量，有人来报："吕布偷袭，已经占领了兖州！"

曹操大惊。

原来，吕布带着董卓的人头投奔南派的袁术，本以为自己是反董的第一功臣，可袁术不接待他，他只好又投北派的袁绍，袁绍虽然接纳了却又要害死他。因为他杀董卓已经成为过去，现在吕布已经没有利用价值了，不仅没有价值而且还有害！

吕布能够躲过暗算，那真的不简单。他没有立足之地，就打起了曹操的主意，乘人不备抢了曹操的地盘。

这一事件对于曹操来说，完全是个意外。

因为他们能算定二袁不来进攻，却无法料到会突然窜出个吕布来！意外事件从逻辑上是推不出的，曹操手下那么多料事如神的高人，包括被传得很神的郭嘉，都没能算出会发生这种事！

这就叫倒霉！曹操无家可归了，这个时候，是曹操事业一生中最脆弱的时刻。如果吕布和陶谦合力一夹击，曹操肯定会完蛋！

郭嘉说："正好卖个人情给刘备，退兵回去打兖州。"

曹操答应了，就给刘备回了信，退了兵。不是不打你陶谦了，是看在刘备的面子上，才暂时不打你的。

陶谦没有追击曹操，因为前面说过，当曹操一有危险，陶谦还得乖乖地帮他，都是从利益最大化的角度考虑的，打死了曹操，吕布就一定会来打死陶谦的。

刘备一封信就退了曹兵，很有面子的。陶谦请大家吃了一顿，刘备坐的上席。

陶谦觉得刘备这个人很不错，就说要把徐州送给刘备，刘备不肯接受，再三推辞。

陶谦当然知道刘备是不会要的，他的这一举动，从战略上讲，意义非常重大，他表明的立场是：主动结交公孙瓒。注意：只是结交而不是真的白送。

公孙瓒与袁术都是反袁绍的，相隔太远，陶谦正好在中间起到桥梁作用，这样一来，连横不行可以变成合纵。

关东联军的格局可以由北中南三派演变成东西两派，东派的袁术、公孙瓒、陶谦，合力绝对要大于西派的袁绍、曹操。

再后来，陶谦去世了，刘备就接了陶谦的班，从一个小小的县长直接当上了州长，成为关东联军中的一路诸侯。

这一回，刘备赚大了。他也和曹操的起家一样，在各大势力相互竞争制衡的环境下，捞到了自己的立足之本。

刘备从一个草根混成一路诸侯，其间的经验很值得总结。弱者要成为强者，很大程度上要依赖于外部环境提供的机会。

机会的产生，一般有三种情况：白送、出错、不得不。

1. 人家白送的，这种机会一般不会碰到。刘备得到徐州也不是陶谦白送的。先说白送那是明显的在试探，导致后来成为事实。
2. 竞争对手不可能白送机会给你（非竞争对手偶尔有可能），但是对手可能在决策中出现错误。对手的决策一旦出错，就给你制造了机会。这种机会也不多，但比白送的要多。
3. 对手一直没有明显的错漏，理论上不会给你提供空档，但当对手遇到更强大的对手时，出于策略需要，不得不给你提供机会。

这三种机会都不多见，但后两种时有发生。比如：

1. 袁绍得冀州的机会是第二种兼第三种，韩馥出于战略需要，“不得不”把袁绍请到冀州来，来了之后，韩馥决策“错误”，没有及时干掉或控制袁绍，提供了袁绍夺取冀州的机会。
2. 曹操起家的机会，是第三种，西北集团在与关东联军的博弈中，“不得不”给曹操提供机会。
3. 刘备起家的机会，是第三种兼有第一种，陶谦在与各大诸侯的博弈中，欲与公孙瓒结交，不得不给刘备提供机会。

这三种机会的发生，都是说不准的，你不努力，也是有可能遇到的；努力，只是增加遇到的概率而已。所谓努力，其实就是愿意白干。

刘备还是一个草根的时候，为刘焉白干过，为卢植、董卓、朱俊白干过，多数是白干了，没有什么收益，只一次机会就当了县长。后来公孙瓒打董卓，打袁绍，刘备都跟着白干了，也没什么收益，这次来帮陶谦也是白干，但机会出现了。

机会本来就少，草根的机会就更少，只要肯多多白干，总会逮住一次机会的。

10 失魂落魄汉献帝的逃亡之路

曹操问吕布："我和你无冤无仇，你为什么要抢我的地盘？"吕布说："哪是你的地盘？都是汉家的！"于是，双方开战，曹操大败，差点被吕布捉住了。

此后再战，互有胜负。兖州若归曹操，对袁绍的威胁就小，若归了吕布，对袁绍的威胁就大（此时吕布的职位、勇猛都是高于曹操的）。所以袁绍发兵五万来助曹操，终于打跑了吕布。

曹操重新夺得了兖州。

且说皇帝在长安。李傕、郭汜二人失和，各集兵马数万在长安城下厮杀，李傕乘乱将皇帝抢到营中，郭汜不见了皇帝，便抢尽宫女，焚烧宫殿。第二天，郭汜又来，声称要杀反贼救皇帝。

李傕说："我是保驾，何为反贼？"郭汜说："你是劫驾，何为保驾？"李傕说："不须多言！我两人单挑，都不许用兵，赢的便把皇帝取走。”于是，二人就阵前厮杀，不分胜负。

朝廷官员六十余人，来劝郭汜，郭汜竟将众官全部拘捕。

自此，一人劫天子，一人拘公卿，二人每天约好时间出来布阵厮杀，一连五十余日，死者不计其数。

皇帝饥饿，向李傕要米肉，李傕大怒：“早晚供你吃喝，你还要多少！”遂给以腐肉朽粮，臭不可食。皇帝骂曰：“逆贼如此欺我！”无奈，只好求助于贾诩，贾诩因李傕屡不听劝，便答应愿为皇帝效力。

贾诩设计让李傕部下杨奉造反，自此李傕渐衰，杨奉不能胜，逃窜而去。

皇帝乘隙逃走，欲东归回洛阳，郭汜得知，率兵赶来劫皇帝，皇帝哭告诸大臣：“奈何？奈何？”众皆失色。这时，被李傕打败的杨奉正躲在此处，闻讯赶来救驾，杀退郭汜二十余里。

皇帝又落到了杨奉的手中。

次日，郭汜又杀来。帝大惊，危急之中，董承（皇帝之舅，董太后之侄）引军纵马从东南来救，大败郭汜。于是，董承、杨奉二人保驾皇帝，连夜东奔。

郭汜回去，撞着李傕，二人言：“皇帝若到关东，必令诸侯讨伐我等。”李傕说：“我与你合兵一处，杀了汉君，平分天下！”郭汜大喜。二人又合好，于路劫掠而来，所过一空。

皇帝将一切御用之物，尽皆抛弃，夺路狂奔。杨、董二人发急诏就近招兵救驾。有韩暹、李乐、胡才等三处啸聚山林之强盗，听说救皇帝可以赦罪赐官，便率众前来救驾。

董承不得已而用贼，三贼发誓力保皇上。与傕汜交锋，胡才被杀。追兵将至，皇帝急弃车驾，奔至黄河边。李乐寻一小舟，载帝与皇后下船，岸上有争船者，李乐尽砍于水中。哭声震天。

次日，皇帝封李乐为征北将军，李乐又强勒皇帝封赏手下人约两百多个官职，然后起驾前行。李乐专权，殴骂百官，故意送浊酒粗食与皇帝，皇帝难以下咽。

董承、杨奉欲护送皇帝回洛阳，而李乐要逼皇帝去别处。董承不依，于是，李乐投靠李傕、郭汜，三贼一同劫驾。

李乐追来，皇帝心惊胆战。杨奉斩了李乐，保护车驾过关。皇帝进入洛阳，见宫室烧尽，满目皆是蒿草。暂盖小宫居住。改为建安元年。皇帝无所得食，大臣们以野菜充饥，饿死者近半。

李傕、郭汜领兵追来。皇帝大惊，弃洛阳投关东以避难，又急发诏书请兵呼救。

最近的曹操，在兖州已有根基，得诏书大喜："若不早图，人将先我而为之矣。"遂来救驾。曹操见皇帝形同乞丐，便以好酒好肉款待之。

李傕、郭汜得知曹操兵到，议欲速战。贾诩谏曰："不可。曹操兵精将勇，不如投降。"李傕怒曰："你敢灭我锐气！"拔剑欲斩贾诩，是夜，贾诩不辞而别，单马回乡去了。

曹操击溃李傕、郭汜。杨奉、韩暹两个惧怕曹操，也引军离去，投奔了袁术。

至此，皇帝最终落于曹操之手。曹操把皇帝安置在"许昌"这个小县城里，改许昌为许都，成为大汉朝的新首都。

曹操又叫皇帝封他为最高级别的大将军，从而成为级别上最大的一个官员。他手下的将士，个个封官，朝廷大务，先禀曹操，后奏天子。

皇室何以落得如此狼狈之地步？其根源皆由皇室的铁杆势力外戚、宦官被消灭所致，从那个时候起，命数已定，再无回天之力。

汉献帝的每一步选择，都是："不得不保命。"因为他只有这一个选择，所以也就不存在什么优选策略可言了。

汉家皇室的故事告诉我们：优选策略不是常有的，关键的地方只要错一步，将导致后面无穷的被动。在这些被动事件中寻找任何原因，其意义都不大。

汉献帝一生历经过董卓、王允、吕布、李傕、郭汜、杨奉、董承、李乐、曹操、曹丕等无数乱臣贼将，相比而言，居然还是那个奸臣董卓待他最好啊。

第五　决战官渡

所谓博弈取胜之道，就是不停地寻找“对手错漏”之道。要想赢，就必须满足赢的三个必要条件，是“必要条件”，而不是“充分条件”。只有同时满足了，才可能赢，但不一定赢；如果不能同时满足，那就一定不能赢。

01 曹操为何要挟天子以令诸侯

虽然皇帝落到了曹操的手里，曹操要想以皇帝的名义指挥命令天下各路诸侯，其实也没那么简单。因为竞争中的选择总是双向的：你可以选择指挥别人，别人也可以选择“服从”或“不服从”。

弱者不愿服从命令，他可以寻找借口婉转拒绝；强者不愿服从命令，他就胆敢公然抗旨不遵。

曹操挟天子以令袁绍，被袁绍大骂一顿：“不是老子三番五次地救你小命，你早就死翘翘了！”

曹操惧怕袁绍，叫皇帝加封袁绍为太尉，太尉虽是三公之首，但还有大将军居三公之上，袁绍仍不服气，曹操只好把自己的大将军也让给袁绍，才没扯皮了。

袁绍要打公孙瓒，曹操帮他搞正式批文，如此，双方失去冲突，暂时都勉强满意。

皇帝仅仅只是无形资产，具有一定的收藏价值，要到什么时候才能增值呢？要等到曹操真正成为最强的诸侯时，价值才是最大的。

因为皇帝发布的命令，只有通过最强硬的执行力来配合，才可以顺利实施。

自西北集团溃败后，天下最强硬的诸侯是袁绍，其次袁术。因此理论上：皇帝只有落在袁绍的手里，威力才是最大，才是“预算”上的“天下一统的成功率最高，且耗时最短”。

而曹操挟住天子后，根本就“令”不了二袁，所以，挟天子以令诸侯对此时的曹操来说，就只是一句空话，其背后真正的用意是：不让二袁挟住天子以令他。

虽然皇帝在曹操手里并不能起到决定性的作用，但还是可以为曹操提供诸多行动上的方便。

曹操想得到徐州，徐州被刘备占着，曹操大骂：“老子费那么大劲没弄到，他倒好，白捡了一个徐州！”又想打刘备。但是，吕布当时战败后就来徐州投奔了刘备，曹操十分顾忌吕布，不太好办。

荀彧向曹操献出“二虎竞食”之计：

所谓二虎竞食，就是让徐州的刘备和吕布二人自相残杀，无论谁杀了谁，对曹操来说，都是好事，坐收渔人之利。

1. 刘备虽得了徐州，但还没有皇帝的正式批文。名义上不甚合法。

2. 曹操有条件帮刘备弄到皇帝的正式批文，刘备就必然欠曹操的人情。

3. 曹操帮刘备弄到正式批文的附加条件是：刘备必须杀掉吕布。

于是，曹操奏请皇帝，封刘备为征东将军领徐州牧，并附密书一封，送到徐州。刘备很感激曹操，但他却不愿杀吕布。因为杀了吕布，曹操如果再来打徐州，就会相对容易些。

吕布很恐慌，刘备就把曹操的信拿给吕布看，吕布泣曰：“此乃曹贼欲令我二人不和也！”

刘备曰：“兄勿忧，刘备誓不为此不义之事。”

吕布再三拜谢。

“二虎竞食”之计被刘备、吕布识破而落空，但无论如何，多少是会起到一点破坏作用的。

荀彧一计不成，再设一计，名曰“驱虎吞狼”：

曹操如果得到徐州后，是想与南边的袁术争锋。既然现在得不到徐州，那就干脆让徐州兵去和袁术火拼消耗，这样，无论谁胜谁负，对曹操来说，都是好事，坐收渔人之利。

让两个敌人互相攻击，此所谓驱虎吞狼。

在这一局的决策中，曹操下圣旨叫刘备攻打袁术。

因为刘备比袁术弱，所以有可能选择不去，找个理由推脱掉。为了逼刘备去，曹操又派人去秘密通知袁术，说刘备上表皇帝说袁术的坏话，并且想密谋夺取袁术的地盘。

袁术本来就想得到徐州，对刘备这个织席卖鞋的草根能跻身诸侯很是不满，袁术说“术生年以来，不闻天下有刘备”。什么？你刘备还想打我？我正要打你呢！所以二话不说，就发兵来攻打刘备。

袁术要打刘备，刘备就不得不应战，并且又有圣旨叫刘备打袁术。

这样一来，袁术与刘备之间爆发战争，就是不可避免的了。曹操的妙计终于得逞。

从中我们可以看到：曹操之所以挑唆能够成功，关键因素是袁术本来就想得到徐州，只是没有借口，曹操利用皇帝之便为二位交战提供了借口，加速了双方的矛盾。

虽然皇帝在二袁眼里只是废品，不怎么稀罕，但曹操却最大限度地发挥利用了这个已经贬值皇帝的最大功用，从而没有造成资源浪费，这是曹操与二袁最大的区别。

02 曹操为什么要说刘备是英雄

曹操利用皇帝优势欺骗挑唆袁术与刘备之间快速爆发战争，这一计叫做“驱虎吞狼”，发展的过程非常顺利，但结果却是失败的。

刘备接到圣旨正在犹豫，袁术气势汹汹地打来了，刘备不得不打。这一打，却被吕布钻了空子，吕布乘机抢占了刘备的地盘，控制了徐州。导致刘备无家可归了。

吕布得了徐州，袁术就马上派人来和吕布结盟。

袁术说，皇帝的传国玉玺现在在我手里，我就要登基当皇帝了，你把女儿嫁给我儿子当太子妃，你就是皇亲国戚。吕布答应了，两家结了盟。

袁术有一个要求，就是要吕布杀掉刘备。

可吕布又感情用事，说刘备曾经对自己有恩，不愿杀，并且还做了一出“辕门射戟”的戏来偏袒。刘备害怕，无路可走，只好转身去投奔了曹操。

刘备来投奔曾经有过敌对关系的曹操，那是不得已的事。而曹操面对这个暴发户又迅速破产了的刘备，还是待为上宾，称之为“英雄”。

那么，刘备是不是英雄呢？

早先刚出山打黄巾的时候，还是有些英雄气的。后来混日子混油了，也没看出有什么惊世骇俗的地方，得徐州过于巧，而打袁术甚为拙劣。表现有三：

1. 明知道是曹操之计，首选就应该是想办法与袁术讲和。

2. 如果与袁术讲不和，刘备就应该指使吕布去和袁术消耗。

3. 张飞喝酒误事，屡教不改，还用他守城。

所以，刘备在这一回合的决策中，头脑发昏，连出错漏，失败就是必然的。

就这一回合而言，看不出刘备有什么英雄之处，算不得英雄，算个狗熊也不过分。明明就是个狗熊！可曹操为什么还要说刘备是个英雄呢？

当时，刘备穷极来投曹操，曹操有两个选择："要"或"不要"。手下的谋士也分作两派："留用"或"杀掉"。而要求曹操杀掉刘备的理由十分荒诞："刘备终不为人下，不如早图之"。

"刘备终不为人下"的凭据是什么？凭他的业绩、实力吗？这些在当时（也包括后来）一直都达不到对曹操构成威胁的级别。

凭他后来果真当了蜀国皇帝？这是先前不可知的。

凭他家的大树如车盖风水好？还是凭他两耳垂肩有福相？

用这些来证明"刘备终不为人下"，都是靠不住的。并没有什么依据可言。甚至可以说，任何人都存在"终不为人下"的可能。

但是，谋士们作出一些没有依据的、十分荒诞的预言，也是一种优选策略。因为总有一天，他们会抓住机会说："你看！我早就说过了的呀，不听我的呗！"

谋士们的智商，大体相差其实不远，但作出的决策几乎都是相反的。这不是水平有问题，而是每个谋士都是从"谋士自己的利益最大化"这一角度来发表意见的。

刘备被曹操留用，就肯定要给刘备安排一个位置。如果这个位置和某些谋士们的利益不发生冲突，这些谋士就会建议曹操留用刘备。

如果这个位置有可能和另外一些谋士们的利益发生冲突，那么，这些谋士们就会强烈建议曹操杀掉刘备。

是由可以预见的利害关系决定的。

在这种情况下，曹操必须要有自己的判断能力才能作出正确的取舍。而唯一的依据，则是曹操自身的利益关系和当时的实际情况：

1. 刘备已经穷途末路，对曹操没有威胁了，要杀他非常容易。杀了刘备之后，曹操既不产生增值，也不产生亏损。那就只会产生一种浪费。所以，可杀可不杀。

2. 曹操的“驱虎吞狼”之计，是要徐州兵力和袁术兵力相互消耗，才算达到目的。现在却导致了徐州兵力和袁术兵力结盟了。那么，结果和预算就是完全相反的。

虽然吕布、袁术天天都在为争小利骂骂咧咧，但在对待曹操的态度上还是一致的。因此，曹操的计谋其实是失败的。

3. 三方之中，最强的甲方袁术和弱势的丙方吕布联合起来后，对处于乙方位置的曹操，也就构成了十分巨大的威胁！很容易导致袁术先破曹操，后灭吕布。

4. 所以，曹操正处于用人之际。不要说一个刘备，就是十个刘备也用得下。

这就是曹操要留用刘备的真相。

曹操任用刘备为豫州的老板，也是处于策略需要。豫州的南边是袁术，东边是吕布，用一块肉吸住两匹狼，划算。

所以呢，刘备虽然失去了徐州，却又得到了豫州。屡屡得到曹操的好处，都是因为曹操的需要。

曹操此时不仅需要刘备，还需要更多的英雄，才能应付强大的敌人。为了吸引更多的英雄来投奔曹操，就极力把刘备包装成一个英雄：

1. 收了刘备这样一个残兵败将。

2. 收了刘备这样一个大英雄。

其实是一个事情，但宣传力度，却是天壤之别。

所以，尽管此时的刘备极为狼狈不堪，还是被他们强行包装成了一个英雄，以便吸引更多的英雄，来加入到他们的阵营里。

03 三国时期最先称帝的狂妄之徒

在十八路关东联军讨伐董卓战的时候，孙坚在洛阳废墟捡到一个宝贝：皇帝的大印！孙坚并没有把这个传国玉玺上交盟主，后来死的时候，传给了儿子孙策。

孙策一直在袁术手下做事，他想到江东去发展，就找袁术借兵，用传国玉玺做抵押，借得兵三千、马五百匹。在江东发展得很不错。

袁术由此而得到了传国玉玺。于是，就做起了皇帝梦。

此时的局势为：

南边的袁术，势力最强；

中部西边的曹操，势力其次；

中部东边的吕布，势力较弱。

这三方之中，甲丙联合，对乙方曹操构成了巨大的威胁。曹操此时就必须设法破坏甲丙联盟，争取乙丙联合，共同打击甲方袁术，才是正选。

于是，曹操又利用皇帝优势为吕布加官晋爵，并写信赞美，说曹某对吕布的景仰之情如何如何，极力奉承。吕布看了大喜。

这时，袁术派人来说不日将即皇帝位，并勒要吕布的女儿做太子妃。吕布翻脸道："反贼焉敢如此！"当场绑了使者，押送到曹操处去了，并相谢曹操的举荐之恩。

如此一来，袁吕联盟宣告破裂。

袁术大怒，还是如期按照选定的吉日登基，即了天子位，自称"皇帝”，乘龙凤辇，修建宫殿，封赏众官，发20万大军，分7路扑向徐州，来灭吕布。

这是三国时期最早抢先当皇帝的人，袁术。

而曹操此时绝不能坐看吕布被袁术灭掉，便派刘备、关羽等人从背后截杀，协助吕布大败袁术。曹操又奏请皇帝封吕布为左将军。至此，曹操、吕布战线联盟形成。

袁术被打败后，找江东的孙策要兵。孙策突然反目，大骂袁术是反贼，背叛汉室，大逆不道，人人得而诛之！

一时，袁术众叛亲离。在曹操、吕布、刘备、孙策这四路人马的合力围攻之下，终于打熄了袁术这一路极占优势的诸侯。

曹操奏请皇帝，封了“讨逆将军”孙策为吴侯扬州会稽郡太守。自此，孙氏家族一系便有了江东基业。

在这一回合的较量中，袁术这条大鳄被大家分吃了，成为最大的失败者。那么，他是错在哪呢？

先说时机不成熟就称帝的害处。

其实，无论你称帝、称王、称侯、称什么，实力都不会因称呼改变而有所增加。当时有些山贼土匪只霸了几个村庄就敢称皇帝的也有，但那又有什么用呢？

时机不成熟就称帝，只会有害。因为别人跟你这个皇帝卖命，要等到你统一天下时才能有收益，预期太远，还不如直接打你这个反贼，马上就有收益，所以，时机不成熟就称帝：

1. 自己并没有得到任何实质利益，仅有个虚名。

2. 提供了他人快速获利的条件。只要有条件打你的人都可以乘机来打你。

这是所有时机不成熟就称帝的人所面临的共同问题。

再说袁术个体的能力问题。

在袁术、曹操、吕布这三方博弈中，袁术最强为甲方，曹操其次为乙方，吕布最弱为丙方。

那么，袁术的最优选策略就必定是：狠狠打击对自己威胁最大的乙方曹操！否则，其他方案都是劣选。

甲方自始至终，矛头要对准乙方，就算自己不一定能赢，但至少也遏制了对手，不能给他留有机会！总之是不会轻易输掉的。

而袁术竟然一直没有攻击兖州的曹操，却老是纠缠着徐州的刘备、吕布等人过劲。

1. 曹操挑唆刘备打袁术的时候，袁术没有乘机找借口打曹操，却来徐州打刘备。
2. 曹操挑唆吕布打袁术的时候，袁术不乘机找借口打曹操，却来徐州打吕布。

从这两错可以看出：袁术根本就权衡不了利弊得失轻重缓急。所以形容他是“冢中枯骨”，死了只等着埋的，恰如其分。

袁术如果要打曹操，其实根本就不需要找什么借口：你敢“挟天子”来令我，我就要“奉密诏”来锄奸！

在当时，“密诏”具备和“圣旨”同等的法律效应，这也是二袁不看好汉献帝的一个重要因素。

如果袁术来帮皇帝“锄奸”，那么，号召力一定要大于自己单干，局面肯定要占优些。万一没有打赢曹操，也还是能得到一些诸侯的支持，不至于速败。

袁术并没有来帮皇帝锄奸，这么好的机会，白白浪费了。这是第三错。

袁术不想帮皇帝锄奸，想自己当皇帝，那么，他就应该有效地利用自己这个皇帝名头来打击曹操：

你那个皇帝连玉玺都没有，谁知道是真的假的？你曹操弄个身份不明的假皇帝来欺骗天下诸侯，当然就该打！

袁术既然已经称了帝，就是和汉献帝结了仇，那就应该把矛头对准汉献帝（打曹操），才是正招。

自己称帝，已经树了敌，却又不和敌人相争，这是第四错。

究其根源，不是曹操多么狡诈，而是袁术根本就分不清谁是敌人，他一直都没有攻击过真正的敌人，那就只有等着敌人来消灭他了！

所以袁术的失败，是迟早的事。

而袁术又特看重虚名“皇帝”称呼，那么，他的最佳选择，还真的是应该抢先称帝。因为失败是迟早的，早一天当皇帝，还可以过一下皇帝瘾，若迟了，就被消灭了，那就没有机会过皇帝瘾了。

04 吕布究竟死于谁人之手

袁术一败，曹操马上急攻徐州，活捉了吕布。吕布死前没有骂别人，单单只骂刘备：“你是天底下最无信的人！”

起初，刘备在徐州的时候，曹操想灭了刘备，战败的吕布来投刘备，二人的共同敌人是曹操，所以结为兄弟，情同手足。

曹操又设计让刘备与袁术火拼，这样一来，袁术与刘备有仇，曹操与吕布有仇，如果袁术、曹操同时进攻，徐州就完了。

此时，刘备对付袁术没有好的选择，因为：甲方袁术最强，乙方曹操较强，丙方刘吕二人最弱。丙方无论怎样对付甲方，都是劣选。

而优选只有一条路，就是：丙方必须联合乙方曹操，才可以继续往下周旋。这一点非常重要。所以刘备来投曹操，客观上也是在促成乙丙联合。

其次，如果刘备不考虑大局，只考虑个人安危，他肯定要做好打了败仗望哪儿跑的安排。

刘备只有跑到曹操处，价值才是最大的。因为曹操面临两个劲敌。再说，刘备和那么多人打过交道，还只有这个交情不怎么深的曹操对他才是最大方的！（白得徐州，又加征东将军。）

所以，无论刘备怎么算，都是投曹操最好。

刘备与曹操有了交情，其实对吕布也有好处。

因为刘备与吕布是真正的患难之交，不像和关羽、张飞在路上偶遇就拜了把子。

刘备、吕布二人生存于两个强势方的夹缝中，一个结袁术，一个交曹操，是可以互保的。如果袁术要杀刘备，由吕布出面，如果曹操要杀吕布，就由刘备出面。

所以刘备每次吃了败仗，抛妻弃子，独自逃命的时候，他的家人都是由吕布照顾得好好的。吕布这样做，也不仅仅因为他是义兄，而是指望万一落在曹操手里，刘备好出面保他。

在合击袁术的时候，曹操为了团结统一战线，又令刘备、吕布二人再次结为兄弟，因此，比那个桃园三结义要牢靠得多。

消灭了袁术后，吕布被擒，他对刘备说："你是曹操的坐上客，我为阶下囚，何不发一言而相宽乎？"刘备点了点头。没有过多的话，心照不宣，该刘备出面保他了。

吕布对曹操说："服了，让我跟着你干，天下不难定也！"

曹操转过头来问刘备："何如？"

刘备回答说："公不见丁建阳、董卓之事乎？"意思就是：吕布跟丁原的时候，杀了丁原，跟董卓时候，又杀了董卓，现在让他跟着你，难道你不怕他杀了你吗！

这一句话的杀伤力极强！把吕布气疯了：“大耳儿！不记得辕门射戟了？不是我，你早就被袁术杀了！”刘备一言不发，吕布目视刘备曰：“是儿最无信者！”

刘备选择吕布死，可以估算的预期是：刘备已得到豫州，有望再得到徐州。

刘备选择吕布活，可以估算的预期是：刘备得豫州，吕布得徐州。

现在，中南部已经没有什么劲敌了，那么，吕布一死，对刘备就有相当大的益处，而吕布活着，就只会对刘备有害！

所以，刘备一句话，就把这位拜把子的义兄推向了绝境！高明吗？不高明。实在是低劣。这位满口仁义的刘备弄得罗贯中老先生很不好处理这一段。

刘备的正选应该是：口头上选择吕布活。

因为最终的决策权在曹操，不在刘备。刘备有两选，曹操也有两选。无论刘备选什么，都不能算数，关键在于曹操如何定夺。

曹操每做一个决定，其实心中早就有了答案，故意叫别人先发表意见，不合他的意思，他再问下一个人，也不让你难看。若合他的意思，他就按你说的办，以后出了事，都是你出的馊主意。其实都是他自己的意思。

曹操自思难于驾驭吕布这匹烈马，所以还是除掉保险些。别听他说要招纳四方英雄，没有的事，真有威胁的人来了，容纳不了的。

所以，曹操这一招玩的非常高妙：他自己不说，让刘备说出来，不是我曹操要杀你，是你的兄弟刘备要杀了你！

如果刘备说一句好话，那曹操肯定要板着脸问下一个人！结果还是要把吕布杀掉！

在这一局中，刘备其实是个上当者，因为他不知道曹操的最终决策是什么。二人博弈的所有变数组合，总共有四：

1. 曹操想杀，刘备说放。刘备得逞。且得美名。
2. 曹操想杀，刘备说杀。刘备得逞。但背恶名。

3. 曹操想放，刘备说放。刘备不得逞。但得美名。

4. 曹操想放，刘备说杀。刘备不得逞。刘备将何以处之？？？

刘备无论说什么，都没有意义的。曹操不会受刘备的摆布，否则他就不是曹操了。当时，刘备说出那般恶话，万一曹操又把吕布放了，刘备以后还怎么混呢？

甚至，曹操还有可能十分恶毒地先故意放了吕布，以后再杀掉。那么，请问刘备怎么办？

所以，这是刘备的一个漏洞。

这一回故事告诉我们：

1. 当自己没有决策权的时候，尽量不要说恶话，做恶人。

2. 当自己有决策权的时候，就尽量指使他人说恶话，做恶人。

谁犯规，谁吃亏。

有的朋友说，刘备是算准了曹操要杀吕布，所以才那么说的。如果真是这样，刘备说“放”，只会更好，更有仁义之美名。

又有朋友说，刘备如果不那样说，自己就会有危险，担心曹操会杀掉自己。如果真是这样，刘备还是说“放”，只会更好。

因为曹操真的要杀刘备，可以选择先放掉吕布，等吕布杀了刘备，曹操再杀吕布。

怎么算，刘备都是以说“放”为正选。因为他没有最终的决策权。

05 刘备为什么要匆匆逃离曹操

关东中南部的刘备已降，袁术已败，吕布已死，曹操独大。因为刘备有大功，曹操奏请皇帝把吕布的左将军封给了刘备，关羽也做到了中朗将的位置。

皇帝亲自接见了刘备，还认他做叔叔。刘备混成了京官。

一日，曹操单独请刘备一个人去喝酒，曹操说，当今天下，只有我们两个人可以称得上是英雄，这句话把刘备吓个半死。这就是著名的“煮酒论英雄”。

结果，导致刘备逃离了京城。

书上不是说，刘备当时谎称怕雷，已经骗过曹操了吗？“操遂不疑玄德”。既然已经骗过了，为什么又要匆忙逃亡呢？（《三国演义》为第三日出逃。）

这一跑，曹操所有的谋士都看出来了：“可知其心变矣！”

1. 刘备不跑，曹操不会发现刘备有什么问题。

2. 刘备逃跑，曹操就一定会怀疑刘备有问题。

刘备这样做，就叫“不打自招”，可见，这个选择并不好。

既然已经骗过了曹操，那就没有必要自暴企图，完全可以继续伪装下去。但是，他还是跑了。这就说明刘备的逃跑和“煮酒论英雄”的关系不大。

宁愿让曹操怀疑也要逃跑，就只能说明刘备遇到了比“让曹操怀疑”更严重的麻烦！

分析其中的原因，刘备当时有三怕：

（一）怕皇帝：

当时，皇帝又在密谋一出暗杀大臣案，目标就是曹操。这一次参与的人比上次谋杀董卓的还要多，约了上10人。

皇帝咬破手指，血书一封：“操贼弄权，败坏朝纲，敕赏封罚，不由朕主。朕之至戚，当纠合忠义之士，殄灭奸党，复安社稷，祖宗幸甚！”这是真正的密诏。

皇帝论辈分认刘备为叔叔，都姓刘嘛，于是刘备就被称为刘皇叔了。其实刘备与皇帝没有什么关系的，只是皇帝需要刘备这个人。

刘备自称是中山靖王之后，就算是真的，那也是旁支的旁支的旁支……就是一个普通百姓了。中山靖王本人生了一百二十多个儿子，而到刘备，少说也隔有七八代了，算不上什么皇室宗亲。

但是，现在皇帝既然已经认了刘备这个叔叔，那么，从这一刻起：刘备就是真正的皇亲国戚了。不仅仅只是朝廷的左将军，更是皇帝自己的家里人。这一点，就假不了了！

刘备既然成了皇帝的亲戚，叔叔，那就必须得承担这个责任，帮皇帝锄奸！干掉曹操！推都推不掉！所以刘备非常的为难：

1. 曹操的确对刘备恩重如山。

2. 刘备的确斗不过曹操。

怎么算，刘备与曹操作对，都对自己没有好处。

但是，你不答应是不行的！这次谋杀曹操，是以皇帝的家族势力为主要人员，皇帝认你这个叔叔，可不是白认的！没有天上掉馅饼的好事。

（二）怕事不成：

皇帝要他们谋杀曹操，刘备没有选择，他已经在密诏上签了字。事不成，或败露，必然立受其害，这是有确凿证据的，赖都赖不脱的。所以，这一时期，刘备惶惶不可终日。

此时，无论刘备参与还是不参与，都是逃不了干系的，无论他伪装得多么巧妙，他都不能保证其他人不出问题，只要其中有一个人出了问题，大家都得一起完蛋！因为密诏上签了名字。

（三）怕曹操：

即使没有上述事件，刘备还是怕曹操除掉自己。曹操提拔刘备，当时是为了对付袁术、吕布，现在，袁术、吕布已经被打败了，那么：

1. 曹操有可能收拾刘备。
2. 曹操也有可能放过刘备。

这一点不是绝对的，如果刘备铁了心跟着曹操干，曹操只会继续提拔他。所以，曹操没有杀刘备的必然性，只是存在这种可能性。

前两怕是一个非常确定的因素，而第三怕是一个不确定因素。所以，来自于前两怕的压力最大。

在这种情况下，刘备盘算：

1. 与皇帝合作，刘备的死亡率大概有98%；
2. 与曹操合作，刘备的死亡率大概有50%。

大概而言。

因此，刘备无论选择“必死”还是“可能死”，都不好，那么，被迫选择离开这个是非之地，哪怕是让曹操怀疑，还是要相对安全些。

所以，刘备出逃，怕曹操的因素小一些；怕皇帝，怕完成不了皇帝任务的因素才是真正的直接原因。刘备在“尽忠”与“保命”之间，当然要先选“保命”。命都保不住了，还怎么尽忠呢？！

书上说刘备是怕曹操才跑的。不是的。如果不这样说，那刘备就是大大的不忠了。因为要把刘备塑造成一个忠臣，才不得不那样写。

谋杀曹操之所以失败，国舅董承说：“今之谋望不成者，乃刘备、马腾各自去了。”

所有在密诏上签字画押誓杀曹操的这一群人中，只有刘备最接近曹操。可是，刘备却第一个带头逃跑了，有责任的。马腾见他跑了，也就只好回去了。

假如刘备不跑，也和当年吕布杀董卓一样，奉诏宰了曹操，能不能成功呢？不知道，总之，机会还是有的，尽管很少。

赌一下试试，历史或许会发生改变。刘备不愿冒这个风险，也很正常，不能怪他。但若硬要说他是个英雄，不够，他并没有那个胆量。

06 曹操“煮酒论英雄”之谜

曹操与刘备煮酒论英雄。刘备的行为，他究竟为什么害怕，上回已经说明。

那么，曹操的行为呢？他为什么要找刘备煮酒论英雄呢？一般都理解为：曹操是在试探刘备是否是英雄，是否忠于自己。

但是，这种说法从博弈论的角度来看，很不合逻辑。

1. 刘备是不是英雄，并没有什么方法可以检验得出来。这是难于鉴定的。
2. 刘备是否忠于曹操，也没有什么方法可以试验的出来。这也是难于确定的。
3. 刘备装做很害怕的样子，狡诈的曹操难道就真的相信刘备了？这也是难于确定的。

也就是说，曹操通过这次试探行为，从一开始就决定了：根本就不可能达到上述两个目的。得不到一个确定的结果，测试了等于白试，行为产生浪费。曹操干吗要做这样的无用功呢?

凡在博弈中，有一个很重要的原则：

1. 我的目的是要赢对手，对手的目的同样也是要赢我。
2. 我有若干选择，对手也有若干选择。
3. 我不可能知道对手究竟会选择哪一种策略来对付我。（对手极有可能采用对我最不利的一招。）
4. 我做出的选择必须达到这一标准：对手无论用哪一招，都不会对我构成威胁。我才能立于不败之地。

简言之，就是“控制”。只要我能控制对手，则对手没有好的选择对付我。

现在，曹操不可能知道刘备的真实想法。曹操可以猜刘备：

1. 刘备是真的忠心于曹操，不会反叛。
2. 刘备是假的忠心于曹操，终究要反叛。

如果是第一种，那一切都好说，如果是第二种，曹操就会有威胁。

曹操和刘备煮酒论英雄时说：“天下各路诸侯，都是碌碌小人，何足挂齿！只有我们两个人才是英雄。”这实际上是在极力拉拢刘备，并不是存心要恐吓他。

当时，曹操和袁绍之间免不了一战，曹操处于弱势，绝大多数人都是主降、主和、而不主战的。曹操必须争取更多的人支持，他找刘备谈话的用意有二：

1. 如果你不背叛我，我们合伙干掉袁绍，天下就是我们两个人的。
2. 即使你背叛了我，不跟我合作，在干掉袁绍的问题上，我们还是一致的，天下还是我们两个人的。

只有这样，曹操这次的谈话才能起到作用。因为他给出了一个相当诱人的预期收益。无论刘备选择合作还是背叛，只要在打袁绍的问题上是一致的，那就行了！

所以，曹操煮酒论英雄，是口头上以“平分天下”为条件在极力拉拢、稳住刘备，而不是那个一再被误传了的“试探”，什么都试探不出来，不是在浪费精力么！

如果是试探，那也没有必要天天试探。可第二天，他又把刘备喊去喝酒，这只能说明是在拉拢。

但是，刘备心中有着不可告人的秘密，第三天，他就要逃跑。

曹操面临一次重要的决策：放，还是不放。

谋士们都说这是放虎归山，曹操说没事，都在我的掌控之中。

结果是曹操放刘备跑了。

这个选择并没有错。因为：曹操能够控制刘备，放有放的控制手段，不放有不放的控制手段，刘备无论选择什么，都不能威胁到曹操。所以，曹操放刘备跑，并没有什么失策。

若不放，刘备还会继续伪装，曹操很难抓住他的把柄。并且，刘备天天和皇帝鬼来鬼去的，曹操看了心里烦。

放刘备跑是有好处的，可以快速看清刘备是个什么样的人，给他机会自己现出原形。

结果，刘备一跑出来就反了，他又杀回徐州，割据一方。这个时候，曹操很轻松就把他给收拾了，一仗就把刘备三弟兄打散了伙，又夺回了徐州。

至此，刘备再次破产，一无所有了。他也顾不得兄弟手足情深了，一个人独自逃命去也！张飞去当了土匪，关羽投降了曹操。

曹操嘴里说欣赏刘备，其实是很难令人相信的。因为从曹操的角度来看，刘备并没有什么利用价值。

刘备和曹操一样，都是计谋不高明，武艺不超群，且狡诈多端，难于琢磨的人。都属管理型人才，而不是技术型人才，（区别只是刘备比曹操的势力弱）。刘备没有利用价值，要他做什么！

曹操看中的不是刘备，而是刘备手下的关羽、张飞，这两个技术型人才才是最有利用价值的。要有吕布的本事，又不像吕布那样反复无常的人，才最值钱。

如果刘备选择合作，曹操就一起利用他们三个，如果刘备选择背叛，曹操就消灭刘备，只利用那两个。无论怎样，都有好的应对措施。

所谓“用人不疑，疑人不用”，是有前提条件的。这个条件就是必须要能够“控制”。

只要能控制，所用之人才可以不必怀疑，而怀疑之人也可以用之。如果不能控制，那么，不要说怀疑之人，就是不怀疑的人，也可能背叛你的！

07 曹操与袁绍抗衡之谋略布局

南边的曹操扫平袁术、吕布、刘备的时候，北边的袁绍也打败了竞争对手公孙瓒，公孙瓒兵败自焚而死。

在整个关东联军里，只剩下袁绍和曹操了。

曹操阻碍了袁绍的发展计划，袁绍也阻碍了曹操的发展计划。因此，这两方之间的冲突是不可避免的。都想消灭对方，尽管他们儿时的关系那么好。

袁绍是优势方，曹操是劣势方。

所谓优势劣势，是就可以计算的不变因素而言的。袁绍的兵多，地广，所拥有的资源总和绝对值要大于曹操，当然就是优势方。

袁绍的手下在打曹操的问题上没有什么争议，有争议的是怎么打，反对派只是不主张贸贸然地乱打。

而曹操的手下在打袁绍的问题上争议很大，多数派是反战的。

由此可见，双方的战前形势是明确的：袁强曹弱。

但是，在博弈理论中，结果永远是不确定的。优势方获胜的概略虽然比较大，但也不是百分之百的。因为战争的结果是由两个方面构成的：

1. 可以计算的不变的确定因素。
2. 不可计算的其他的不确定因素。

可以计算的不变因素，通俗的说法就是“实力”，看得见摸得着的。而不可计算的其他因素，也比较多，比如指挥调度的技巧、策略、机会等等变化性极强的因素，总是会导致结局出现意外。

那么，双方博弈中，导致两种不同结果的条件是：

1. 优势方在不发生意外的情况下，一直保持领先优势，那么，耗到结果，优势方就一定是胜利者。
2. 劣势方在不发生意外的情况下，一直耗下去，结果是必输。
3. 如果发生了意外，优势方将失去优势，即，失去控制，不能左右局面，结果就会变得很不确定了。双方各有胜负之可能。在这种情况下，劣势方当然就有机可乘了，存在获胜之可能。

因此，双方所选用的最佳策略就一定是：

（一）袁绍

1. 袁绍是优势方，利用确定的优势，和曹操拼设备，比浪费，打消耗战，是袁绍的最佳选择。
2. 在没有发生武力冲突的情况下，袁绍必然应该逐步侵占曹操的地盘，稳打稳扎为首选，尽量避免激烈冲突。因为激烈冲突会导致双方都无法控制结果，胜败具有很大的偶然性。袁绍一旦失去控制权，就不划算了。

3. 在一旦发生激烈武力冲突的情况下，袁绍即使采用最低级的战术：一个换一个，我死5000，你也死5000，我死5万，你也死5万，那么，袁绍就不吃亏。因为袁绍的本钱多些。

所以，当发生激烈冲突时，只要双方死亡人数大致一样多，则还是袁绍继续领先持优。

4. 如果袁绍采用“换人”战术，那么，他只有和曹操的主力部队比消耗，效果才是最好的。袁绍在作战时，遇到的曹操兵力越多，则消耗战越划算。

（二）曹操

1. 曹操是劣势方，如果和袁绍硬拼，因为他的本钱小些，必然是他先消耗完，这样就不划算了。所以，曹操的最佳选择就应该是：游击战（或说侧翼战）。

2. 曹操的策略恰恰和袁绍相反，应该回避消耗战，保存自己的实力，专找袁绍薄弱的分部兵力作战。

3. 曹操用自己的优势兵力消灭袁绍的薄弱兵力，应该是有把握的。一次消灭一点，积少可以成多，若能反复得手，将最终瓦解袁绍。这个道理类似于“曹冲称象”，一口吃不了，就分割开来吃。

袁绍要寻找曹操的主力作战才划算。曹操要积极回避，寻找袁绍的分部作战才划算。

袁绍要一直保持确定的领先优势才划算。曹操要不断地增加变数，或利用、制造意外事件等不确定因素才划算。

虽然二人的策略是相反的。但取胜之道却是万古不变的道理：一定是以强欺弱，以多欺少，尽可能地拣软柿子捏！

世界上还从来没有发生过真正意义上以弱胜强的战争。所发生过的，都只是表面现象上的弱胜强。其实质还是“强胜弱”。

袁绍欺曹操弱，曹操欺袁绍的局部弱。袁绍只要抓住一次机会就能叫曹操完蛋；曹操必须抓住多次机会，各个击破，才能叫袁绍完蛋。因此，袁绍取胜相对容易些，曹操的难度要大些。

双方博弈的结局都有不同百分比的胜算概率，也就是说，都有条件成为最后的赢家（袁绍还多些）。因此，双方的均衡点就是：守和。

只要曹操不犯错误，不提供对手机会，对手就难于消灭曹操。

同样，只要袁绍不犯错误，不提供对手机会，对手也难于消灭袁绍。

双方应对都不出错，则双方都不能取胜，结果就是和局成立，各占一半（袁绍继续保持一定的优势）。

08 曹操与袁绍在官渡初次交锋

刘备反了曹操，又霸占徐州的时候，曹操来打，刘备急忙写信告诉袁绍，说许昌空虚，你正好发兵来攻击他，这是千载难逢的好机会！不能错过！

袁绍故意佯说：“我儿子害病快要死了，我哪还有什么别的心事？”不肯发兵。导致刘备迅速破产，刘备不得已，单身匹马投奔了袁绍。

袁绍听说刘备单马而来，便亲自引众出城30里迎接刘备，说明袁绍心里承认自己失去了一次好的战机。

书上都说袁绍优柔寡断，这也是有原因的。

袁绍的谋士们都是天才级的大脑，智商肯定都要比袁绍高出多少个百分点，前面我们说过，谋士们作出的决策都是相反的，你东说，他西说，个个都十分有理，你叫袁绍听谁的？不优柔寡断才怪。

当袁绍接到刘备的信后，不出兵是正招。这其实是正确的。

1. 这个情报可信吗？你刘备前几天还在和曹操喝酒，今天就叫我打他，万一有诈怎么办？这个怀疑是必需的。直到刘备真的被曹操打败后，才得到证实。但已经迟了。
2. 即使是真的。袁绍去打许昌，也不一定理想。因为曹操倾巢出动后，主力已经“游击”走了，你怎么和他的主力打消耗战？
3. 即使放弃这次机会，也不吃亏。因为袁绍是强势方，只要后面的应对不出错漏，还是继续占优。

所以，袁绍这一次的决策是稳健的，尽管他自己也十分后悔。

这一次只是“失机”，却并不“失策”。失去了一次出奇招的机会，但整体策略并没有破坏。无害。

注意：当得到一个诱人的信息，而又疑信参半时，究竟该怎样做决策比较合适呢？

1. 作为弱势方，应该倾向于“宁可信其有”策略，比较占优。
2. 作为强势方，应该倾向于“宁可信其无”策略，比较占优。

因为弱势方如果没有机会，迟早是败，倒不如相信这次机会是真的，说不定就博中了。而强势方失去了这次机会，还有条件争取下一次机会，那就没有必要过早地孤注一掷。

袁绍的谋士田丰说：“将军不如作持久之计，外结英雄，内修农战，不出三年，可以安坐而胜。”这是正招。因为这样可以避免冲突，牢牢掌握控制权，使已有的领先优势继续维持或发展。

必胜之道。

但袁绍等不及，不愿意熬上三年，一定要发兵来攻打曹操。

袁绍想速胜，如果能与曹操的主力火拼，这个选择也是可胜的。只是

“可胜”总是没有“必胜”好。欠妥。整体策略虽没有破坏，但质量有所下降。

建安五年，袁绍发动战争，先下手为强，向南侵占曹操地盘，已有部分浮动盈利，曹操被动防守。袁绍派颜良攻打白马（主战场），同时又派文丑进攻延津。

白马的刘延守不住了，向曹操求援，曹操不救。不能救的，因为曹操必须要回避大规模的消耗战，才可以继续往下周旋。所以他率众去打人少的延津，人少的分部敌人当然要好打些。

这个消息被袁绍侦察到后，马上调兵到延津来与曹操的主力火拼。但是曹操走到半路的时候，又突然转身抄小路直扑白马，杀得颜良措手不及，被关羽一刀斩作两半，解了白马之围。

袁绍发现上了当，中了声东击西之计，又派文丑和刘备转过来拦截曹操。

曹操当然知道袁绍不会善罢甘休，所以就带着白马的人一起逃跑。逃跑是正招，但很倒霉的事发生了，曹操撞上了文丑和刘备的军队。

袁绍的优选策略是：追踪曹操的主力作战。曹操的优选策略是：追踪袁绍的分部作战。总之，双方都必须尊崇“以强欺弱，以多欺少，拣软的捏”这一原则，才有可能获胜。

但是曹操绝对不能提供一次机会给袁绍，否则，曹操就完蛋了！

现在，当曹操撞上了文丑和刘备的时候，基本上就可以说曹操已经到了完蛋的边缘。如果双方打一场硬仗，互相火拼消耗，曹操即使获胜，也是亏大了。因为他的本钱小些，经不起折腾。

曹操急中生智，也可以说是没有办法的办法了，他把从白马运来的物资全部丢在路上，文丑和刘备一看，都来捡宝贝，这个时候曹操一声令下，杀声四起，打得袁军大败，文丑又被关羽斩了。

刘备是个兔子精，掉头就飞跑了。

这是袁绍与曹操初战回合的较量。

在这一回合中，曹操虽有两胜，但仍然还不能战胜袁绍，袁绍有一次机会与曹操消耗，但中了诱兵之计，没换到人，被曹操白杀了。

袁绍掠了些曹操的地，曹操杀了些袁绍的人。双方各有小的输赢，胜负尚未分晓。

就整体实力上看，依然还是袁绍保持着强劲的领先优势。

那么，往下演变的过程依然是：袁绍继续追踪打击曹操的主力部队，曹操继续追踪打击袁绍的分部兵力。

谁被对手揪住了机会，谁就会吃亏。

09 进退无路的选择：逃跑或顽抗

袁绍、曹操各有多少兵力，一说袁绍多于曹操十倍，这个可能太夸张（但有的资料显示有这么多）。另一说袁绍多于曹操三至五倍。

总之，曹操的人少，至少要少三倍以上是可以肯定的。所以曹操经不起消耗，只能瞅空袭击。

经过初战回合的较量，双方都没有取得胜利的决定权，袁绍继续领先持优。曹操虽在延津、白马小胜两场，但守不住，那就只有撤退，一直退到了官渡。

袁绍继续追击，扩大优势。曹操没有退路了，于是双方在官渡扎起营垒相持。

这就是历史上著名的“官渡之战”。

曹操问袁绍：“我保奏天子已经封你为大将军了，你为何还要谋反？”

袁绍大怒："你是汉贼！罪恶弥天，甚于董卓！"

曹操曰："我奉圣旨来讨贼！"

袁绍曰："我奉密诏来锄奸！"

大家都有理由，那就只有靠实力说话了。

袁绍兵多粮足，曹操兵少粮缺。如果迁延日时，曹操就必定会被袁绍拖垮。因为这是一个确定因素，所以曹操不得不采用急攻战术，对攻越激烈，不确定因素就越多，双方谁都难于控制局面，那么，胜负就靠"或然率"来决定。

曹操的这个选择，总是比"拖下去必败"要好。因为持久战没有胜算，而急攻战则至少会有小概率的偶然侥幸获胜之可能。

对于曹操的急攻，袁绍没有硬拼，而是万弩齐发，天天对着曹营乱放箭，射的曹兵不能出营。从而破解了曹操的急攻战。

曹操见军心慌乱，就叫人设计出一种"发石车"，于是，这边炮石飞空，往上乱打，那边箭如雨下，往下乱射。双方都死伤无数。最终还是石头的威力大些，打的袁兵不敢登高射箭。

袁绍又派人挖地道，从地下进攻曹操，曹操就派人掘长堑，袁军掘到堑边，不能进入。

双方兵来将挡，各有破解之妙招，所以都不能取胜。既然打不出胜负，就再比消耗粮食，看谁熬得久，看谁拖垮谁。那么，局势就变成了持久战、消耗战。

这样继续演变下去的结局，就一定是：曹操方必输。

自八月起，至九月终，曹操军力渐乏，粮草不继，终于坚持不下去了。消耗竭尽之前，他也打起了董卓的算盘，准备实在是不行的时候，就挟天子迁都，逃跑。并且已经计划好了：十五天内撤军。

在选择"逃跑"还是继续"顽抗"这两者之间，曹操咨询了荀彧、贾诩这两位天才级的谋士。

尽管顽抗的结果是必输。但这两位天才谋士还是都叫曹操继续“顽抗”。那么，这一决策究竟如何呢？我们来分析一下：

（一）荀彧

荀彧说：“袁绍这次倾巢而出，就是来和你决一死战的，你往哪退？你没有退路了，只能硬撑住。”荀彧说的是当时的实际情况，打也得打，不打也得打，因为已经没有其他好的选择了。

如果选择逃跑，一是没有逃跑的路线（袁绍已经安排刘备勾连荆州的刘表在曹操后面拦截）；二是逃跑必死，还不如顽抗到底，拼完了算了，反正是一死。

此时，曹操只剩下两个选择：

1. 逃跑。结局是失去所有的战机，迟早一天会被袁绍轻松歼灭而亡。

2. 顽抗。结局是马上就可能死掉，但也有可能获得意外侥幸的战机。

这是一个经典的赌博理论：弱势方注定迟早是要输光的，还不如乘早鱼死网破孤注一掷，拼了一死，也要博一丝侥幸获胜的机会！

（二）贾诩

贾诩说：“丞相，你的智慧超过袁绍，勇敢超过袁绍，用人超过袁绍，决断超过袁绍，只要你下定决心，一定能胜利的！”

贾诩说曹操有四个方面超过袁绍，都是虚的。这些优点在和平时期是有大用的，但在现在的战争局势中，根本就起不到半点作用。现在的事实是：

1. 袁绍的兵力超过曹操数倍。

2. 袁绍的粮草充足，曹操的粮草已经尽绝。

贾诩说“一定能胜”，则更是没有任何依据的。从哪胜？怎样胜？根本就没有取胜的条件。（前面我们说过，高明的谋士做荒诞的预言，也是一种优选。）

所以，二位谋士都只是在给曹操灌输“精神胜利法”，不停地鼓劲，叫曹操硬撑下去。

那么，硬撑下去怎样才能赢呢？两个天才大脑居然没有想出一个办法来！他们给曹操提供的取胜方案为“0”。

为什么想不出取胜的办法？只能说确实没有办法了。因为在战争中，弱者失败，是常态。

10 最后一击搏命时的优选策略

袁绍四大谋士：审配、逢纪、郭图、许攸。许攸在这个班子里最低，且又最贪，故为受排挤的对象。

官渡鏖战，许攸截获情报，得知曹操粮尽，便向袁绍献计：兵分两路，一路攻曹操，一路劫天子，立可速胜！

但因这一计谋与集中兵力打消耗战的大策略相违背，袁绍没有采纳。

恰好此时有人来报，说许攸在冀州时贪污受贿，纵令子侄辈敛财，他的家人已被下狱。

袁绍大怒：“滥行匹夫！你还有什么脸给我献计？你与曹操有旧，想是受了他的贿赂，故意赚我？本该斩首，我且放你一马，快快滚蛋，今后不许相见！”

许攸出营，仰天叹曰：“忠言逆耳，竖子不足与谋！吾子侄已遭审配之害，我无颜回见冀州人！”于是，许攸径投曹操而来。

曹操此时已经到了绝望的关头，听说许攸来了，大喜过望，来不及穿鞋，跣足出迎，抚掌欢笑，拜在地上给他磕头。

许攸曰："你是丞相，何谦如此？"

曹操曰："你是我的故友，我哪敢以名爵相上下乎！你要教我破绍之计。"

许攸曰："你以孤军抗大敌，且粮草已尽，若不想办法快速急胜，那你就只有坐在这里等死！"

曹操拉着他的手说："你一定要教我！"

许攸曰："我有一计，可叫他百万之众在三天之内化为乌有！就看你有没有这个胆量。"

操喜曰："愿闻良策。"

许攸告诉他："袁绍的军粮辎重，都在乌巢，派淳于琼把守，琼嗜酒无备，袁绍又准备增兵派蒋奇去一同护守。你可以选精兵诈称蒋奇，抢先而到，一把火烧了他的粮草，不需三日，则绍军自乱矣。"

曹操因为听从荀彧、贾诩二位谋士的意见而顽抗到底，没有逃跑，才终于换来了一次"许攸献计"的机会。如果他当时逃跑了，这个机会就是不存在的。

许攸是袁绍班子里的人，对袁绍的动向一清二楚，要想搞破坏，还是比较容易的。他把路线、口令、袁军旗号、衣甲装束一一提供给了曹操。

所以，这一谋只有许攸做得出来，其他任何天才谋士，都不具备这个条件。

但是，有了这一谋，离成功还是相距甚远，因为这一谋中，所存在的不确定性因素实在是太多了：

1. 你凭什么相信许攸？万一他是诈降，不是去白送死么？
2. 即使相信许攸的，要想穿过袁绍的大营跑到他后方去，也是风险奇大。万一被发现了，曹操最精锐的骑兵部队将全军覆没，曹操必死无葬身之地。

3. 即使穿过了袁绍大营，还要走40里，路上还有好几道关卡。你能保证次次都顺利通过？只要有一个人向袁绍报信，曹操必死无葬身之地。
4. 即使顺利到达了乌巢，你又怎么知道他究竟是多少兵在守粮？要是兵力多，打不过，烧不了，怎么办？曹操必死无葬身之地。
5. 即使烧了乌巢的粮草，袁绍一定会发觉，他把你围在里面打，你怎么回来？还是要死无葬身之地！

所以，这一去，多半是死路一条！部将们都反对这个计划。但是，决策权在曹操，曹操已经决定了：就是死，也得去！

这个决策是正选。因为对于不确定的好机会：

1. 弱势方选择“宁可信其有”比较占优；
2. 强势方选择“宁可信其无”比较占优。

强势方失去了这次机会，还有条件继续捕捉下一个机会。而弱势方失去了这次机会，就再也没有机会了。

所以，曹操顾不得真假虚实了，管他真的假的，都得去。现在去，至少还可以赌命，如果不去，那么以后连赌命的机会都没有了。

但是大家又反对，即使要去，作为主帅的曹操不能去。主帅哪能亲临前线、深入敌后冒这个险呢？

曹操决定了，必须亲自去。这是因为：

1. 曹操手下的人之所以跟着他，是因为他所给出的利益比别的诸侯高。如果叫他们去为自己送死卖命，那么，无论是谁，都靠不住的。因为人的主观愿望都是为了增值，不是为了亏损。
2. 曹操手下许多人都给袁绍写了信，以求曹操战败后，袁绍可以高抬贵手，优待照顾一下大家。而曹操不知道究竟有哪些人，所以派谁去都不放心，怕他们乘机投降，出卖自己。

3. 曹操如果战败，那是一定要被灭族的。所以他只能用“必死”之人，才能保证大家一定会去“死战”！于是，他挑选的这5000精兵，全部都是他自己曹氏、夏侯氏的铁杆家族势力。

这些人都是必死之人，“坐着等死”肯定没有“杀敌而死”划算。因此，只有用这些人，才可以保证大家绝对都是一条心。

4. 这次行动的难度太大，曹操再找不出比自己更奸诈、更强悍的人来当总指挥了。

与其坐着等死，不如孤注一掷。这是弱者垂死前的最后一搏！

曹操带着他最精锐的5000骑兵，星夜往乌巢而去，搏中了就搏中了，搏死了就搏死了。他安排曹洪守寨，这个意思就是：如果他死了，由将军曹洪接班。

结果，曹操诈称蒋奇，顺利地到达了乌巢。淳于琼当夜喝得大醉，曹操一把火将袁绍的粮草烧了个精光！

一时，袁营里人心惶惶，局势出现了惊天大逆转！袁绍的大军顷刻之间崩了盘。

11 强者的失败袁绍究竟输在哪

曹操冒充蒋奇，以身范险，亲入敌后，做最后的殊死搏斗，终于烧尽了袁绍的粮草。但这仅仅只是取得了一个重大的转机，并没有获得胜利的决定权。

袁绍从醉卧中惊醒，魂都吓掉了，怎么办？必须临时作出最快、最妥的应急决策。

已知条件是：这么多兵马只要三天没有吃的，就一定会分崩离析。所以，此时的最佳选择就为：必须抢在军心涣散之前，利用现有的兵力优势把曹操方彻底消灭干净！

如果能够得逞，则袁绍方依然还是最后的胜利者！

所以，袁绍也不能拖了，他也被逼到了“若不能侥幸取胜，就必定坐着等死”的局面上了。不得不倾其所有，孤注一掷，与曹操赌命，做最后的殊死搏斗。

但是，袁绍的盲点为：曹操的主力究竟在哪边？

或者在袁绍的前面，曹营里；或者在袁绍的后方，乌巢附近。

袁绍不知道敌人的位置，所以他无论选择打哪边都是可以的，这个不为错，因为你不知道嘛！那就只有赌，赌对了是运气好，赌错了也很正常。

袁绍力排众议，坚决攻击前面的曹营。事实证明，这个方向是赌错了。但是，在决策上，袁绍并没有什么错，不仅没有错，而且还是略倾向于理性的。

因为当猜不中“两种结果”的时候，可以按“两种结果所分别产生的利润”来倒推。

若打后方乌巢，在赢的情况下，只能消灭来偷袭的部队，消灭之后，还要再次费力，攻击曹营。而打前方曹营，则在赢的情况下，可以消灭、占领曹营，导致偷袭部队无家可归，围在里面，必被打死！

也就是说，打后方乌巢最好的结果，不一定全胜，只有半胜。而打前方曹营最好的结果，乃是全胜。

在这一局的决策中，袁绍不先打乌巢，直攻曹营，从策略上讲，完全正确无误！

袁绍派张郃率兵去攻打曹营。但是，张郃没有攻下来，而曹操又已经带着他的五千精兵回来了，这样，里应外合，夹着张郃打。

张郃回去害怕袁绍杀他，而曹操封张郃为偏将军，那么，张郃该怎样选呢？当然投降是正选。曹操对张郃说，你真是我的韩信啊！

这样，张郃一反水，派来打曹操的人，却变成了曹操的人。从这个时候起，袁绍大势已去，曹操已经成为这场战争的强势方，夺得了主动权。

在这一回合中，袁绍的决策既然没有问题，那么，他究竟是败在哪儿呢？

“决策”的下一个环节是“执行”。

决策的要领在于“正”，执行的要领在于“狠”。既然决策是正确的，那就应该去狠狠地执行！要坚决执行到位！

袁绍派张郃去执行，是错误的！

当曹操烧了他的粮草时，双方都没有粮了，袁绍的持久优势瞬间消失。而在兵力上，袁绍的多，曹操的精，各有长处。以纯粹的战斗力论：要么双方均势，要么袁绍还略占优。总之，曹操并不占便宜。

双方都迫使自己必须在三天内消灭对方。那么，到了这个最后的“赌命”阶段，取胜就靠“或然率”（即天意）。其中，谁的执行力更强更硬，谁就更占优！

我们假如张郃坚决地执行下去，那么，可以肯定曹操没有好日子过！张郃就算拼到全军覆没，全部死绝，那曹操也几乎快完蛋了，总比他们两个联合起来打袁绍要好。

可张郃凭什么要非理性地选择拼死呢？前面我们说过，人的主观愿望都是为了收益，不是为了亏损。当人有多个选择的时候，千选万选，都会拣自己认为好的选，不会往火炕里跳。这是常态。

张郃作为一代名将，高级技术人才，走哪都是吃香的。现在：他回去，袁绍要杀他；他投降，曹操给他加官。他当然要选择投降。

所以，张郃投降，责任还是在于袁绍。当袁绍和曹操誓要决一死战，以命相搏的时候，袁绍不该也不能相信任何人会真的为他卖命送死。不合人性的逻辑，就是一个天大的漏洞！

袁绍最正确地做法应该是：拼了一死，把自己的性命押上去，也和曹操一样，亲征！带头死战！

这个选择不一定赢，因为结果总是不确定的。但当时曹兵已经分散了，赢面应该还是比较大的。但这个选择是唯一不吃亏的！

对手已经勇敢地押进去了，你也必须押进去，无论输赢，都是在扼制对手，总之，决不能让他轻易占优！

变数如下：

1. 说不定一鼓作气就拿下了曹营。
2. 或许拼到最后，十分艰难地拿下了曹营。
3. 或许真的技不如人，最后被打败了。

就算是被打败了，也必须尽最大气力狠狠地赌上这一把！否则，后面连赌命的机会都没有了！

再者，无论怎样，若袁绍带头死战，总不至于发生像张郃那样，还没有大规模火拼就投降了的事情。这是对袁绍最致命地一击。

所以，在这最后一回合的较量中，袁绍输在了“执行力”上。

凡是“搏命”，在决策没有错误的情况下，执行力越强、越狠，则越占优！对于袁绍来说，他必须实施最最最强硬的执行力才不至于白吃亏。

而袁绍军方，最最最强硬的执行力，是来自于他本人这个最高统帅，并不是其他任何一位将领。他无论派哪个将领去，都不是实施的最最最强硬的执行力！只有他去！但是他没有去。

错就错在这一步软招上。

最有价值的资源，他这个“帅”，没有拿出来用，闲置在家里憋死了，给了对手可乘之机！已致功败垂成，无力回天，铸就了曹操千古英名！

12 博弈之道赢的三个必要条件

袁绍战败，开始逃亡，为防止曹操追袭，将金帛车仗图书信件等物资全部丢弃于路，操兵一看，都来捡宝贝，袁绍急渡黄河，只引亲随八百余骑而去。

曹操将捡来的宝贝分赏给士兵，其中捡到一叠书信，全部都是曹操的手下暗通袁绍写的。左右曰："可逐一点名，收而杀之。"

曹操说："袁绍太强了，连我都不能自保，何况他人呢？"遂将书信焚烧，不予追究。

袁绍逃回冀州，招集残余势力，还欲再战。但他已经没有机会了，占那么大的优势反而打败了，现在劣势战则更为不利。建安七年夏，袁绍旧病复发，就床前立了遗嘱，翻身大叫一声，吐血斗余而死。

袁绍并不是一个草包，否则就难以解释他从一个逃难者混成第一霸主，这可是要凭真本事、真功夫的，绣花枕头是成就不了的。曹操也从一个逃难者混成第二霸主，他们都是相当杰出的能人。

只是在袁曹争霸的这场竞局中，是曹操赢了。

今天我们就来分析一下，要想达到"赢"的效果，必须具备哪些必要条件。总结取胜之道有三：

（一）具备固有资源

固有资源，俗称为"本"。凡是可由我指挥调度使用的一切财力、人力、物力、智力，都是我的本钱。本钱不够，就不具备赢的第一个必要条件。比如：

1. 刘备和曹操打仗，刘备没有本钱，不具备赢的第一个条件，他就没有指望赢，只能选择跑。
2. 袁绍打曹操，兵多数倍，他有本钱，他就具备赢的第一个必要条件。
3. 曹操虽然人少，但他认为他的兵精，只要打得好，还是能赢。他也有一定的本钱，所以他也具备赢的第一个必要条件。

有本钱，或赢或输，没有本钱，你用什么赢他？必输！

所以说，具备了一定的固有资源，就具备了赢的第一个必要条件。

（二）寻找对手错漏

双方都有赢的本钱，那就看谁犯错误。我不犯错误，你休想赢我；你不犯错误，我也赢不了你；双方都不犯错误，那就都不能赢，和局。试问：如果不是因为对手犯错误提供机会，你怎么能够赢得了他？

所谓博弈“取胜”之道，也就是不停地寻找“对手错漏”之道（同时防范我方的错漏）。此千古之至理也！其法有三：

1. 对手主动选择错误。

对手攻击我方，有多种选择，对我方威胁最大的一招为“正招”。如果对手自己主动放弃了，选用对我方无害却对他自己有害的一招，那就太妙了。他这个错误是自愿的，与我方毫不相干。完全取决于对手失算，这是可遇而不可求的。例如：

a. 袁绍不发动战争，先搞好生产建设，“不出三年，可以安坐而胜。”这是必胜之道。如果发动战争，虽也可胜，但不确定因素实在太多。

袁绍自愿放弃“必胜”，选择“可胜”，即使不算错，也一定算得上是“漏”。这是他自愿的。

b. 许攸跑来献计，属自愿。袁绍属默认。总之算是对手自愿的。

2. 诱使对手选择错误。

我方通过技术行为，诱使对手判断错误，从而做出了错误的选择，导致结果对我方有利。他的这个错误是出于我方的故意误导，与我方关系甚密。完全取决于我方的技术水平，这是积极创造出来的。例如：

A. 曹操声东击西之计，诱使袁绍出错，解了白马之围。

B. 曹操扔下宝贝，诱使对手出错，斩了文丑。

C. 袁绍扔下宝贝，诱使对手出错，得以渡河脱险。

3. 利用对手先天错漏。

对手既没有主动出错，又不肯上当出错，那就利用他的先天错漏。

先天错漏是对手（或自己）所特有的短处，定了型的。这是生来具有，自然形成，难于逆转，人人固有的。取决于对手短处的存在，与我方的善于发现，这两个方面。例如：

a．袁绍掐住曹操兵少粮缺这一先天不足（短），几乎致曹操于死地。

b．曹操洞悉袁绍“干大事而惜身”这一先天怯懦（短），最终打翻了袁绍。

大体上就是这三个方面。“对手的错漏”出现了，“获胜的机会”就出现了。若是没有出现，或是你没有发现，则没有“胜机”。

所以说，找到了对手的错漏，也就具备了赢的第二个必要条件。

（三）揪住胜机死整

所谓胜机，也就是对手出现的错漏（胜机＝对手错漏）。对手没有主动出错，又没有上当出错，先天的短处又保护得好好的。那你就赢不了他。

如果对手出现了错漏，胜机已经出现了，但你没有揪住，或是揪住了执行不力，那还是不能赢。比如：

1. 荆轲用计谋骗得近身秦王，胜机已经出现。但他妄想活捉秦王，执行不力，以致功败垂成，遗憾千古。
2. 曹操劫粮去后，兵力已经分散，胜机已经出现。但袁绍没有倾巢出动强攻曹营，执行不力，以致功败垂成，活活气死。

所以说，揪住胜机之后，必须死整，狠狠地执行，绝不能有软招，也就具备了赢的第三个必要条件。

这三个赢的必要条件，全部都同时满足了，是不是就一定会必赢呢？不一定。

我们可以假设：袁绍在搏最后一把时，放胆全部押进去（曹操已经全部押上了），双方均势，袁略占优。你猜谁赢？你根本就猜不着！最多猜袁绍的赢面略大一点。

这个结果是靠“或然率”来决定的。在逻辑之外。

但是，袁绍不押进去，那你就很好猜了，袁绍必输！这个结果在逻辑之内。因为曹操同时满足了赢的三个必要条件，而袁绍只满足了两个。

袁绍的两个选择：一个是有可能赢（赢面略大），一个是必输，他究竟该怎样做，一目了然！

所以，赢的三个必要条件，仅仅只是“必要条件”，而不是“充分条件”（满足a不一定b，不满足a一定不b）。

同时满足了这三个必要条件，就可能赢，但不一定赢，如果不能同时满足这三个必要条件，就一定不能赢。

世界上还没有必赢之术，必赢之术在老天爷手里，就是最终的那个或然率。

好比两个最优秀的运动员，实力一样，发挥一样，输赢就不确定，赢者靠或然率。但是一方实力不济，或发挥不正常，那输就是确定的。

也就是说，胜利者的原因不一定都是必然的，其中含有不确定的因素。而失败者的原因基本上都是必然的。一些书上盲目地对胜利者总结出“必胜”的原因，都是不严谨的，甚至有的还是感性的。你去照搬，不会灵的，不足信也。

只有认真总结失败者的原因，才更具价值。因为失败方才是确定因素。

在上面三个赢的必要条件中，没有条件2，就一定不存在条件3，而条件2又是个不太确定的因素。只有条件1才是最确定的因素。因为只有这个条件最确定，所以这就是古今中外都愿意选择走发展道路的直接原因。

第六 赤壁鏖兵

在甲乙两强的交锋中，弱者丙方究竟怎样虎口夺食？第一，积极消灭最强甲方的攻击力量，使其丧失反击能力；第二，乘机故意放跑甲方，使其再回去组织人马来反扑；第三，迅速聚集最大能量，尽全力与乙方合作伙伴展开激烈地利益争夺。

01 关羽为何千里走单骑

吕布占徐州的时候，因敌不住曹军，就派部下秦宜禄去袁术那里求援，哪知袁术看中了秦宜禄，强留他做官，并把一个汉室宗亲女子嫁给他为妻，于是，他徐州的妻子杜氏就成了弃妇。

这个漂亮的弃妇杜氏，被关羽看上了。

后来曹操围攻吕布的时候，关羽多次请求曹操，如果攻下吕布，请把秦的老婆赏赐给他。曹操答应了。

破城之后，关羽一而再，再而三地向曹操要人，曹操却留为己用，“乃自纳之”。关羽为此深恨曹操。

煮酒论英雄之后，刘备逃离曹操，关羽自作主张，斩杀了徐州刺史，他们三弟兄割据徐州，反了曹操。

曹操率兵来打，刘备独自逃亡袁绍处。关羽兵败被擒，曹操不但不追究，还封他为偏将军，待以厚礼，三天一小宴，五天一大宴。

白马一战，关羽斩杀颜良，被封为汉寿亭侯。

当关羽得知刘备的消息之后，做出了这样一个选择：毅然将所赐金银、美女十人、亭侯大印，一切尽弃，离开了曹操，千里走单骑，一路过关杀人，又回到了刘备的身边。

关羽的这个选择究竟如何呢？我们试分析之。

（一）跟曹操

1. 已有的确定条件是：关羽已经做到杂牌将军的级别了，汉寿亭侯。即使不再奋斗，也比较接近人生最大成就了。
2. 将来的不确定前景是：受曹操重用的概率大。如果不出什么意外，就会在现有的基础上升职，很容易做到正牌将军的位置。前景看好偏多一些。

（二）跟刘备

1. 已有的确定条件是：刘备自己都没有立锥之地，什么也不能给他，一切都得从头再来。起步条件近似于“零”。
2. 将来的不确定前景是：依然不确定。弱势集团要想战胜强势集团，概率是比较小的。前景不怎么看好。

这么说来，关羽的选择就不怎么好了。

按《演义》的说法，关羽是为了讲义气才离开曹操的。而按正史，则是为了一个女人和讲义气这两个原因才离开曹操的。

无论是为以上哪个原因放弃既有的利益，都会显得有些非理性。

但是，选择权在关羽。他做出任何选择都是可以的。只是非理性的选择让人感觉别扭。我们假设关羽的选择是理性的，那么，该怎样解释他的行为呢？注意：只是假设。

那就是：曹操所给予他的，少了，不能满足他。

曹操应该是对待他最好的呀，其他将领都没有过那种待遇，怎么还不能满足他呢？那就只有一种解释：曹操无法满足他。

也就是说，他想成为曹操，他想成为新一代的第一霸主！这个价格太高了，曹操开不出的。

那么，关羽是否具备这一目的的条件与动机呢?

（一）外部环境

当时，袁绍与曹操争霸，双方互有胜算，比较容易形成的局面是双方对峙守和，或者是两败俱伤最好，或者是一方失败一方元气大伤也好，这样，他们就有条件发展自己的势力，以争天下。

（二）自身能力

关羽的作战能力极强，应该是继吕布之后的第一猛将。我们按正史《三国志》的记载，解白马之围时，“羽望见良麾盖，策马刺良于万众之中，斩其首还，绍诸将莫能当者”。

能在万军之中，单刀匹马斩上将首级，且没人能阻挡的，好像还只有关羽一个人能做到，就是吕布也没有这样的记录。

关羽是习惯性地藐视他人，藐视一切，在他眼里，曹操这个小个子恐怕还算不上什么英雄。不过是个不讲信义的小人。

（三）动机

许昌打猎的时候，关羽就想谋杀曹操，但被刘备劝阻。说明关羽很早就有杀曹操的欲望。

后来刘备一次被曹操打败的时候，哭着对大家说，备的命窘，连累了大家，还是散伙各奔前程去吧。

关羽说：“兄言差矣。昔日高祖与项羽争天下，数败于羽；后九里山一战而成功。胜负兵家之常，何可自隳其志！”

在关羽看来，只要有一次机会能打败曹操就行了。只要打败了曹操，刘备可以当皇帝，关羽成为曹操。

纵观三国人物，关羽其实是最狂妄的一个。如果他能得志，那绝不亚于操卓之辈。他可以主动放弃已有的巨额利益，就没有他做不出来的事。

当然，这仅仅只是一种假设。

这个假设，从逻辑上讲其实也是很有问题的。为什么呢？如果关羽真的想取代曹操，那么关羽还是以留在曹操身边为优选策略。

因为关羽如果一直潜伏在曹操身边，寻找干掉曹操的机会，只会更多！或者与刘备来个里应外合，成功的只会更快！

这么说来，关羽离开曹操，追随刘备的动机就不可知了。但怎么看，“利”都没有排在第一位。关羽可能认为“利”并不重要，这不是他的追求目标，所以才会做出这样一个选择。

那么，关羽的动机可能是：

1. 为了义气。无论输赢，都要义气为先。
2. 厌恶曹操。跟曹操这种人干，没意思。

这两种可能性为最大。

当然，这两种可能性也是假设猜测的。他当时究竟是怎么想的，别人很难知道。因为世界上还没有任何一种理论可以准确地解释他人的心理活动。

而博弈理论，研究的重点是“怎样赢”，符合赢的条件，就可能赢，不符合赢的条件，就不可能赢。

因此，从博弈的角度来看关羽的这个选择，就只能评估“这一选择”究竟是好，还是不好。而不能断定他究竟是出于何种目的。

从博弈角度来讲，这一选择叫做“让赛”。只要你一让，就主动放弃了已有的优势，使自己陷入被动之中，演变下去，就很容易使自己吃亏。要想再赢，只会比原先更困难。

所以，关羽“千里走单骑”这个选择，并不是优选策略，当然就不容易赢的。

但是单从“义气”的角度来看，关羽这个人就实在是太够意思了，以至被后世历代皇帝封为“忠义”的化身，传唱千古。

02 善败者不亡刘备投荆州

袁绍与曹操交战还处于上风的时候，刘备就溜跑了，一路南下，在荆州刘表处过起了寄人篱下的日子。

刘备的这个选择是非常明智的，假如他不走：

1. 袁绍获胜的时候，就是刘备的利用价值被榨干的时候。

刘备本来就不是袁绍的人，只是优待他做榜样，以便吸引曹操的人投降过来。曹操只要一败，刘备就是多余的人。可杀可不杀，总之没有好处的。

2. 万一袁绍失败，曹操获胜，那么，刘备的处境将比上述情况更为糟糕。

所以，局势无论怎样变化，走，都是优选，不至于被动。

刘备作为一个弱势方，他具有最为难能可贵的两大优势：

一是特别会逃跑。

刘备只要一见事急，第一反应就是“拨马回走”，“突围而走”，“慌寻走路”，“狼狈而奔”，“匹马落荒而逃”，“两头无路，拨马败走”，“问之不答，加鞭而出”，“飞身上马，不顾从者，匹马夺路而走”。

《演义》是站在他这边写的，他的逃跑次数排第一。其中独自一人单马逃生的次数为最多。只要他自己能够逃脱，则妻子、儿女、兄弟、亲随，尽可以不顾。

作者之所以要这样写，不是为了丑化他，而是为了反复反复地强调、说明：这些行为都是正确的！

博弈中是不能怕丑的，无论你怕丑，还是不怕丑，都和能不能赢没有半点关系。因为“丑”和“赢”是两个完全不同的概念。

弱势方本身就是先天性的失败者，保命才是第一位的，你打不赢，就只有跑，你不跑，就打死你。所以逃跑是战败保命的最佳选择，而第一时间跑，就更能说明逃跑的水平。

刘备经常是带队逃跑，然后就剩下少数随从，然后就只剩下他一个人了。（刘备好像还没有被敌人擒住过。）

刘备的另一个优点，就是善于发现机会。

闯荡时间长了，嗅觉相当灵敏。最开始白干过几回，后来基本上都是巧干的。他到徐州帮忙，一帮就不走了，白捡一个机会。现在到荆州，一来也不走了，就说明这个地方有机会。

刘备这两大优势，一个可以保命，一个可以发展，所以他具备成功的素质。

荆州的刘表是正宗的汉室宗亲，但是讲职务，刘备是中央的左将军，这对刘表是存在巨大威胁的。刘表肯定会拒绝他来，所以刘备就有这个顾虑，但又怕失去这次机会，怎么办呢？

他就预先设了一计，试探一下刘表的态度究竟如何。

刘备对刘表说：“我准备到江东投奔孙权去的，只是顺道路过你这儿，特来看看你。”

不料，刘表大喜：“玄德，吾弟也。久欲相会而不可得。”主动要求刘备就留在荆州，不要到别出去了。

于是，刘备很容易就留在了荆州，这是预算中最好的一种结果。

刘表是真心的，但刘表的部将蔡瑁说：“不可。刘备先从吕布，后事曹操，近投袁绍，皆不克终，足见他的人品有问题。今若纳之，必有后患。”

刘表说：“吾主意已定，汝勿多言。”

刘表为什么不防范刘备，还要认这个素不相识的人为弟弟呢？

刘表和刘备都是“仁人”也，所谓仁人，就是老实人，所谓老实人，就是尚未获得绝对控制权的人。

只要一获得绝对控制权，那一定是：残暴得像董卓，儒雅得像袁绍，精明得像曹操。仅仅只是性格不同而已，其本质都是一样的。

刘表能够得到荆州，并不像曹操、袁绍那样靠实力打拼出来的江山，而是中央委派下来的一个地方官员，也就是个外地人，要想在荆州立足，也没那么容易。

荆州的本土地方势力，最强大的是蒯、蔡两大家族，不取得他们的支持就坐不稳。刘表娶蔡家的姑娘当老婆，就可以获得蔡家的支持（兼控制）。所以荆州实际上是由他们这三家掌控的。

刘表大概占33%~40%的份额，蒯、蔡两家大概各占30%~33%的份额，刘表主要占荆州总部，蒯、蔡两家主要占各个郡县分部。

刘表想搞独裁，一个人受益，其他人亏损，支持的人肯定就少。而搞经济，自己受益，多数人也跟着不同程度的受益，支持的人肯定就多。

所以刘表在这种局面下，就成为了一个经济建设能手，把荆州搞得富富的。

曹操想得到荆州，顾虑还是比较大的，你不够富，你就没有持久力，虽然曹操嘴上说刘表只是个“坐谈客”耳，其实真要去打，还得掂量掂量。

曹操想要打刘表，就等于是打刘、蒯、蔡三家；而刘表想要打曹操，就等于是只有他一家去打。都不划算，故两边无战事。

不要以为刘表没打仗就没本事，他的管理模式还是相当有水准的。

他用蒯、蔡两边为自己的左右手，两边必然为利而互斗，他就可以从中渔利。

上级把下级分成左右两派，相互约束，强者制一下，弱者扶一下，一碗水端平，他的位置就是稳稳当当的！你能奈他何？此术语谓之“制衡”。

北方战乱，逃难的人都来荆州，刘备是最大的一个逃难者，但刘表敢用他，敢用，就说明他一是控制得了刘备，二是需要刘备。

他怎么控制刘备呢？还是老一套，“制衡”。

蒯蔡两家组织本地人马，刘备组织逃难的外来人马，形成新格局下的左右两派，让本地人和外来人都成为自己的左右手，一碗水端平，他的位置还是稳稳当当的！你能奈他何？

刘备一来，他把刘备手下的关羽、张飞、赵云等人安排到下面分部去抢蒯、蔡两家的地盘。刘表的份额没有损失，因为外来的刘备抢的是蒯蔡两家的份额。蒯蔡两家的意见就大了，恨死了这个刘备。

这样，由蒯蔡两家死盯着刘备，由刘备削弱蒯蔡两家，刘表呢，他当然就可以放心地天天去喝酒。两边斗来斗去，刘表无形中坐大。

一个人的价值，取决于其他人的需求。刘备在北方，已经没有人需求他了，他就急速贬值。来到南方，刘表对他产生需求，需要他来削弱蒯蔡两家的土势力，他就又急速升值。

所以，刘备来到荆州之后，一面老老实实地为刘表做事，一面耐心十足地等待着机会。

而刘表的管理模式是正确的，无大的错漏，他就没有必要天天疑神疑鬼。只有蔡瑁、蔡夫人在疑神疑鬼。这个“没有主见”的刘表就成功地把大家都给糊住了。

在荆州这一块的博弈竞局，是本地人与外地人之争。他们有着直接的矛盾冲突，纷争就是不可避免的。而刘表与刘备之间是合作关系，他们的矛盾就成为次要的了，所以一直都相处地比较融洽是事实。

03 外地人与本地人的利益纠葛

刘备说，我有关张赵三弟，可以帮你镇守东南西三方。刘表大喜，马上就把这三个人都安排下去了。

蔡瑁、蔡夫人就不愿意了，叫刘表把刘备赶走。刘表说："玄德，仁人也。"蔡夫人又说，刘表就装作没主见，沉吟不答了。

刘表就是要用外地人刘备来对付本地人蒯、蔡两家。

刘备夺得强盗张武的一匹宝马，极骏，送给了刘表。

刘表大喜，骑回城中时，被蒯越看到了，赞叹不已，但一听是刘备送的，蒯越就使坏说："我会相马。此马眼下有泪槽，名为的卢，骑则妨主。张武就是为此马而死，主公不可乘也。"

所谓"此马眼下有泪槽"，就是指刘备这个人好哭。所谓"妨主"，就是指刘备这个人妨碍了主公刘表。暗指刘备是个灾星，谁用谁倒霉，很不吉利的。

刘备早先跟公孙瓒混，瓒中了袁绍之计，没得到冀州还折了本。刘备又跟陶谦混，很快就把陶谦"克"死了。刘备又跟皇帝混，把皇帝的老婆克死了。刘备又跟袁绍混，把袁绍也克败了。

其实，袁绍叫文丑和刘备同领十万兵的时候，文丑就情愿分三万给刘备自领，也不愿和他共事。因为文丑说，刘备是个灾星，屡败之将，跟在军中，于军不利。尽管他已经发现了这个苗头，还是不可避免地被刘备克死了。

总之，无论刘备走到哪儿，不是把人家克死，就是把人家克破产。你刘表还敢用他？

至于蒯越是不是真的会相马，倒不重要，重要的是他这一招非常高明，很有水平的。他没有像蔡氏那样明确地表达出任何意思，而是说，“骑这匹马会妨主”，其中的潜意，叫刘表自己去想。

刘表听说后，当即就又把马还给了刘备，并把刘备支到外面的新野小县去了。

看起来好像刘表是受蒯越摆布的，其实他安排得相当妥当。先把刘备扶持一下，再把刘备打压一下，使双方保持均势，他的位置就是稳稳当当的。

本地人有力地还击了，外地人也不甘示弱。

刘备出城地时候，伊籍（也是北方逃难来的）说：“公所骑马，不可乘也。”刘备问之，伊籍答曰：“昨闻蒯越对刘表云：此马名的卢，乘则妨主。公岂可复乘之？”

伊籍也和蒯越说一样的话，骑这匹马会妨主，虽然表面意思相同，但是他所表达出来的重点却是：“昨天听到是蒯越对刘表说的”，是这个意思，而不是什么马克主人。

也就是说，刘表突然把你支到外面的新野小县去，应该是昨天蒯越挑拨的。潜意是叫刘备提防。

刘备说：“深感先生见爱。但生死有命，岂马所能妨哉！”伊籍服其高见。

“深感先生见爱”就是非常谢谢你的提醒。“岂马所能妨哉”就是他们几个还不能把我怎样。“服其高见”就是配合默契了。

自此伊籍常与刘备往来。

刘备在新野这个小县城一待就是好几年，一直待到感叹“髀肉复生”了，机会还没出现。

一日，刘表请刘备单独饮酒，终于说出了自己的心事：幼子刘琮是蔡夫人生的，蔡氏家族，皆掌军务。而他想立长子刘琦接班，可刘琦又没有势力依靠，恐怕将来会有叛乱。

刘表说话是相当谨慎的，点到为止。

其实，这个意思已经很容易猜到了：

1. 幼子刘琮，代表本地势力，有蔡瑁支持他。
2. 长子刘琦，代表外地势力（前妻所生，从外地带来的），没有人支持他。
3. 刘表为什么要突然秘密地对刘备讲这些话呢？肯定是有用意的，什么用意呢？即：他希望刘备来支持他的大儿子刘琦。多数就是这个用意，否则他就没有必要对刘备说这番话了。

当时，刘备可能是喝多了，酒后失语。出现了本不该出现的两次失误：

1. 刘备当即说道："徐徐削蔡氏，不可立少子。"

这是一失。心知肚明就行了，何必要多言？假如刘表是故意试探的呢？你一明说，岂不坏了事？

联系前后事件的过程来看，刘表并不是在试探，而是说真的。但是在当时，刘备应该防这一招，不明说，打个暗语，说个比方之类的，点到为止。就应该是相当占优的了。

2. 刘备突然发狂，说出一番豪言壮语："备若有基本，天下碌碌之辈，诚不足虑也！"

这是两失。怎么能够当着刘表说这样的大话呢？！不应该的。联系刘备的一贯作风来看，没有这样狂过，确属酒后失言。

不过当时，刘表也并没有计较什么。但是隔墙有耳，刘备说的这两番话，被蔡夫人躲在后面窃听得一清二楚！心甚恨之，咬牙切齿，密召蔡瑁，叫他到驿馆先杀了刘备。

（刘备如果不出现这两失，局势应该不至于如此激烈。）

蔡瑁出来，连夜点军。刘备得知，急唤从者，星夜奔回新野。

蔡瑁赶来驿馆，扑了个空，没杀到刘备，便在墙上写了一首反诗，以此为证据，点齐军士，要求刘表追到新野去杀了刘备！

刘表见到反诗后，怎么办呢？有证据啊。但刘表说：“刘备是个粗人，他根本就不会写诗，这怎么可能是他写的呢？”于是，拔出宝剑，削去此诗，不予追究。

不能追究的，一追究，两边互斗的格局就会失衡。

又一日，蔡瑁与蔡夫人商议：大会众官于襄阳，骗刘备前往，于酒席上杀了刘备。

刘备来的时候，蔡瑁、蒯越暗暗在城内埋伏了五百军士。蒯越又另设一席，款住赵云，将赵云与刘备分开，准备伺机对刘备下手。

正在危急之时，伊籍密报刘备，刘备大惊，也顾不得赵云了，急解的卢马，飞驰而去。行数里，前有大溪，拦住去路，溪阔数丈，的卢马一跃而过。

蔡瑁引五百军士赶到溪边，问：“你怎么逃席而去？”刘备说：“我与你无仇，你怎么要害我？”蔡瑁说：“并无此心。”边说边去取箭，刘备急拨马而去。

刘备在荆州七八年，日月蹉跎，老将至矣，无甚发展，是以常悲。他这个东北来的外地人和荆州本地人抢地盘，最多只能算均势，本地人占大优。每次过招，都是以刘备败走告终。

现在，他遇到了当地的一名隐士，水镜先生司马徽。司马徽向他推荐了两个人：卧龙诸葛亮、凤雏庞统，两人得一，可安天下。

04 “隆中对”究竟是不是优选策略

刘备三顾茅庐，终于见到了卧龙先生：诸葛亮。

刘备曰：“汉室倾颓，奸臣窃命，主上蒙尘。孤不度德量力，欲信大义于天下；而智术浅短，遂用猖獗，至于今日。然志犹未已，君谓计将安出？”

刘备的问话，有三重意思：

1. 我做的一切，都是为了国家，欲伸张大义于天下。
2. 我智术浅短，以至败落成今天这种局面。
3. 我的志向依然还在，你有什么好计可以帮我？

诸葛亮作出了如下几个方面的回答：

1. 曹操最终能打败袁绍，以弱胜强，非唯天时，抑亦人谋也。

   就是说：曹操能够以弱胜强，除了天时，也要人谋。只要人谋运作得当，将军您同样也存在这种以弱胜强的机会。
2. 今操已拥百万之众，挟天子而令诸侯，此诚不可与争锋。

   就是说：曹操如今已经取得了整个北方的控制权，实力太雄厚了，将军您应该避开和他的正面交锋。
3. 孙权据江东已历三世，国险而民附，贤能为之用，此可以为援而不可图也。

   就是说：南方东边的孙权，在当地有了很深的根基，已经形成了气候，将军您要想取代他，不大可能，但若利用他来对付曹操，这应该是可以的。

4. 荆州乃用武之国，而其主不能守，此殆天所以资将军，将军岂有意乎？

就是说：南方中间的荆州是一块好地盘，而荆州之主刘表却不一定能守得住，这是上天送给将军您的啊，不知道将军想不想要？

5. 益州险塞，沃野千里。刘璋暗弱，民殷国富而不知存恤，智能之士思得明君。

就是说：南方西边的益州是天府之国，而益州之主刘璋不得民心，益州人都思盼有明君到来。这正合将军您也。

6. 将军既帝室之胄，信义著于四海，若跨有荆、益，西和诸戎，南抚夷越，外结孙权，内修政理。

就是说：将军您以汉家皇室的身份和仁义的美名如果可以得到荆、益两州，那么，只要做好外交、内政两个方面的工作，您就可以成功地割据这2个州。

7. 天下有变，则命荆州之军，益州之众，两路出击，则霸业可成，汉室可兴矣。

就是说：将军您取荆、益两州为基本，一旦天下有变，即可进攻曹操，夺取天下。成就霸业，复兴汉室。

关于“隆中对”的“解释”，大体上都是这样的，这个没有多大的争议。而有争议的是下面这两种观点：

1. 英明说。说诸葛亮真神人也，未出茅庐，已知天下三分。

其实，在当时“已知天下三分”的人并不只是诸葛亮一个人。有水平的正常人也可能做出这样的判断，不一定只有神仙才行。

很明显，这是小说家在刻意神话诸葛亮，而且大家也能理解，允许小说家的夸大。所以这个争议不重要。无须多说。

2. 错误说。说诸葛亮的“隆中对”根本上就是个错误的战略，导致他们最终失败了。

这个争议最大，今天，很有必要纠正这种说法。

支持“错误说”的朋友，是以“蜀方失败”这个结果来证明“隆中对策”是错误的。这并不合逻辑。

前面我们已经讨论过，世界上没有必赢之法。“优选”策略可能赢，也可能不赢，“劣选”策略一定不赢。所以，“蜀方失败”这个结果可能存在两个原因：

a. 策略错误，导致了失败。

b. 策略正确，其他原因导致了失败。

所以，你没有理由单方面认定：一定就是隆中对的策略错误导致了蜀方失败。

还有的朋友认为，占据荆州和结交东吴是矛盾的，因为东吴不允许刘备占荆州。

其实这个并不矛盾。当没有强敌（曹操）时，双方关系再好也会扯皮的，当强敌（曹操）出现时，双方关系再坏，也得并肩作战。

纵观三国上下，各路诸侯，莫不如此。

不要说东吴不允许刘备占荆州，你无论占哪，别人都是眼红的，都是不允许的。

一个策略究竟好不好，用“对错”这个词似乎不妥，因为你没有一个鉴定的标准。如果你硬要用事后的结果来“鉴定”，那就叫人在事先没法去做了。

而任何一个策略的制定，都是在当前可以选择的范围内进行优选的。所以，应该用“优劣”这个词比较恰当。

注意：优选策略是建立在“当前局面”之基础上的，不可能建立在“事后结果”的基础上。

由当前局面提供你的选择范围，在可以选择的范围内，你可能做出优选或是劣选的决定。

全国共有13个州，你想全部得到，从0到13，必须得经过1，2，3……最终到13。

你没有1，就不存在2，你没有2，就不存在3。所有的英雄人物，莫不如此。

董卓由凉州1起步，得到司隶2，他还想得到东7州时，被打跑了。

袁绍由一个郡起步，先得到冀州1，又发展得到东北共4个州时，被消灭了。

曹操由私人武装起步，先得到兖州1，又发展得到整个北方共9个州。

孙家由借袁术的兵起步，先得到扬州1，无发展，还是1。

刘备要想得到13，也必须先得到1再说。刘备的现状是：

a. 他只有荆州的少量份额。大概比例是：刘表占0.4，蒯蔡占0.35，刘备占0.25，（大概而言）。总之，刘备还没有得到1。

b. 曹操、孙权已经占到的份额，你刘备莫想得到。

c. 刘备只能在曹操孙权尚未控制的“荆益两州”这个范围内进行选择。得1个方能立足，得2个，就已经得到了最大值，要想得3个以上，就必须加上“天下有变”即等待对手出错这个条件出现。

条件出现了，夺13个州成就帝业，条件不出现，割据一两个州以成霸业。

所以，诸葛亮为刘备作的这个隆中对，是正确的。在现有的局面上，是非常实际可行的。

现有条件决定了刘备只有0.25，最大收益可能达到2，最小收益可能变成0。后来刘备得到了2，失荆州后，还有1.2，这个业绩还是比较棒的。

如果你不先取荆州，你就没有本钱赚益州，如果你没赚到益州，你就没有本钱争天下。不按这个策略，你很快就会变成0，一个州也割据不了。

持“错误说”的朋友，请再不要用刘备没统一全国来论证“隆中对”是错误的。

如果你硬要认为这是错误的，那么，请你为刘备出一招：怎样才能使刘备的“0.25”大胜曹操的“9”呢？只有这样才能证明你的选择更优！

你该不会劝刘备向曹操投降吧。

05 刘备如何评价“隆中对”

刘备是中央左将军的级别，却没有他的实际位置，呆在新野只相当于一个小县官。髀肉复生，老将至矣，这是一件非常郁闷的事。

隆中对。刘备问诸葛亮的话是：“怎样复兴汉室？”这只是表面意思，潜意是：“我现在的处境该怎么办？”

诸葛亮比较实在，没有绕圈子，直截了当地说：你应该先割据一两个州，霸占一方，再等机会去复兴汉室。（这是为刘备个人计的。非常实际的答案。）

那么，刘备对这个答案满意吗？如果他非常满意这个答案，就说明刘备一直都还没有找到自己的方向，经诸葛亮点破之后，才终于找到了自己的方向。

可这很明显就不对！因为刘备一直以来，都是做的同一件事：天天都在想办法，怎样先割他一两个州到手再说！

从28岁混军阀起，到现在47岁，在这一行干了20年。也曾割到过豫州、徐州，但又都被曹操夺回去了。

现在想割荆州，若不成功，他肯定要跑去西南割益州，若又不成功，他或许还要跑到大西北去割凉州！总之，他必须先割据一州为本，割哪都是可以滴！

这个不需要诸葛亮教他，一定比任何人都清楚。因为他是老板，别的可以都不懂，但战略一定比谁都懂。

所以诸葛亮的回答，对于刘备来说，就是说了一大堆废话。如果他还要诸葛亮教他这样做的话，那他早就被淘汰了。

他要的是计谋高超的技术人才。简单点说，刘备问诸葛亮的意思是："你帮我想个什么办法，出个什么计谋，看怎样才能把刘表的荆州割到我手里来。"

他三顾茅庐，图的是这个意思，而不是什么"欲信大义于天下。"

而诸葛亮也绝对能明白到这一层意思，因为他非常清楚：刘备现在还没有立足之地，当前最迫切的是怎样先弄到一个立足之地。

所以，诸葛亮没有正面回答，而是直截了当地问刘备："荆州是上天送给将军的，将军岂有意乎？"

点到为止，双方都不再往下细说了。

你若有意，我就有办法。你若无意，我何必要多说。

诸葛亮的这一句反问，是相当有水平的。因为此时的刘备并不知道诸葛亮的立场究竟是站在哪边？是向着他刘表？还是向着我刘备？是敌是友，你根本就分不清楚。刘备当然就不能乱表态。

"将军岂有意乎？"这句话只用在夺荆州上，没用在夺益州上。背后有着强烈的潜意："如果你想夺荆州，我就可以助你一臂之力。"但你要先表态呀。

这样一来，二人的"对话博弈"中，诸葛亮用反问牢牢掌握了控制权。他抛开一切客套话，直奔主题，明确提出刘备最关心的实质问题，率先很有分寸地表达出了自己的坦诚，以便观察刘备的态度。

而刘备无法表明自己的态度，他既不能说"我不要"，也不能说"我想要"，那么他只有不回答了。这次谈话也就暂时不能继续深入。

所以，这一天的初次会谈，刘备并没有获得任何有实用价值的信息。但是刘备对诸葛亮获得了好感，评价肯定是可以的，只是没小说上写的那么崇拜的不得了。

三国志原文：先主曰："善。"于是与亮情好日密。

刘备的评价只有一个字："善。"意思就是：你说的还可以，是那么回事，我比较满意。并无什么"欣然"、"追问"之类。

在"隆中对"这一回，刘备出了"怎样复兴汉室？"这么大一个题目，不仅仅只是问计，而且还有暗暗考核的意思在里面。

别看刘备老是好哭，老是打败仗，我们得看业绩说话。他的业绩是什么？

是曹操消灭不了他！曹操，厉害吧，消灭了那么多英雄豪杰，怎么就消灭不了刘备？只能说刘备在曹操之下，在被消灭的英雄豪杰之上。郭嘉也说："刘备，雄才也！"

当然，也不绝对，我们权且如此比方。刘备用人的才能，其实和曹操、袁绍他们差不多的，肯定是有水平的。他要想重用一个人，又怎么可能仅仅只听别人的片面之词就轻易相信呢？

1. 刘备幼时师从卢植、郑玄、蔡邕等名家，讲学历算是本科（或许没毕业），诸葛亮呢？师从何人？算是成人自修的。你叫刘备怎么只听人介绍就十分相信呢？
2. 刘备打了二十几年的仗，诸葛亮呢？没有任何业绩显示。他就是有天大的本事，他的水平值还是暂处于0的位置。你叫刘备怎么只听人介绍就十分相信呢？
3. 刘备已经47岁了，诸葛亮呢？才27岁，还没参加工作，也没什么社会经验，你听别人吹一句，就指望他这个毛头小子出来安天下？开玩笑吧！

所以，对诸葛亮进行一番考核，就是必需的。你们都说诸葛亮如何能干，我凭什么相信？难道就凭他自比管仲、乐毅？这叫什么逻辑？不太靠谱的。必须亲自接触观察了才知道。

刘备是识人的。考核的结果是“很满意”，一个字：善。

接触诸葛亮只一回，刘备就要了这个人。诸葛亮留给刘备的初次印象还是相当不错的，识大体，知要害，言谈举止，出类拔萃，直率坦诚，分寸得宜，没有过多的表面文章，是个办实事之人。

不是说二人初次刚见面，“隆中对”从诸葛亮嘴里一说出来，那就要马上坚决执行，永远不变了的。不存在这样的事。

“隆中对”应该只是诸葛亮交给刘备的一份答卷，还不一定算是他为刘备设计的宏伟蓝图。但是他用他的本事“对”准了刘备的心思，从而获得了老板的赏识。

至于将来究竟该怎么走，还是老板说了算。老板既可以完全照办，也可以修改后照办，还可以不照办。因为决策权在老板。

局势是不断变化的，具体怎样审时度势，那还得看刘老板的本事。

06 刘备为什么会选择诸葛亮

荆州本土原先有大大小小的各个家族势力（称为宗贼），十分猖獗，当年刘表来上任的时候，他们竟能阻止刘表上任不了！

刘表无奈，与其中的蒯、蔡两家结盟，扫平了各路宗贼，荆州就是他们三家的了。

为了能使荆州最终成为刘表一家的，刘备来得正好，可以利用他来削弱蒯蔡两家。

所以，刘表对刘备是扶持兼抑制的，无论刘备与蒯蔡怎样斗，刘表只需要简单地控制局面，关键时候干预一下，不让任何一方输掉，他就做到位了。

这是制衡手段的高招。位置稳稳当当的。所以刘备就一直没有机会。没机会你就只有等，在等待的过程中，先发展自己的势力以备用。

怎么发展呢？办法还是和刘表刚来时一样，要想在本地站住脚跟，必须要得到本地豪族的支持才行。

因此，刘备也和刘表当初一样，寻找本地豪族，以争取获得他们的支持。如果不是本地豪族，纵有天大的本事，你又能拿什么去和蒯蔡斗呢？

所以，条件一：必须是本地的豪族。

本地的豪族，可以按强弱大小进行排序，依次列个名单：蒯、蔡、庞、习、诸葛、马、崔……选出前面的若干家数，排不到前面来的，就不用考虑了，势力小了难成气候。

其中，排在前面的，就是可以选择的范围。在这里面再进一步筛选：不得志的，敢于和蒯、蔡作对的。如果不愿意和蒯蔡作对，那对刘备就起不到什么作用。

所以，条件二：必须是对蒯、蔡不满的。

符合了前两个条件，还要有影响力、有能力、有水平的人，才可以胜任。

所以，条件三：必须是有本事的。

因此，选人和我们今天选股票一样，根据条件一、条件二、条件三依次筛选。凡是不符合条件1的，全部淘汰，符合条件1的，再按条件二、条件三进行选择。

所谓条件一、条件二、条件三，是根据自身实际情况的需要出发的。最大需要就是条件一，次要需要就是条件二……依次类推。

庞德公家族是一土势力旺族，仅次于蒯、蔡。而诸葛亮老婆的姨父是刘表，舅父是蔡瑁，关系网很硬的。他们都是当地很有才能的人，但却都没有出仕，也就是都还没有跻身到主流圈子里去。

所以，诸葛亮、庞统这两个人，也就最符合刘备的当前所需。

刘备看中诸葛亮的，暂还不是他的经天纬地、神机妙算，而是他特有的先天背景和在当地的影响力。

隆中对，诸葛亮问刘备："荆州是上天送给将军的，将军岂有意乎？"刘备没有直接回答，而是"与亮情好日密。"怎么叫情好日密？就是用实际行动间接地回答诸葛亮：我有这个意思。

所以刘备与诸葛亮相处的越来越融洽。（最融洽的日子，就是在刘备得荆州之前。而在刘备得到了荆州之后，和诸葛亮的关系是渐渐疏远之态。）

刘备如果用了诸葛亮、庞统这两个人，其实就是当年刘表用蒯越、蔡瑁这两个人的翻版！

当年，刘表在荆州也没有立足之地，就是因为用对了蒯越、蔡瑁这两个人，才安定了刘表的天下。

所以说，"卧龙凤雏，两人得一，可安天下"，指的是荆襄这个小天下，刘备用了这两个人，就有可能得到荆州。

卧龙、凤雏两人，是荆襄范围内后辈中颇有影响力的人物，安定"荆襄"这个小天下是有显著依据的，而硬要说安定整个大天下，则失去了依据。

不明白这层意思，你就永远想不通：为什么刘备两个人都得到了，却怎么没有得到整个大天下呢？

所以，刘备需要这两个人，是需要他们的先天优势，而不是后天才能。这两个人如果有真才实学，那就太好了，如果没有真才实学，那也得权且用之！

刘备想得到荆州，就需要诸葛亮，诸葛亮在刘备这儿就是升值的。蔡瑁不需要诸葛亮，诸葛亮在蔡瑁眼里就一钱不值！

那蔡瑁不会用人？蔡瑁当然也知道诸葛亮是个经天纬地之才，自比管仲乐毅之辈。但是，用了你诸葛亮这个外甥，舅舅还要贴老本，若用刘表的小儿子，刘琮这个外甥，那可就赚大了！

因为蔡瑁想得到荆州，刘琮的先天优势比诸葛亮更大！对于蔡瑁来说，就是“得刘琮则得荆州”，而“得诸葛亮则未必得荆州”。

所以，蔡瑁如果舍刘琮，而用诸葛亮，那才真的叫不会用人！

前面说过，一个人的价值，是取决于其他人的需求。别人不需要你的经天纬地之才，你就贬值；别人需要你这个不学无术之辈，你就升值。

那么，为什么还是要提倡真才实学呢？这是因为：任何时候对真才实学的需求量，总是要大些。

诸葛亮跟了刘备，刘备自比“如鱼得水”，怎么叫如鱼得水？

水是鱼的环境，是指刘备得到了地方势力这个好的环境的支持。他还并没有把诸葛亮看做是张良、姜尚式的人物。

07 诸葛亮初出茅庐第一计

刘备希望得到刘表的荆州，究竟有没有机会呢？前面说过，机会的产生，一般有三种情况：

1. 对手白送。
2. 对手出错。
3. 对手不得不。

刘表当然不想把荆州白送给刘备。同时，刘表的制衡手段是正招，由蔡瑁死盯着刘备，你刘备稍不注意，反倒给蔡瑁提供了机会。所以刘备就一直在耐心等待。

诸葛亮为刘备谋了好几计，怎样干掉蔡瑁，怎样控制刘琮，怎样袭取荆州。刘备的口头禅："刘表，吾之兄弟，不忍夺也。"

怎么叫不忍夺？是因为兄弟手足情深？不是滴，是因为你诸葛亮说的那些妙计，都是行不通的，刘备只是不好意思说破。

刘备需要等待真正的机会。后来，真正的机会终于出现了。

刘表在去世前，决定重用刘备。

刘表有两个儿子：大儿子刘琦代表外地人，没有势力；小儿子刘琮代表本地人，有蔡瑁的势力。

如果让小儿子接班，就一定是外戚蔡家独自掌政，制衡变成了失衡，权利很快就会被蔡家掏空，演变的结果：刘表两个儿子的性命都将难保。

如果让大儿子接班，叫刘备来辅助，就一定是本家刘备和外戚蔡瑁共同掌政，制衡还是制衡。（刘备占优。）演变的结果：两个儿子都可以平安无事。

所以，在这种大局下，刘表就"不得不"提供一次托孤的机会给刘备，把刘备提拔到和蔡瑁持平并略高的位置上。这才是刘备等来的真正机会。

这个机会不是把荆州白送给刘备，而是叫刘备来辅助大儿子刘琦。这样，就必然为刘备将来夺取荆州创造了重要条件。

刘表请刘备喝酒，谈这个事，又叫大儿子主动接触刘备，都是在为促成此事而行动。这些是瞒着蔡夫人秘密进行的，刘表的良苦用心，刘备当然是明白的。双方的意思也都一致了。

其实，大策略都是朴实的，并没有什么妙计可言。

大儿子刘琦在接触刘备的过程中，就老是缠住诸葛亮，说继母不能相容，你给我出个什么妙计。因为诸葛亮这个人的妙计还是比较多的，这个大家都知道，所以刘琦一定要问他。

但诸葛亮说，那是你的家务事，我不管。结果，刘琦不死心，倒是先设下一妙计，把诸葛亮骗到楼上不能下来了。

诸葛亮不得已，大概是随便支了一招，应付一下，敷衍了事，就跟刘琦讲了个“在外而安”的故事，叫刘琦躲到江夏去。刘琦拜谢，马上就跑到江夏分部那边去了。

这就是诸葛亮初出茅庐第一计，解决别人的家务事。怎么看，都很平常，看不出有什么高明的地方。反正算是一计。可就是他这一“妙计”，把刘表、刘备的大计打得粉碎！

按刘表、刘备的大计：刘琦应该和刘备越来越密切。

按诸葛亮的“妙计”：刘备在北，刘琦往南，越来越远离！

导致的最直接的结果是：刘表的遗嘱不能传到刘备、刘琦那里去。刘表病重时，刘琦来看望，蔡瑁不让他进去。刘表死了，刘备、刘琦都不知道！荆州被蔡瑁白得了！

刘备、刘琦都失去了得到荆州最为关键的一次机会。

按罗贯中的原意，诸葛亮是小家子气的，“妙计”多不能得逞。毛氏父子乱改，烂计都成了妙计，并且诸葛亮所有的计谋全部都得逞了。很是有违常理的。

这些就不多说了。还是提炼出对我们有实用价值的东西：

我们经常遇到这样的事：同时有好几个“妙计”，不知道怎样取舍，究竟该选定哪一个为最好？这其实是有定式的：

1. 同时有多个妙计，各有各的妙处，看起来都是很好的计策。所以，没有理由单方面认定，一定是哪一个为最好。理论上，都好。
2. 具体的计策，属于战术范畴。大的谋略，属于战略范畴。战术有战术的优选策略，战略有战略的优选策略。任何具体战术都一定是从属于大的战略的。
3. 因此：服从大局的妙计，才是好计。不服从大局的妙计，不可轻用。

也就是说，当我们有多个妙计的时候，应该选择最符合主策略的那一个，放弃其他不配合主策略的妙计。

在这一回故事中，诸葛亮为刘琦设计的范围，应该限定在：

1. 应该出一个：怎样才能让刘琦公子继续待在荆州总部，却不被蔡夫人陷害的妙计。（这个妙计就太好不过了。）
2. 如果是选择离开，就应该出一个：怎样才能让刘琦公子来到皇叔刘备身边的妙计。（这个妙计也是比较好的。）
3. 或是出一个什么妙计，找个什么理由，把刘备从新野再调回荆州总部，看护刘琦公子。（这个妙计也是非常好的。）

只有限定在以上范围内的妙计，才是与主策略相配合的。而诸葛亮却叫皇叔在荆北，公子在荆南，很明显，是与主策略相违背的。妙在哪呢?

无论如何，蔡瑁抢小儿子，刘备就应该抢大儿子。这样才不吃亏。否则，你一松劲，你就没戏了！看人家上台。

如果符合主策略，将使刘表、刘备、刘琦、刘琮四人受益。不符合主策略的妙计，最多只能使刘琦一个人暂时性受益。

初出茅庐第一计，其实是个砸锅之计。使蔡瑁很轻易地就占尽了便宜，得到荆州没费吹灰之力！

刘备熬了那么久，才熬到一点希望，被诸葛亮三句话给解决了。幸好刘老板是个深知“得何足喜，失何足忧”的大度之人。

切记：与主策略相吻合的妙计最有用，与主策略相吻合的劣计也可用，与主策略相违背的妙计最好不用，与主策略相违背的劣计绝不可用。

08 孙刘联盟共同抵御曹操

曹操基本平定了北方的九个州。建安十三年六月，曹操废除三公，恢复丞相制度，自任丞相。大权在握，准备挥师南下，一统全国。

南方有三大势力：

1. 中间的刘表占荆州（湖）。
2. 东南的孙权占扬州（江）。
3. 西南的刘璋占益州（川）。

另：在南方的更南方，还有一个交州（广）。

由于交州太偏远落后，没几个人愿意争。所以争夺的重点，就集中在荆、扬、益三州。

北方长期的战乱，使得南方越来越富饶，并且南方的几大诸侯也都学会了拖欠拒交天子的款项。

曹操对他们三方分别进行了恐吓，刘璋带头交了钱（算归顺）。孙权答应交，但就是不交。曹操叫他把儿子送到天子身边来，孙权不理。

荆州的刘表死后，蔡瑁拥立刘表的小儿子刘琮为荆州之主，写了降表与曹操，曹操毫无悬念地得到了荆州。至此，曹操只需要击败孙权这一家，就可以一统江山了。

刘备突然听说刘表死了，荆州卖了，大吃一惊，他所处的位置在荆北，与曹操接壤，肯定是撑不住的，于是南逃，弃新野，走襄阳，奔江陵。

江陵是荆南军事重镇，曹操怕刘备在荆南站稳，便派精锐骑兵日夜兼程，击溃了刘备主力。

刘备抛妻弃子，只与诸葛亮、张飞、赵云等数十骑逃走，曹操得了江陵后，大获其粮草辎重，刘备在荆州再也难于立足，彻底失去了与曹操对抗的条件，更加坚定了曹操一举消灭江东孙权的信心。

刘备怎么办呢？无力回天了，他在这个时候做出的重大决策是：退出争霸舞台，到更远的南方交州去。那个地方没有谁愿意争。

从他的这个选择可以看出：刘老板情愿到交州去当流寇，也不愿意实现诸葛先生的三分天下。而诸葛先生此时也一心一意地准备跟着刘老板到交州去当流寇。

为什么？三分天下实现不了，现在的情况是别无选择，你不跑，就打死你。

到了这一步，可以说，刘备的心已经死了，不再想怎样翻盘。

所谓机会，都是外界提供的，不是自己创造的，凡是自己创造的，那叫本事，不叫机会。这个时候，机会来了。

孙权手下的鲁肃渡江而来。

孙权的父亲叫孙坚，就是参加十八路关东联军打董卓最勇猛的那一位。战场上没有死掉，回去的时候，却死在了刘表的部将黄祖手里。孙坚的长子孙策便投靠到了袁术的手下。

袁术称帝的时候，孙坚突然反目，与曹操并力干掉了袁术。曹操就封孙坚为会稽太守，孙坚从此在江东立足，势力逐渐遍布整个扬州。他死的时候，传位于弟弟孙权。

因此，孙权就是现在的江东之主。

孙权为父报仇，跨江过来杀了黄祖。于是，刘表誓要杀孙权为黄祖报仇，但不久刘表就去世了。

所以，这孙家与刘表是世仇。隔壁两家的冤仇总是说不完的。

但是当曹操欲南下的时候，孙权又不得不和刘表合作，共同对抗强大的曹操，他派人到荆州来打探，却得到消息：刘表死了，荆州已经投降了曹操。孙权就犯难了。

这时，鲁肃说，荆州虽然投降了，但总有人不服，刘备，枭雄也，还有大公子刘琦，他们不会投降，把他们组织起来，至少还有小半个荆州的实力，共同抵抗曹操，应该是可以的。我愿意过江走一趟。

孙权答应了。

鲁肃渡江而来。问刘备："你有什么打算？"刘备支支吾吾说，我到交州去，我那有熟人。

鲁肃说，你莫慌走，你这一走就彻底完蛋了！不如我们两家联合起来打曹操，打不赢再走也不迟嘛，你看如何?

刘备一听，简直欣喜若狂，好！有这样的好事，哪能不干呢？管他的，死马当活马医。于是，刘备不走了。

孙权、鲁肃主动找刘备合作，这是正招。因为现在的局势又将形成一个大型的三方博弈竞局。

甲方曹操最强，乙方孙权较弱，丙方刘备最弱。在三方竞局中，乙方主动联合丙方，有利于合作顺利进行。

丙方如果不和乙方联合，他就要选择退出竞局。因为单独攻甲是必输。如果和乙方联合，就还存在"或胜"的机会。

乙方的势力比甲方小，如果他单独进攻甲方，就容易吃亏，预算上赢面偏小，但不一定就是必输，还是存在侥幸获胜之可能的。为了保险起见，如果再联合上丙方的势力，就可以使赢面加大。

因此，乙方选择与丙方联合，共同攻击甲方，总是要比单独进攻甲方为好。

现在，鲁肃劝刘备合作，在策略上是正确的，刘备一口答应合作，在策略上也是正确的。

但是，经过观察，鲁肃马上就发现了一个很实际、很严重的问题：刘备已经被曹操揍瘪了，山穷水尽了，他的人马不足一校，校的标准单位是400人（多的也有过千）。

估计刘备手里只有两三百人了，几乎就等于第三方势力不存在。这可怎么办呢？鲁肃就犯难了，他怎么回去向孙权交代呢？

在江东，孙权的处境其实是和荆州的刘表差不多的。他也必须得不断地拉拢、依靠当地的地方土势力，才可以把位置坐稳。

孙权以及手下的战将们属于外来势力，如果孙权向曹操投降了，这些外来势力就必然会成为最大的受害者，而本地势力则会成为曹操拉拢、重用的对象。

因此，鲁肃作为外来势力的代表，就一定要极力促成孙权做出打曹操的选择。为了促成这件事，鲁肃就必须找到“丙方”合作。现在虽然找到了，却只是一个“空壳”，根本就没有兵力。

那么，鲁肃的工作就完成不了，回去很难说动孙权。

诸葛亮说，怎么没兵？关羽、刘琦手里都还有不少兵，你不好对孙权交代，我去帮你说。鲁肃大喜。

于是，刘备委托诸葛亮为全权代表，出使东吴。反正是死马当活马医，成不成先去了再说。

09 诸葛亮舌战群儒之真相

曹操大军压境，孙权的日子很不好过。

武将有的说降，有的说战，文官是个个说投降。投降派大概占到了75%的比例。但是最终的决策权还是老板说了算。大家都在力争说服孙权，希望孙权能够做出对自己有利的决策。

孙权一直都没有明确表态。

孙权向鲁肃询问曹操的虚实，鲁肃说，诸葛亮来了，主公可以问他。孙权说："今天太晚了，明日先叫他见了我江东俊杰，然后升堂议事。"

第二天，张昭一班人，料知诸葛亮必来游说，便有意为难。于是，就有了《三国演义》诸葛亮舌战群儒一回故事，堪称口舌博弈之经典，很值得学习。

1. 张昭说："我是江东微末之士，久闻先生自比管仲乐毅。刘备得到先生，以为如鱼得水，准备席卷荆襄。可如今，荆州已属了曹操，未知先生是何主见啊？"

诸葛亮心想，张昭乃孙权手下第一谋士，若不先难倒他，如何说得动孙权？便回答道："吾取荆州之地易如反掌。刘琮孺子，暗自投降，致使曹操得以猖獗。今我主另有良图，非等闲可知也。"

张昭又问："刘备未得先生之前，尚且纵横寰宇，割据城池，如今得了先生，竟然弃甲抛戈，望风而窜，已无容身之地，为何得了先生之后，反不如初也？"

这一问明显地是在取笑。他抓住了诸葛亮的要害，因为诸葛亮辅助刘备已经失败了是事实，无论怎样辩，诸葛亮都是占劣势的，要想凭空辩赢，是很不容易的一件事。

所以，诸葛亮就采用"辩证法"，针锋相对："鹏飞万里，其志岂群鸟能识？寡不敌众，乃胜负之常事。昔日汉高祖还不是屡败于项羽！而垓下一战就成功了，你能说这不是韩信的良谋吗？"

这个问题，谁也解释不清楚，张昭当然就对不了！于是，诸葛亮又说："夸辩之徒，只会坐议立谈，一旦临机应变，则百无一能。这才真的会被天下人所笑！"

说得张昭并无一言回答。

2. 虞翻问："如今曹操雄兵百万，平吞江夏，公以为何如？"诸葛亮答曰："乌合之众，不足惧也。"虞翻冷笑："败军之将，犹言

'不惧'，真大言欺人也！"

诸葛亮说："刘备以数千仁义之师，还敢敌对百万残暴之众。如今江东兵精粮足，且有长江之险，居然要使其主屈膝投降，不顾天下人耻笑。由此论之，刘备真不惧操贼矣！"

虞翻不能对。

这一回合，诸葛亮轻易地揪住了对手的软处。

3. 步骘问："孔明欲效仿张仪、苏秦之舌，游说东吴耶？"

诸葛亮说："你只知道苏秦张仪为辩士，却不知道苏秦张仪也是豪杰，不畏强暴，不惧刀剑。你们一听到曹操的虚诈之词，便害怕请降，也敢取笑苏秦、张仪？"

步骘默然无语。

这一回合，诸葛亮又轻易地揪住了对手的软处。

4. 薛综问："孔明以曹操何如人也？"诸葛亮说："曹操乃汉贼，又何必问？"薛综再问："汉朝气数已尽，如今曹操已有天下三分之二，人皆归心。刘备不识天时，强欲与争，以卵击石，安得不败？"

孔明厉声喝道："安得出此无父无君之言！人生天地间，以忠孝为本。你既为汉臣，不思报效，反以天数归之，真无父无君之人也！"

薛综满面羞惭，不能对答。

这一回合，诸葛亮又轻易地揪住了对手的软处。

5. 陆绩问："曹操是相国曹参之后。刘备虽自称中山靖王苗裔，却无可查考，实际上只是个织席贩屦之夫，何足与曹操抗衡！"

诸葛亮笑曰："曹操既为曹相国之后，今却专权肆横，欺凌天子，不仅是汉室乱臣，也是曹氏贼子。刘皇叔是当今皇上按族谱赐的爵位，你竟敢说无可稽考？小儿之见，不足与高士共语！"

陆绩语塞。

这一回合，诸葛亮"证据"十足，又轻易揪住了对手的软处。

6. 严峻曰："孔明所言，皆强词夺理。请问孔明治何经典？"诸葛亮说："寻章摘句，腐儒也！古之伊尹、子牙、张良、陈平，皆有匡扶宇宙之才，并不见他们治何经典。书生仅会舞文弄墨而已。"

严峻不能对。

7. 程德枢大声道："孔明喜欢说大话，未必真有实学，恐为儒者所笑耳。"诸葛亮说："儒有君子小人之别。君子之儒，忠君爱国。小人之儒，只会翰墨作赋，笔下虽有千言，胸中实无一策。何足取哉！"

程德枢不能对。

在这一局中，诸葛亮是绝对弱势，江东谋士占绝对优势。但却被诸葛亮几句话说的他们答不上来。错在哪呢?

诸葛亮的"软"在于"失败已成事实"，江东谋士的"软"在于"胆小与无能"。双方若都死揪住对手的软处，则理论上为均势，否则无胜机。

诸葛亮始终都揪住了所有对手的软，而江东谋士7个人中只有张昭一个人揪住了对手的软。

但是，诸葛亮棋高一着，能弄一个对手无法回答的问题出来。所以，很明显，他们都不是诸葛亮的对手。

最后，黄盖出来收场，厉声叱道："孔明乃当世奇才，君等以唇舌相难，不思退敌之策，乃徒斗口耶！"

引孔明入，孙权降阶而迎，优礼相待。

这一回，孙权先不见诸葛亮，乃是有意安排他和主降派进行舌战，打击打击投降派的嚣张气焰！你们这些卖主求荣的小人，和那个荆州的蔡瑁有什么两样?

孙权自己不愿意得罪这些人，就故意利用诸葛亮这个外人来好好地教训教训这些投降派，给他们好好地洗洗脑。叫他们想投降的这些人都给我哑口无言！

估计诸葛亮是被瞒着的。

到现在为止，是战是降，孙权依然没有表态，所以大家都不知道孙老板究竟会做出什么样的选择。高招！

10 是战是降孙权如何定夺

孙权究竟会作出怎样的选择呢？要么战，要么降，他总共只有这两选。两派人分别都来劝说他。

主降派张昭说："听说主公将兴兵与曹操争锋。主公自认为比得上袁绍么？曹操向日兵微将寡，尚能打败袁绍，何况今日拥百万之众南征，难道你比袁绍还强吗？"

孙权低头不语，沉吟未决。

主战派鲁肃说："你不能听他们瞎说，他们都可以投降，唯独你不能投降。他们投降了，当什么官的还当什么官，你投降了，位不过封侯，车不过一乘，骑不过一匹，从不过数人，岂得南面称孤哉！众人之意，各自为己，不可听也！"

两派人说的都有道理。

这个决策很难做。孙权现在要考虑的问题是：究竟打不打得赢？有多大胜算？如果有胜算，那肯定就要战，如果没有胜算，那或许就会选择降。

自己有多少兵力，他是知道的，曹操有多少兵力呢？他不知道。

因此，他很有必要先了解了曹操的虚实，再作最后的决断。曹操究竟有多少兵力？他分别问了诸葛亮、周瑜两个人。

（一）孙权问诸葛亮

诸葛亮说："曹操马步水军，约有一百余万。"孙权说："哪有这么多？莫非诈乎？"诸葛亮就一一算给他听："非诈也。"

1. 曹操本来就有兖州、青州军二十万；
2. 平了袁绍，又得五六十万；
3. 中原新招之兵三四十万；
4. 今又得荆州之军二三十万。

以此计之，不下一百五十万。我说一百万，是怕吓着你们了。

这是有根据的，但是故意高估了。鲁肃在旁，听了心里很不舒服。

诸葛亮为什么要故意瞎说呢？按小说的意思，是诸葛亮怕孙权选择了投降，所以故意激他的。不完全是这个意思，还有更实际的另一层意思：

如果选择了"战"，并且在"战胜"了的情况下，就会直接面临"双方怎样分配胜利果实"的问题。这个是肯定的。双方一定都会尽量争取采用对自己最为有利的方案进行分配。

分配的一般原则，有两个重要的参考依据：

1. 双方出资的本金各占多少份额；
2. 双方付出行动后的贡献各占多少份额。

这样，大家各自按股分成，是争议最小的做法。

诸葛亮故意夸大曹操的兵力，对刘备方绝对是有好处的。因为将来一旦打败了曹操，论贡献的时候，你孙权杀了多少曹兵，那么，剩下的，就都是刘备杀的。刘备的贡献也就会比孙权的贡献大了。

无论得不得逞，总是有利的，没多大害处。如果真的把孙权吓傻了，那诸葛亮还有妙计破曹操，不让孙权投降。所以，诸葛亮的这一步是正确的。并没有什么错误。

（二）孙权问周瑜

周瑜说："曹操的战书上写的是八十万，那肯定是故意诈唬人的。我给你算一下”：

1. 曹操的后方不稳，他怎么可能把所有的兵都派过来呢？带过来的中原士兵，最多只有十五六万，并且经过长途跋涉，已经疲惫不堪，哪还经得起折腾？
2. 刘表的实力我们还不清楚吗？曹操收降刘表的人马，最多不过七八万，而且这部分人投降曹操，只是想占曹操的便宜，怎么会真的为他卖命送死呢？
3. 这帮乌合之众根本就经不起打，你不要再迟疑了，只要给我精兵五万，就完全可以战胜他。

曹操在周瑜眼里完全不堪一击。他为孙权揪住了曹操的五个弱点：

1. 西北的马超、韩遂老是在瞅机会反曹操，我们在前面进攻，他们必然会在后面偷袭，此为曹操之后患。
2. 舍鞍马，仗舟楫，与吴越争衡，本非中国所长。中原的铁骑到了长江天险，就叫他寸步难行，只有站在那挨打的份。
3. 又今盛寒，马无藁草。现在是严冬季节，他的战马没有草料，人也好不到哪去，他肯定是想先站稳脚跟，等明年开春再战。我们必须现在就打，机不可失啊。
4. 驱中国士众远涉江湖之间，水土不服，必生疾病。
5. 新收刘表之众，尚未归心。

找到了对手的弱点，也就有了“胜机”。

周瑜说：“曹操虽托名汉相，其实是汉贼。将军神武雄才，割据江东数千里，当横行天下，为汉家除奸，怎么能说投降呢？何况这是曹操自己跑上门来送死。”

按周瑜的分析，胜算概略相当大。只以一杀四，就可以全胜。很容易的。孙权决定了：打曹操！

孙权曰：“老贼欲废汉自立久矣，徒忌袁绍、袁术、吕布、刘表与孤耳。今数雄已灭，唯孤尚存。天下若不是有孤王，老贼已成帝业。孤与老贼势不两立！”

这一年，孙权仅26岁，周瑜33岁。孙权对周瑜说，你先去打，若打不赢，就回来找我，我亲自去打，誓与曹操决一死战！

年轻的孙老板做出了一个相当有魄力的决定。这是非常值得肯定的。

但是，孙老板的难处，周瑜不知道。周瑜只考虑的是赤壁这一线的状况。而孙老板此时面临的是三线作战的极为被动的局面：

1. 赤壁这一线，曹操的主力部队。
2. 曹操分部兵力，从上面合肥一线也在进攻孙权，孙权很难受。
3. 孙权的后方很不稳，这一线的山贼势力正在发难。孙权更难受。

周瑜要5万精兵，孙权一时拿不出来，周转不灵。确实没有办法，只能先调给周瑜3万再说。

还有两万怎么办呢？凑不团圆。于是，孙权就打起了刘备的主意，先把刘备的“两万”人给周瑜用。

而鲁肃当时回来后不敢说实话，报了个虚数，说刘备还有两万。刘备手里已经没有兵了，孙权怎么会知道呢？他还以为刘备真的有两万兵。

所以，在这一回中，刘备以“空头支票”的形式作为第三方势力与孙权合伙了。

11 刘备借荆州之谜

现在，孙权已经做出了重大决策，誓与曹操决一死战！

这个决策从大的方向来讲，对刘备是十分有利的。因为此时的刘备已经被曹操淘汰出局了，只有“逃命”这一个选择。而孙权其实是有三个选择的：

1. 向曹操投降。

2. 单独攻击曹操。

3. 联合刘备共同攻击曹操。

因此，刘备又获得了三分之一的机会，这个机会完全取决于孙权的选择，所以，此时刘备能不能翻盘的命运是掌握在孙权手里的。

按周瑜的分析，其实根本就用不着刘备。但是由于孙权周转不灵，人手不够，还有2万人不能到位，没办法的事，要想达到周瑜的预期，那就必须提供一次机会给刘备。

刘备说手里还有“2万人”，那就刚好可以补上这个“漏洞”。

要想打败曹操，孙权得和刘备合伙干。于是，孙权才“不得不”做出了与刘备结盟的决定。

因为孙权开始的想法谁也不知道，主战派为了增加说服力，鲁肃就自愿过江找刘备助战，这只能代表鲁肃（主战派）主动联合刘备（丙方），并不代表乙方老板孙权主动联合丙方。

鲁肃主动联合刘备，这一行为的最终目的，只是为了促成孙权做出打曹操的决策。

鲁肃主动先来找刘备，代表乙方愿意主动联合丙方，说明乙方是有诚意合作的。正确的。刘备就委派诸葛亮为全权代表到东吴方面去会谈，说明丙方也是有诚意配合的。正确的。这个环节，双方都无误。

诸葛亮到了东吴之后，才发现：东吴的战、降两派斗争很激烈，主降派以3：1的优势领先，而老板孙权还在犹豫，并没有做出最终的决策。

也就是说，乙方到这个时候为止，还没有决定究竟需不需要与丙方合作。

于是，诸葛亮决定凭他三寸不烂之舌，力战群儒，力劝孙权，企图力挽狂澜于既倒。这个环节上，诸葛亮显得过于急切，不太妥当。容易遭到乙方的无礼勒索。存在吃亏的隐患。

比较好的做法是：诸葛亮等待孙权做出最终的决定，并主动提出愿意与刘备结盟之后，再与之配合。（和上面“鲁肃找刘备局”是一致的。）

如果担心“因等待而失去机会”，就可以极力劝说周瑜、鲁肃等主战派去劝说孙权。这样应该妥当一些。

而诸葛亮生怕孙权选择了投降，失去了仅有的一点翻本的希望。就像抓住了救命稻草似的，反复地劝他打曹操。这样一来，局势居然变成丙方主动联合乙方了。

丙方主动联合乙方的行为，多少有点不妥。这是因为：

丙方迫切地主动联合乙方，乙方当然就有条件乘机勒索丙方，宰他一把。同理，乙方迫切地主动联合丙方，丙方当然也有条件乘机勒索乙方，宰他一把。

这是一样的。反正是你跑来求的我，你若不答应我的条件，我就不跟你干。

如果双方都固执地坚持这种心态，那就只有拉倒散伙。但是不联合，一定是乙方的损失比丙方更大。丙方反正是快要死了，无所谓的。而乙方却不一定。

所以，为了促成合作，一般情况下，都是由乙方主动做出些许让步的。

乙方主动让步，在一定范围内满足丙方的勒索，先吃一点小亏是划算的，这样可以及时促成乙丙联盟，最终打败强大的甲方。这总是要比不联盟坐等甲方来把自己淘汰掉要好得多。对丙方让步是迟早的事，不如乘早，以便争取合作形成。

所以，在一般情况下，都是由乙方率先主动提出合作的。

1. 乙方主动联合丙方，先让丙方占点小便宜，有利于自己最大限度的增值。所以乙方以“主动”为正招。

2. 丙方坐等乙方主动，先捞点实惠到手里再说，有利于自己最大限度地增值。所以丙方以“等待”为正招。

这两者并无矛盾冲突，合作项目就非常容易成交！

丙方“坐等”，并不会失去机会。因为只有当乙方对丙方产生需求关系时，丙方才有机会，乙方就一定会来联合丙方！

而当乙方对丙方不产生需求关系时，丙方根本就不存在机会，任你千般嘴，他根本就不需要你！

比如，孙权选择投降，他就不需要刘备了。如果孙权真的选择了投降，那么，诸葛亮还得继续选择和刘备亡命天涯，到交州去当流寇，过一天算一天。不存在翻本的机会。

所以，在三方博弈中，如果乙方不主动联合丙方，那丙方就没有机会的。丙方以此来判定乙方对自己究竟产不产生需求。

诸葛亮来到东吴后，还没有搞清楚孙权的意图，就迫切地劝说孙权联合刘备打曹操，这就不是正招，也就不是最厉害的一招。那么，无论他的辩术口才多么好，毫无疑问，口才越好，就越是在给孙权提供勒索他的机会。

孙权的决定，诸葛亮根本就不知道。而诸葛亮的决定，已经暴露无遗，孙权了如指掌。所以，孙权占尽了谈判的优势，他掐住诸葛亮急于联合，企图翻本的心理，狠狠地宰了他一把！

孙权装作很困难的意思，打算投降算了。诸葛亮急地使出浑身本领反复劝战。那么，在将来的利益分配上，诸葛亮就不得不作出巨大让步，以争取孙权联合刘备打曹操。

诸葛亮做出了怎样的巨大让步呢？那就是出卖荆州的主权。

如果打败了曹操，整个荆州的所有权都是孙权的。没有刘备的份。荆州的新老板是孙权，而不是刘备。刘备最多只能租借“孙权的荆州”暂住而已，当然租金是勉不了的。当孙权需要荆州的时候，刘备必须归还。

诸葛亮作为刘备的全权代表，帮刘备拍了板，以如此之高的代价为刘备争取到了一丝翻盘的机会。以致后来“借荆州”的皮扯了N年。

如果诸葛亮不主动争取这个“机会”的话，理论上，只会分配得更多。

注意：这仅仅只是理论上。理论上讲的都是一般情况下的变数。在实际中还得随行就市、临机应变。

当时情况紧急，他这边的“丙方”已经奄奄一息，没有本钱了。诸葛亮担心失去最后仅有的一丝机会，所以做出巨大让步，这也无可厚非。因为他毕竟把这件事办成了，功不可没，只是出的价钱太高了。

但是相比之下，仍然还是可以的：

1. 原先本来就没有荆州，也不存在任何机会。
2. 现在依然还是没有荆州，但已经有了机会。

在博弈中，胜利果实是慢慢累计的，争一点，是一点，得一步步地走，很难一口吃成个大胖子。

12 曹操为何会败于赤壁之战

双方结盟之后，刘备还真的把关羽、刘琦等零散部队都组织起来了。一支不足2万人的队伍，这些零散部队是刘备方企图翻盘所仅有的最后的本钱。

在这个丙方阵营里，由最高级别的左将军刘备担任总指挥。而真正投资最大的大股东则是关羽，关羽所率的一万精锐水军成为丙方刘备的重要主力。

刘琦投资约有一万兵，成为第二大股东。而刘备和张飞实际上是小股东，几乎就等于干指头蘸盐。

总之，乙丙联盟，进攻曹操的5万兵力，基本上勉强到了位。

周瑜带3万主攻，刘备带2万配合夹击，预计制曹操于死地。周瑜还是比较满意的。

从理论上讲，双方5万“夹攻”，比周瑜单方面带5万“独攻”更有优势，何况孙权给不了他5万，用刘备的2万总是比不用要好。

曹操面临的问题是：怎样渡过长江天险？

可以过，则可能胜。他的兵力占绝对优势，如果不能过江，他就打击不到敌人，再强大的执行力，也等于没有去执行。你不能狠狠地去执行，你就差一个赢的必要条件。

差一个赢的必要条件，就绝不可能赢。

北方人不习水战，你一上船就吐，哪还有力气去杀敌呢？为了能够过江，曹操将战船全部用铁索连起来，使战船不颠簸，如平地。按小说是庞统献的计，按正史是他自己连的。反正他没有好的办法，只能先这么着。

战船一连，黄盖就施苦肉计诈降，一把火烧了曹操的战船，因为船都是连着的，这把火一直烧到曹操岸上的营地里去了。曹操军大乱，周瑜乘势发起总攻，大破曹操。

刘备也赶来助战，赤壁这一仗，联军杀死操兵过半。曹操只得退回北方去了。

赤壁之战的实际搏斗过程，其实是一个非常简单的局面。周瑜赢得很轻松。战争的局势可以分为三个阶段：

1. 开局阶段。双方布阵对峙，互相寻找战机，多数都是在做试探性攻击。
2. 中局阶段。双方反复较量、争夺，其过程异常艰苦。
3. 残局阶段。双方博命，生死存亡都在一线之间，极为残酷。

而在赤壁之战中，双方刚开始交锋，曹操还没有动手，尚处于开局阶段，就被周瑜杀的一败涂地。还没有演变到中局阶段去，就被敌人杀败了，所以说，这就是一个非常简单的战局。

凡是在开局阶段就被敌人打的大败的（这种情况其实是很少见的）。只有以下两种情况：

1. 失败方的实力太弱小了，悬殊太大，不堪一击。
2. 失败方走错了棋，犯下了致命的错误。

这就和我们平时下棋是一个道理，还没走几步就赢了，对手肯定就是上述两种情况。曹操很显然不是第一种情况，那就是第二种。

前面讲过，博弈取胜之道，就是寻找对手错漏之道。对手没有错漏，你就没有胜机。

曹操方的错漏，主要出现在以下几个方面：

1. 曹操的骑兵在江上没有作战优势，站都站不稳，还怎么打呢？这是先天性的，一时没法改变。
2. 严冬的季节，曹操的战马没有草料，吃都吃不饱，还怎么打呢？
3. 此时曹军发生了大规模的病疫，人都病趴下了，还怎么打呢？

这三个方面的弱点，曹操是知道的，所以他决定现在先不打，只是做好准备工作，这是正确的。而周瑜牢牢地抓住曹操的这三个弱点狠揍，机不可失，失不再来。一战功成名就。

在这一回合的较量中，周瑜进攻的时机把握得非常好。因为此时的曹操方又饿又病又不习水战，战斗力已经接近于最小值了。这是最好的一个机会。此时的曹操虽然人多，却只是个“强大的病人”，相对周瑜来说，曹操就是个软的。

要是错过了这个机会，等曹操恢复了元气，那还真不好说是个什么结果。

而在黄盖诈降的时候，真不知道曹操这么奸诈的人怎么就相信了黄盖。如果他有所防范，妥善处理的话，黄盖不一定就烧得了。

前几个方面的原因，是自然形成的，这不能怪曹操。而轻信黄盖诈降，则是曹操的决策错误，致命的错误。这个是他该负的责任。

所以说，胜利方的胜利，都是对手提供的机会。你占那么大的优势，若不犯错误，又怎么会输呢？

曹操自己错了，他心里是知道的，但是他嘴上不认账，怪别人，推卸自己的责任。所以他说：“若郭嘉在，决不至于使我败到这个地步。”

为什么要在这个时候说这个话呢？难道真的有郭嘉在，曹操就是必胜的？这是不确定的，无论你是谁，战争的不确定性总是存在的。并不会因为有郭嘉在，曹操就会赢。这个没有必然逻辑。

郭嘉虽然早死了，可是贾诩还在啊，贾诩劝他的话，他怎么不听呢？

所以，曹操说：“郭嘉在，不使孤至此”，指的意思就是：你们都是一群大笨蛋！你们没一个比得上郭嘉，都是你们把孤害到这个地步的！

13 华容道为何要故意放走曹操

黄盖诈降，周瑜总攻，刘备见这边火光冲天，也赶来助战。杀的曹操丢盔弃甲，大败而逃。

这一局，《三国演义》对诸葛亮的妙计有重点刻画。曹操仅带亲随27骑逃命，诸葛亮算定曹操必走小路，关羽不服：“假如他走大路呢？”二人为此还立了军令状。

结果曹操走的是小路，被诸葛亮算准了。

诸葛亮是以什么依据算准曹操必走小路的呢？是以曹操狡诈多疑的性格为依据的。那么，这一依据究竟可不可靠呢？逻辑上并不可靠。

1. 曹操有走大路、小路两选，各占50%，

2. 诸葛亮有守大路、小路两选，各占50%，

双方均势，都没有100%的依据猜到对手的选择。

在这种情况下，就会陷入到“我猜你猜我猜你……”无限困境中，只能凭运气蒙一个。诸葛亮运气好，蒙对了，该曹操倒霉。

罗贯中这样写的目的是，诸葛亮的小谋都是不可取的。却被后人误以为是诸葛亮的神机妙算。按文中的意思，诸葛亮既可以守大路，又可以守小路，就是不便于分兵守两路。

那么，他的最佳选择就应该是守在两路交汇的岔口处。这样，既不用分兵，又同时守住了两条路。无论曹操选择走哪边，都是一定要从两路的岔口处经过的。

守住了岔口，就是必胜之法。否则，大路、小路无论你猜哪边，都是偶胜之法。诸葛亮却弃必胜之法，去赌偶胜之法，是不应该的。（按演义的描述，诸葛亮有条件守岔口。）

但在“放走曹操”这个问题上，是正确的。

刘备、诸葛亮都要故意放走曹操，正招！必需的。

在三方博弈中，丙方助乙攻甲，开始是认真的，但如果一举将甲方全部歼灭，则乙方存在对丙方下手的可能，丙方为了自保，就会私自悔约，放过甲方一马，使甲方喘过气来反扑乙方，丙方再开始认真履行合同对付甲方。

丙方此一时彼一时，必须见风使舵，方能占据最有利的位置。

所以，当刘备方将曹兵杀个差不多了，就要有意提供甲方曹操跑路的机会。曹操就算真的跑不脱了，刘备还得想办法帮他逃脱。

诸葛亮说“我夜观星象，操贼命不该绝。”这是完全正确的。

小说写曹操由乌林向华容道败退，在途中三次大笑诸葛亮智谋不足，未在险处暗设伏兵。

然而，一笑笑出赵云，二笑笑出张飞，三笑笑出关羽，至此，曹操身边仅有27骑，已经是束手就擒了。但还是被关羽放走了。

也就是说，刘备方有三次杀掉曹操的机会，都主动放弃了，只是在吓唬曹操：你快点跑！

真正的历史上，曹操从赤壁败退时走的确实是华容道，但没有关羽。曹操在途中也确曾大笑，笑的是刘备虽有计谋却迟缓。

为什么迟缓？仍然是要故意放他走。

《三国志•武帝纪》裴松之注引《山阳公载记》说：华容道一片泥泞，根本无法通行，曹操下令，将割来的草和受伤的、害病的士兵们一起垫在泥坑中，才得以通过，伤病员们被人马践踏，深陷泥中，死亡无数。

曹操此时哈哈大笑："刘备的计谋总要晚我一步，假使他早派快马至华容道放火，我等必全军覆没了。"

话音刚落，刘备的兵就在后面放火。曹操急逃而去。

无论小说，还是正史，刘备在追杀曹操的问题上都是不卖力的。尽管刘备一直都非常仇视曹操，但大局决定了此时丙方私放甲方是最佳选择。

这个问题很好向盟友孙权交代："我已经拼尽了全力呀，但还是没有追上他呀！"这是说得通的。

在赤壁之战中，刘备方的行动其实只有三个目的，闭着眼睛就能猜到：

第一步：积极消灭曹操的攻击力量，使其丧失反击能力。

第二步：乘机故意放跑曹操，使其再回去组织人马来反扑。

第三步：迅速聚集最大能量，尽全力与乙方（合作伙伴）展开激烈地利益争夺。

这是丙方行为的定式。

只有这样狠狠地去执行了，才能保证自己的利益达到最大值，尤其是第三步，绝不能心慈手软讲信用，否则，都是自取灭亡。

荆州的地盘总共有8个郡。曹操被杀败后，只有向北回撤，最后还剩下靠北边的2个郡没有丢失。

其余的6个地盘都被孙刘联军抢占去了，这6个地盘就是孙刘联军两家合伙投资后所产生的利润总值。

联军两家一共抢得6个地盘，其中，乙方周瑜只抢到了一个半，而丙方刘备却抢到了四个半！获得了总利润高达75%的份额。

赤壁之战的结果，就是使刘备这个本已垂死绝望了的人，再一次成功地翻了盘。作为最弱小的一方势力，却从中捞到了最大的收益，成为这一回合较量中的最大赢家。

赤壁之战，历来被人们所津津乐道的是“周瑜怎样教训曹操”。殊不知，其最精髓的地方乃是“刘备怎样从中渔利”。 在两个强者的交锋之中，弱者怎样虎口夺食。

14 孙刘联盟的矛盾究竟起于何时

赤壁之战，孙权只要能够守住长江，不让曹操过来，双方形成“和局”，就是可以的了。这是乙方孙权的保底价。在这个基础上能够打过去，那当然是最好。

双方一交战，只在第一个回合，曹操就中了招，一败涂地，毫无还手之力，没做任何挣扎就逃跑了。

这种开局就大败的战局是相当罕见的。周瑜赶过江去，杀鸡割草一般，立了赤壁首功。所获得的收益不知超过了战前预算的多少倍！

周瑜突然发觉：其实根本就不需要丙方刘备参与进来！就他这三万人其实是够用的。刘备的两万人，不仅没有制曹操于死地，还反过来和他抢地盘，竟然还抢去了绝大多数的胜利果实！

早知如此，还不如让他去交州，没有必要鲁肃过去和他们谈判。干吗要与他合伙呢？这次合作真的是亏大了。

而刘备也突然发觉：其实根本就不需要和乙方孙权联盟！你不是要和曹操打吗？我就躲在一边看不就成了吗？你打输了我再跑，你打赢了，我不是一样的可以上去抢吗？我抢的就是我的。哪还存在什么都是你的！

早知如此，就没有必要诸葛亮过去和他们谈判。干吗要与他合伙呢？这次合作真的是亏大了。

两家都有意见，都在后悔不该合伙。这就是合伙生意通见的纠纷。

那么，究竟怎样分配，双方才都没有意见呢？

荆州原先是刘表的，刘表死了就是刘表小儿子的，小儿子送给曹操后就是曹操的。打跑了曹操，谁打的就是谁的。

孙权、刘备两家若不合伙，那肯定就是谁抢的谁得，若有不服，可以再打，最终，还是谁抢的谁得。

而一旦合伙，就得按股分成：

1. 以出资多少论：孙权3万占60%为大股东，刘备2万占40%为小股东。
2. 以贡献大小论：击破曹操是周瑜、黄盖的功，那个诸葛亮借东风是假的，没有的事。所以“破敌”的份额纯粹是孙家的，刘家没有。

   破敌之后，“杀敌”的份额两家都有。因此：

孙家贡献50%（破敌）+20或25%（杀敌）=70或75%

刘家贡献0（破敌）+25或30%（杀敌）=25或30%

所以，全部利润6个地盘按平均原则分，孙家得4个，刘家得2个，是一个比较合理的价位，也就是双方都可以接受的价位。

而孙权利用谈判优势掐住诸葛亮狠宰了一把，他要求一家独得全部，刘备不得，只是可以借用。诸葛亮作为全权代表，做出让步，也答应了。

因此，“孙权全部独得，刘备可以借用”就是一个经过协商后的“双方都可以接受的合理价位”。

而现在的既成事实是：孙家只得了2个，刘家却得了4个。刘家稍用力一抢，就变成了4个半，孙家只有1个半了。

刘家再用力一抢，就膨胀到了5个，孙家就缩水，只剩下最后的1个了。

刘备得5，孙权得1，成为最新的现状。按原先协商后的标准，你叫刘备再拿3个出来，刘备是傻子吗？

刘备希望得到的是全部，5个还嫌少了。你不同意吗？不同意那就只有采用不同意的办法来解决。

于是，分配利润的标准就有了2个：

1. 按原先的合同分。
2. 按现在的实力分。

以现在的实力来看，在争利润的范围内，刘备占据了绝对优势。

赤壁之战中，荆州的主要兵力都被曹操报销了。曹操和周瑜打仗，其实真正受损失的是荆州的本土势力，曹操的嫡系并没有受到多大的损失。

等于说，曹操和周瑜两个人变相地帮助了刘备。他们帮刘备把以前的劲敌刘琮、蔡瑁这一派的本土势力都消灭了。

剩下的荆州人愿意选择谁呢？曹操、孙权都是荆州的敌人，只有刘琦、刘备他们才是荆州真正的主人。一听说曹操败了，荆州人都望风归顺刘备、刘琦，队伍迅速就膨胀起来了。这是必然的。

刘备在荆州收买人心七八年之久，那可不是白干的。当刘备和周瑜都来抢荆州的时候，荆州人存在两个选择，他们当然愿意选择刘备！所以，荆州人才会自动帮刘备抢地盘。

如果按原先的合同分，刘备不划算。如果按现在的实力分，那就要打，孙权不划算。于是，纠纷就产生了。

这种纠纷，可以确定：无解。至少在短时间内无解。

也就是说，双方在这次合作中所产生的纠纷，是不可避免的，难于调和的。

许多书中讲吴蜀矛盾是因为某某人不配合联盟、制造矛盾、加深裂痕等等，都不是主要原因。无论你怎样配合，矛盾都不会消除，因为这个答案本身就是无解的。

其根源就是：分配利润的标准有2个。

有2个标准，就是没有标准。你要依你说的，我要依我说的。那就是说不拢的。矛盾就是从这个地方出来的，后面无论有没有人破坏联盟，矛盾都是存在的。

开始的时候，刘备保命要紧，孙权提任何条件他都答应，现在有实力了，刘备当然要反悔。

现在的局面是：双方都有条件或理由获取全部利润，并且一定是谁让步谁吃亏。刘备已经明了牌："我的利润太少了！我要全部的利润！你把周瑜抢的那块地盘也让给我！"

在打败曹操之后，刘备只有一个任务：抢地盘！先抢了4个半，后来弄到了5个，现在第6个他全部都要！那么，孙权又该怎么办呢?

曹操回到北方，并没有急于反扑，而是坐山观虎斗。他深知人性的弱点，当利润出现的时候，合伙人就会拔刀相向，反目成仇。等他两家斗的头破血流之时，他再出来坐收渔人之利。

15 胜利者孙权竟然一无所获

刘备抢了 5 个地盘，还说自己的利润太少了，决定亲自到江东去找孙权要地。他要求孙权把抢到的最后一个地盘也让出来，送给他算了。

诸葛亮劝他千万不要去，说你这一去，孙权就必然会加害于你。而周瑜也几乎是在同一时刻劝孙权，刘备一来，你就把他软禁起来，千万不要放他跑了，这个家伙害我们不浅。

刘备还是去了东吴。孙权很难于选择。他总共只有三选：

1. 干掉或软禁刘备，抢刘备的地盘。

2. 放走刘备，但不答应刘备的要求。

3. 放走刘备，答应刘备的要求。

（即：抢刘备地盘、维持现状、送给刘备地盘，三选。）

孙权三种行为的利弊分析如下：

第一种选择：

刘备来了之后，孙权干掉或软禁刘备是非常容易的事。但一定会与荆州结仇，以后要想再占领荆州就会变得比原先更加困难。还是抢不到。这一行为并不能使自己的利益增值。

不仅不能使自己的利益增值，反而还有害。两家一互斗，必然是互相损耗，这正是曹操想要的结果。

如果为了这个利润，而被曹操各个击破，导致亏本的话，那就太不值得了。这样的话，不如一开始就选择投降曹操还好些。

所以，第一个选择：无利，有大害。

其根源就在于孙权并不能抢到荆州。这有两个方面为证：

a.赤壁大战，两家同时抢荆州的地盘，孙家的人还多些，但是没有抢赢刘家。现在，刘家的人比孙家的人（荆州方面的）多得多，孙家就更是抢不赢了。

b. 不久前，刘表还没死的时候，孙权就渡江过来杀了刘表的部将江夏最高长官黄祖。已经得到江夏，却又主动扔了这块地盘，只抢掠了些人口物资就回去了。

为什么？孙权后方的山贼势力十分猖獗，他得不停地镇压，根本就无法分兵出去扩张镇守。因此：即使没有曹操、刘表的干涉，孙权连江夏都得不到，那就更不用说得到整个荆州喽。

也就是说，孙权暂时还没有条件占据荆州，独霸两地。

甚至可以说，打曹操这一仗，从一开始就决定了孙权的最大收益为：0。但是，孙权如果不打，那就一定是亏损。所以，在“亏损”和“没收益”这两者之间，就逼着孙权只能选择“没收益”。

孙权从一开始就只是在想怎样阻止曹操过江，只是想利用刘备拖住曹操不让他过江，哪敢奢望会有6个地盘的巨额利润出现呢？有谁知道周瑜会只在第一个回合就差点把曹操给揍死了？！

所以，这6个地盘，几乎就是相当于“意外所得”。

第二种选择：

不杀刘备，也不答应刘备的要求。即：维持现状。刘备占5个，孙权占1个。孙权不与刘备翻脸。

但是刘备存在主动与孙权翻脸的可能，强行抢走孙权已经占有的1个地盘。孙权的利润将会一无所得，还是只有江东的老本。

因此，这一行为也不能使自己的利益为增值。还是会损失掉唯一的一个利润。最终依然导致了刘备占6个，孙权占0个的局面。两家还是会失和，至少要发生局部冲突。

但估计不至于发生大规模的火拼。双方在共同对付曹操的问题上仍然还是一致的。

所以，第二个选择：无利，无大害。

第三种选择：

答应刘备的要求，把唯一的一个利润送给刘备。刘备占6个，孙权占0个。孙刘两家不会失和，更不会火拼，还是共同对付曹操。

所以，第三个选择：无利，无害。

孙权的三个选择，没有一个好的！也就是说，他产生不了利润出来！稍有不慎，反而还有害！你叫孙权怎么选？他怎么选都是：无利！

“两害相权取其轻”。理性的选择就是第三个，全部利润都送给刘备算了。

只是这样一来，孙权就太划不来了。作为赤壁之战的“最大贡献者”，居然是以“一无所得”为“最佳选择”！你能接受吗？

（如果我得不到，你也别想得到！这个选择怎么样呢？非理性的。其演变结果就是上面第一种选择的变化：两败俱伤。）

在“大家都要一起受害”与“合伙人受益、我不受益”这两个选择中，还是以后者为正选。因为后者毕竟没有任何一方成为受害者。

孙权终于做出了理性的选择，把自己所有的利润全部让给了刘备，刘备只身犯险，来东吴要地得逞了！不仅得逞了，孙权还把妹妹嫁给了刘备，以加强联盟。

诸葛亮、周瑜这两个神机妙算的天才都算错了。

荆州现在的局势，就相当于又恢复到投降曹操之前了。所不同的仅仅只是：以前的刘琮换成了现在的刘琦，以前的蔡瑁换成了现在的刘备。

曹操一直在坐等孙、刘两家互殴。得到这个消息后，再也笑不出来了。《三国志》云：“曹公闻权以土地业备。方欲作书，落笔于地。”惊呆了，他不敢相信，孙权会做出这种选择。

孙权的这种选择，尽管失去了利润，很不划算，但是对江东基业这个老本来说，已经是最好的一个选择了。

如果刘备、孙权其中任何一人，不能非常理性地明白全盘变化的各种演变结果，那就不可能形成上述局面！

孙权的选择仅仅只是“无害”，并不能产生利润出来，（因为目前没有条件产生利润）。那么，孙权就只有把利润预期在将来上。撮合两种瓜分荆州的分配方案，重新整合成一个新标准：

1. 荆州的所有权还都是我孙权的。
2. 荆州全部都是借给你刘备用的。

3. 等刘备夺取了益州之后，荆州全部交还给孙权。

“现在都是你的，将来都是我的。”这个分法是双方都能接受的价格，于是成交了。刘备占大优，因为将来嘛，将来的事谁说得准呢？到将来再说！

孙权的这个做法也是比较高明的。因为现在明摆着没有增值，他的这个选择就是有可能导致将来为增值的，这总是要比完全没有增值为好。

在三方博弈中，乙方总是会因形势所迫而成为最费力不讨好的一方，既用力攻甲，又让利于丙，才可以继续往下周旋，基本上就是这样了，无解的。

如果不这样做，那就只会输得更快！以后若有胜机，依然还是可以胜出。

16 处于劣势下最无奈的选择

赤壁之战第一功，应该是鲁肃、诸葛亮这两个“外交官”的。二人缺一，就没有联合。没有联合，预算上就是输的，或许孙权就选择了投降（可能性非常大）。

单从刘备方的角度来看，公正地讲，诸葛亮是第一功。因为他毕竟把联盟的事情办成了。虽然出了个天价，几乎把利润让完了。

赤壁一战，刘方获取了巨额利润。次年刘琦死了，大家推举刘备为荆州牧。

刘备对关羽、张飞两人的提拔最大。而对诸葛亮的提拔则最小，只安排他在后方负责调整赋税，充实军资。并不是传说中的那么器重。究其根源，估计原因有以下三个方面：

1. 联盟的时候，诸葛亮对孙权让步太多，伤害了荆州利益。
2. 刘备现在已经得到了荆州，诸葛亮的价值就开始出现贬值。

3. 诸葛亮善于精打细算，安排他在后方工作，或许是用其所长。

只这三个方面的因素。

如此，刘方“功劳最大”的一个，诸葛亮，所获甚少。

孙权暂时没有条件得到荆州，干脆全部让给刘备，虽然养肥了刘方，但和以前相比，孙权还是略有收获的：

1. 最大的问题，联合对付曹操，已经得到解决。

2. 以前和荆州是世仇，现在和荆州已经结了亲。

3. 以前和荆州交战是有损耗的，现在荆州要交纳些许“租金”给孙权。

总之，“刘备的荆州”要比“刘表的荆州”对东吴有利一些。孙权可以接受。

但是，赤壁之战中，孙方功劳最大的人是周瑜。周瑜费那么大劲只抢了一块地盘，并且这一块地盘又让给了刘备，也就等于说，周瑜的功劳没有了，打了那么大一场胜仗，结果他自己却是一无所获！

如此，孙方“功劳最大”的一个，周瑜，所获甚少。

“多劳者少得”仅仅只是一种现象，因为该“得”多少不是按“劳”（付出）多少来分的。付出并不等于回报。

以“回报”为分配依据，总是要比以“付出”为分配依据更为有利！而“回报”，又是以“最高回报”（即利益最大化）为先！

从“付出”角度看，刘备只该得2块地，孙权得4块。这是接近于“绝对平均”的分法。

而从“回报”角度看，刘备得6块，孙权得0块。这样，才可以使双方的利益都达到最大化！若按平均分法，或其他分法，整体、个体都会受损。所以：

1. 刘备得6，孙权得0，首先最有利于联军利益，其次分别最有利于刘备利益、略有利于孙权利益。

2. 鲁肃促成联盟，最有利于联军利益，最有利于孙方利益，最有利于他自己的个人利益。无矛盾冲突，所以他就“多劳者多分”，鲁肃红极一时，富甲一方，成为两边官员一级中的最大赢家。

并且后来周瑜一死，鲁肃就接了周瑜的班。

3. 周瑜让出唯一的利润，最有利于联军利益，最有利于孙方利益，最不利于他自己的个人利益。这就有矛盾冲突，凡有矛盾冲突的地方，总是“强者胜”。

周瑜只好配合大局，牺牲了个人利益。（这种情况下，领导应该变相补偿为好。）

4. 诸葛亮为促成联盟而出了个天价，最有利于联军利益，却不利于刘方利益。因此，刘备分给诸葛亮的个人利益就很少。合理的。

周瑜、诸葛亮二人都成为功劳最大却收益最小的“受害者”，对大局有利，对个人不公。那么，像他们二位这样的尴尬处境，究竟该怎么办呢？

说实话，不好办，很不好办。基本上没有什么很好的选择。仔细研究他们的（个体）行为，发现他们都是很不容易的！

（一）周瑜的选择：激进

周瑜很郁闷，非常生孙权的气，生刘备的气，这是很正常的，毕竟他是这个联盟中功劳最大、收益为0的一个。

但郁闷归郁闷，领导已经做出了这种选择，他也就接受了，没有利润也就算了。他马上就找孙权借兵，准备和孙权的弟弟一起到益州抢地盘，去开辟新战场，发展新业务，创造新利润。

这就说明周瑜是能够理解的。

周瑜的行为选择也是很理性的。他并没有为过去之事耿耿于怀，更没有争执，而是以“向前看”的心态，接受了0收益的事实，积极寻找下一个获利机会，投入到新的战斗中去。

因为为过去之事耿耿于怀，根本就不会使将来导致增值。制定新目标，执行新方案，继续往前走，才是有可能导致将来为增值的。

所以都说周瑜是个相当有雅量的人，就是从这儿说起的。

至于说周瑜是被诸葛亮气死的，纯属小说家子虚乌有。周瑜和诸葛亮在两个不同的单位上班，可以说他们是两个不相干的人，不发生利益冲突，就是真的有矛盾，吵一架，打一架，都不会被气死的。

还有的说周瑜是被孙权逼死的，也不像。因为孙权答应了周瑜，兵也借给了他，允许他外出发展，并不存在逼死周瑜的痕迹。

周瑜自己在路上害病死了，那是“天”定的，自然的选择。和孙权、刘备、诸葛亮没什么关系。

（二）诸葛亮的选择：沉默

诸葛亮为促成联盟付出了天价，虽有利于联军，但不利于刘方。因此，刘方首领（刘备）支付给他的个人利益就很少。要诸葛亮下去收税，诸葛亮接受了。

虽然出了天价，但毕竟是从大局着想的，他如果不敢勇于承担这个风险，刘备或许就不能翻盘，这一点刘备应该很清楚。但是诸葛亮伤害了荆州人的利益，所以估计是刘备不能、也不便于提拔他。

诸葛亮选择接受，就说明他还是能理解的，要是不能理解，他完全可以选择去东吴。因为东吴的老板孙权也多次希望诸葛亮就留在他这边。这边的待遇肯定要高些。

诸葛亮在接受了刘备的安排之后，他就又选择了沉默。

从赤壁大战后，诸葛亮基本上就再没给刘备出什么妙计了，而是收藏了锋芒，耐住了寂寞，一直在后方扎实地工作了13年，很低调，很沉稳。

这13年中，实在是没有什么可圈可点之处，这与诸葛亮的聪明劲很不连贯。乃是大智慧。

一直等到刘备死的时候，才换来一个“托孤大臣”的机会，这才是诸葛亮命运的转折点。是用人品、能力、耐心熬上13年光阴换来的，这一点，不可能用什么妙计可以在刘备面前得逞。

同时也说明了，诸葛亮才是刘备真正信赖的人。因为任何人死的时候，不一定会把儿子托付给最能干的人，但一定会是最信赖的人！

第七 三分天下

在均势状态下，各方都在保护或修复自己的错漏，等待或寻找对手的错漏。找到了对手的错漏，就有了“胜机”。有胜机，就可能胜，无胜机，就绝不可能胜！和局。三分天下，鼎足而居，其势莫敢先动。

01 刘备一生中最重要的一次机遇

西南益州的老板是刘璋，与汉中老板张鲁有仇。张鲁屡犯刘璋，刘璋畏惧，就找曹操帮忙。曹操无暇顾及。张松、法正等人就劝刘璋去荆州请刘备来助战。

刘璋答应了，这个决策很容易就做出来了。但是手下的两派人有激烈的争议。

张松说请刘备来的好处：

1. 曹操是汉贼，欲篡天下，你请他来，就是养虎为患，他早就想夺你的益州。
2. 荆州刘皇叔，与你同宗，仁慈宽厚。赤壁鏖兵，曹操被他吓破了胆，又何况张鲁乎？
3. 你请刘备来，不仅可以拒张鲁，还可以抗曹操。这是最好的办法。

刘璋说好，就派法正、孟达为使者去请刘备。黄权忽然奔入大呼：“不能去！张松必与刘备同谋，主公若听张松之言，则益州已属他人矣！”

又一人王累说："刘备是枭雄，先事曹操，便思谋害；后从孙权，便夺荆州。此人心术如此之坏，你把他召来，就是引狼入室，西川休矣！"

刘璋叱曰："再休乱道！玄德是我同宗，他安肯夺我基业？"

尽管两派人有严重分歧，但老板几乎没怎么犹豫就决定了。那么，他的这个决策究竟好不好呢？好，这是正选。

刘璋想请人抵御张鲁，请人的范围只有曹操、刘备两个（孙权隔得太远了）。

1. 这两个人都有可能来抢他的益州，曹操抢到的可能性大些，刘备抢到的可能性比曹操要小些。所以请刘备相对稳健些。
2. 虽然刘备也是狡诈反复之人，但比曹操要仁义，曹操从不做表面文章，不太重视面子上的问题。相比之下，刘备就是仁人。信义度比曹操高。
3. 最重要的原因是曹操不来，估计他是想等你们打好了再来。那么，刘璋就没有选择了，只有请刘备来这一选。（要么就不请人。）

不请人行不行呢？"贼兵犯界，有烧眉之急"，已经火烧眉毛了，估计不请人是不行的。那么，冒着"被刘备抢地盘"的风险就是必需的。你不冒这个险，只会败得更快。

持反对意见的人应该出一个比"请刘备来"更好的主意才能打动刘璋。但是没有。也就是说，听他们的，完全没有希望，听张松的至少还有一点希望。

只能这么选。因为这个选择是占优的。

面对这些反对者，自己不出主意，又破坏别人的好主意，张松完全有理由说他们都是张鲁的内应。

谋士们的意见总是相反的，都是各自为己。刘璋并没有被0方案者搞得犹豫不决，说明他还是有主见的。只要做好防范工作，此计是可行的。

刘璋当时可能还存在这样一个幻想：

把刘备请来，打死张鲁，让刘备抢张鲁的地盘汉中，不仅可以解除张鲁的威胁，还可以守住刘璋益州的门户，挡住曹操的兵锋。

这样，刘璋、刘备这两个同宗兄弟都只会成为受益者，对双方都是有好处的。如果刘备是凭良心的，那么，演变的结果，多数就是：刘璋占益州，刘备占汉中，形成双赢。

且说法正奉刘璋之命，来到荆州后，刘备设宴相待。酒过数巡，法正献计，劝刘备去了之后，一定要乘机抢夺刘璋的益州。由他和张松等人做内应，大事可成矣！

刘备说："刘璋，吾之弟，不忍夺也。"

法正说："马逢伯乐而嘶，人遇知己而死。今刘璋不能用贤，此业不久必属他人。今日付与将军，不可错失。将军欲取，某当效死。"

法正为什么希望刘备抢刘璋的益州呢？因为刘璋不会用人。

怎么叫不会用人？因为你没有用我，所以我就要说你不会用人！不要看书上说某某不会用人，那都是从没有被用的人嘴里说出来的。

法正的意思是，如果刘备得了益州就应该用他。

刘备决策去不去。当然是去。

他与凤雏庞统商量，庞统说："当决不决，愚人也。主公高明，何多疑耶？今有张松、法正为内应，此天赐也。何必疑哉？"

刘备说："曹操与我势同水火，操以急，我以宽；操以暴，我以仁；操以诡，我以忠；每与操相反，事乃可成。若以小利而失信义，我不忍也。"

很显然，得益州，可不是小利。

庞统笑曰："主公之言，虽合天理，但若真的这样，就叫你寸步难行。必须去，这是汤、武之道。等事情成功了，你再报之以义，广施以仁，又怎么会失信于天下呢？"

于是，刘备安排关羽等守荆州。亲率庞统、黄忠、魏延，领军前往西川。

在取西川这一回，刘备带的是庞统，而没带诸葛亮。或许，在刘老板眼里，凤雏先生庞统要比卧龙诸葛亮更具攻击性。

02 刘备与刘璋的攻守策略

刘璋请刘备来的目的是抗拒张鲁，而刘备的目的则是抢刘璋的地盘。因此，刘璋与刘备的博弈竞局为：

（一）刘璋的策略选择：

1. 要求刘备抗拒张鲁。

2. 防范刘备抢他的地盘。

（二）刘备的策略选择：

1. 进攻或佯攻张鲁。总之只要能保证自己的实力不受损就行了。

2. 伺机干掉或不干掉刘璋。总之只要能保证抢到益州地盘就行了。

在“对待张鲁”的问题上，双方有均衡点，即：击退张鲁，或是张鲁按兵不动，就可以同时满足二刘双方的要求。

在“益州地盘”问题上，一个不让抢，一个硬要抢，双方没有均衡点，无法同时满足二刘双方的要求。那么，斗争就是不可避免的。

刘备要抢到益州地盘，可以选择：干掉刘璋，或不干掉刘璋。如果不干掉刘璋，那刘璋又怎肯把益州地盘白送给刘备呢？很难。所以刘备其实只有一选：干掉刘璋！

在这一局中，刘璋是主，刘备是客，以实力论，刘璋强，刘备弱。但是刘备可以随时选择发动袭击，而刘璋却只能防范，不能主动先袭击刘备。因此，进攻的主动权是在刘备手里。

刘备占“先动优势”，刘璋占“实力优势”，双方大体均势。在这种情况下，刘备必须瞅准时机，先下手为强，在第一时间干掉刘璋，才可以取胜！

进攻方总是要比防守方更为占优。这是因为：

进攻方可能导致的结果为“胜、平、负”三变。也就是说存在三分之一的胜率。而防守方可能导致的结果只有“平、负”两变。也就是说根本不存在胜。

三分之一的胜率一定要大于零胜率，所以进攻方总是要占优。

那么，防守方怎样才能取胜呢？只有反击才有可能取胜！因为反击就是进攻，一进攻就有了三分之一的胜率！

如果防守方不反击（进攻），只是做纯粹的防守，那么，可以肯定：最好结果是平，最坏结果是负，不存在胜。

刘备有条件选择进攻的时机，他决定什么时候下手就什么时候下手，这就可以使刘璋防不胜防！刘璋只要稍不注意，刘备就有可能得逞！因而刘备占有先手的优势。

那么，刘备为什么一定要在第一时间干掉刘璋呢？

这是因为刘璋占有实力优势。如果你在第一时间没能干掉他，那么他一惊觉，肯定就要反扑！向你发起进攻！

一旦刘璋向刘备发起进攻，那么，刘备的“先动优势”就消失了，刘璋的“实力优势”就体现出来了，这样打下去，预算上，刘备就是个输的！

所以，刘备当前最优选的策略就一定是：表面上保持和刘璋的亲密关系，然后寻找一个非常好的下手机会，乘其不备，一举将刘璋干掉！

这个策略是最优的。但在具体实施中存在两个问题：

1. 刘璋在益州实行的是标准的“仁政”，使益州百姓非常富足，他既非贪图享乐之徒，也不是荒淫无道之辈，却老是说自己“无恩德加以百姓”。

这样一个人，你把他杀了，硬抢他的地盘，民心究竟服不服？

2. 刘备来益州，刘璋亲自出城到涪县迎接，兵钱粮械甲，刘备要什么他给什么，把刘备也搞感动了，刘备和那么多诸侯打过交道，一接触刘璋才发现他是个真诚实人，太实在了，不禁动了恻隐之心，居然不忍对他下手了。

但是，好的策略，必须执行，感情用事不得的。否则，计划就完成不了！抢夺益州地盘就成为一句空话。

那边的法正和这边的庞统都着急得不得了，二人商量，在酒席上突然袭击，宰了刘璋，免得夜长梦多。

因为别的办法没有这个办法的效率高。

于是，庞统叫魏延登堂舞剑，乘势杀了刘璋。

魏延当即拔剑进曰："酒席上无以为乐，愿舞剑为戏。"庞统便暗唤众武士埋伏于堂下，只待魏延下手。

刘璋手下的将领也不是吃白饭的，马上就发觉情况不对劲，一人拔剑跳出曰："舞剑必须有对，我来陪魏将军同舞！"于是，挡住魏延，二人对舞于酒席前。

魏延见难以得手，便给刘封递眼色，暗示他快上！刘封也拔剑上场助舞。二比一，魏延占优。

刘璋手下众将领见状，不容分说，全部一起跳上场，拔剑曰："我等当群舞，以助一笑！"

可见，刘璋的将领把他保护得好好的，这次根本没有机会。

刘备见状大惊，急忙站起来大声制止："不是鸿门宴，何用舞剑？我兄弟相逢痛饮，并无疑忌。不弃剑者立斩！"刘璋亦叱曰："我兄弟相聚，何必带刀？"

众皆纷然下堂。

进攻方好不容易捕获到一次进攻的机会，却被防守方顽强地坚守住了。

因此，这一回合的结果就为：平。

好在二刘及时发话，双方都没有翻脸，只是在舞剑。那么，就当什么也没发生一样，局势继续往下演变。

刘备方继续寻找下一个进攻机会，刘璋方继续警惕防守。

03 不信邪的人死于意外之灾

刘备方准备在酒席上暗杀掉刘璋，没有得逞，那就只有再寻找下一个机会。

庞统又为刘备谋了好几计，怎样再骗刘璋来喝酒，怎样一壶毒酒把益州的众官员们全部毒死，怎样把他们都诱骗到一个屋子里反锁住，一把火将他们全部烧干净。

刘备不许庞统用奸计，并指责他说："你怎么要陷我于不义呢，今后断勿为此。"干这种事情，只有一次机会的，绝对不能打草惊蛇，否则就要坏了大事。

刘备既然是来打张鲁的，那就必须至少得做个样子，假装佯攻张鲁，当他走到半路葭萌关的时候，就按兵不动了。

恰此时，张松暗通刘备的"卖主"信件被刘璋截获，导致刘备的计划彻底败露。刘璋大怒，斩了张松，与刘备反目。

那么，刘备作为实力上的弱势方，又失去了行动上的"先动优势"，打下去他就是败的，这可怎么办呢？骑虎难下。

这一意外事件对刘备的打击不小。面对败势，必须做出应急决策，关键时刻，庞统献计现在只有上、中、下三策：

上策：集中所有精兵，以最快的速度杀奔成都总部，宰了刘璋，强夺益州。

中策：先取总部周边的涪县、雒城等各个分部，与刘璋抗衡，然后再设法取成都。

下策：回荆州去，等以后有机会再来取益州。

上策是抢回先手的重要手段，狠招。耗下去肯定是输的，只要速度够快，在强大的敌人还没有反应过来之前，就尽全力把他击溃，那么胜利者就还是你！

但问题是：在对手没有防范的情况下或许可以得逞，现在条件发生变化，刘璋已经发觉了，成都就已经成为最坚固的地方，你冲上去硬拼，搞不好会全军覆没！

全军覆没的概率至少有80%，风险太大。刘备不赌。

下策就是放弃计划。你一回去，就不要指望还有机会再来。并且，退回去要经过好几道关卡，也是有风险的。刘备也不取。

刘备取中策。先抢占成都以外的一些分部，占领半个益州地盘，可以在实力上与刘璋平分秋色，耗下去不吃亏，等以后再想办法消灭刘璋。

决策已定，行动开始了。

刘备回兵至涪县，令人通报守关将领杨怀、高沛，说准备回荆州去的。杨高二人大喜，便来相送，打算乘机杀了刘备，以绝后患。

庞统对刘备说："二人若欣然而来，要提防他行刺；若不来，说明他已有准备，我们必须马上强攻，千万不可迟缓。"

果然，杨高二人带两百军，牵羊送酒，欣然而来。刘备喝道："左右与吾捉住！"刘封、关平应声而出，各捉住一人，斩于帐前。

黄忠、魏延早将二百从人捉下，不曾放走一个。刘备给他们赐酒压惊。众人全部投降。

刘备又用这二百人骗开城门，兵不血刃，得了涪关。

次日劳军，众皆封赏，刘备醉问庞统："今日之会，可谓快乐否？"

庞统曰："伐人之国而为乐，非仁者之兵也。"刘备曰："我听说昔日武王伐纣，也是这般作乐，难道他不是仁者之兵？你说的不合道理嘛！"庞统大笑而起。

刘璋听说失了涪城，大惊，急遣五万大军屯雒县塞住咽喉之路。

赚了第一个，再准备赚第二个，刘备攻打雒城。

法正说："走大路可取雒城东门；走小路可取雒城西门，两条路皆可进兵。"于是，庞统与刘备分兵两路而进。

庞统选择走小路。

刘备说："我自幼熟于弓马，极善于走小路。大路好走些，还是你走大路。"

庞统说："大路必有重兵阻拦，还是主公引兵当之。我走小路。"

刘备又说："我昨夜梦一神人，拿铁棒打我右臂，醒来臂仍疼。恐怕此行不利。"

庞统说："壮士临阵，不死即伤，有什么好怕的，你怎么能以梦寐之事而疑神疑鬼呢？"

刘备又说："诸葛亮也写信来说恐有不利。要不，我们还是守城，改日再去如何？"

庞统大笑："诸葛亮怕我独成大功，故意写信作梗。主公再勿多言。"

庞统上马，那马忽把庞统掀将下来。刘备说："你怎么骑这么差的马？骑我的白马去吧。"便与庞统换了马。庞统骑上刘备的白马，感激不尽，走小路而去。

结果，走小路的庞统中了埋伏。蜀兵大叫："骑白马者必是刘备！"乱箭齐发，只望白马射来。可怜凤雏先生，死于落凤坡下。

这一回，不信邪的人倒了大霉。

敌人有守大路、小路两选，你猜他究竟守哪边？你根本猜不着！只能凭运气蒙一个。

而敌人已知刘备分两路过来，他们兵力只能守一路，无论守哪边都是可以的，总可以逮住一边的人。庞统蒙错了，纯属倒霉。

庞统的死，是个意外事故，并不存在刘备、诸葛亮要害死他之说。如果是刘备走了小路，或许死的那个人就是刘备了。

前面讲过，对于“凶兆”，管他真的假的，还是选择“宁可信其有”比较占优。刘备重视这个问题，很迷信，他就很警惕。庞统不重视这个问题，不信邪，竟然送了命！

庞统死后，刘备提拔蜀方的本地人法正接了庞统的班，法正成为刘备手下的一号人物。刘备又写信到荆州调诸葛亮、张飞、赵云等人迅速入川助战。荆州地盘由关羽一人独霸。

荆州兵的作战能力还是比较强的，没用多久，刘备军就占据了涪城、雒城、江阳、犍如、巴西、德阳等周边的各个郡县，几乎赢了一半，很快摆脱了弱势局面。对刘璋的成都总部形成了半包围状态。

现在，在实力上，双方大体为均势。与刘璋抗衡对峙的战略已经完成了，蜀中出现了二主。

刘备下一步的战略是：消灭刘璋，占领他的全部地盘。

04 刘璋是怎样败给刘备的

刘璋请刘备来的目的是抵御张鲁，却不料刘备一来就抢刘璋的地盘。因此，刘璋陷入到被动局面之中。

黄权对刘璋说，不如求救于张鲁，刘璋答应了。于是，黄权来见张鲁说："东西两川，唇齿相依；西川若破，东川也难保。你若肯出兵相救，我主答应割20个州县酬谢。"

张鲁大喜，准备进攻刘备，手下人说："不可！刘璋与主公世仇，现在事急而求救，分明是要诈。"

张鲁左右为难，马超说："某虽不才，愿乞一旅之师，生擒刘备。务要刘璋割地20州奉还主公。"

马超是凉州军马腾之子，组织关西联军十路兵马反曹操失败后，投奔了张鲁，也和刘备先前一样，过起了寄人篱下的日子。

在刘备、刘璋处于均势的情况下，马超来攻打刘备，刘备就处于劣势。

刘备也差人来见张鲁说："我打刘璋是为你报仇，你不要听人挑拨，等我事成之后，我保举你为汉宁王！"

刘备的策略和刘璋是相同的，并且开的价还高些。

张鲁若帮刘璋，需要打赢了才有收益，若帮刘备，则只需要撤军就有收益。张鲁怎么选呢？当然要选择撤军。因为费一趟力得到的收益还没有不费力得到的多！

如果考虑要诈，则两边都有可能要诈，这是一样的。

但是马超已经行动了，如果他再退回去，就等于一无所获，所以他还要继续前进！

于是，张鲁就怀疑他谋反，手下的人就乘机挑拨说："马超从来不讲信用，他是打算乘机夺了西川，自立为蜀主的，哪肯屈居于主公之下。"

张鲁不能招回马超，便故意限定马超一个月内，一要破西川，二要杀刘璋，三要打跑刘备。三件事差一件，就自己把头献上来。

马超无奈，进退两难，不得已，只好倒向刘备，一起打刘璋。

这个时候，刘备又占了上风，刘璋就处于劣势了。怎么办呢？

刘璋手下人建议他采用"坚壁清野"策略。

所谓坚壁，就是在城外或筑堡垒，或挖壕沟，加固城墙，严防死守。所谓清野，就是把居住在城外四野的老百姓全部都转移走，把粮食、财物全部都收藏到城内来，把没有成熟的庄稼全部都烧掉。

叫敌人既打不进来，又抢不到一点东西，因而站不住脚。这是对付优势之敌的一种作战方法。这个策略应该是可行的。

但是，刘璋不采纳。

刘璋说，这样做，就太对不起老百姓了。

当时的形势是：刘备方占领了成都总部以外的多个分部，对刘璋形成了半包围状态。而成都尚有三万精兵，粮草足够吃用一年，并且官兵都愿意死战。

双方还是可以均势论，刘备占的优势大些，刘璋坚守也应该守得住，至少，一时半刻是不会输的。还具备继续博弈的本钱。刘备想破城也没那么简单的。

但刘璋放弃了继续博弈，选择开城投降算了。

刘璋言："我父子在蜀二十余年，无恩德加以百姓。百姓攻战三年，血肉捐于草野，皆我之罪也，我心何安？不如投降以救满城百姓，免致生灵涂炭。"遂开城投降，群下莫不流涕。

刘备也感动得与他握手流涕曰："非吾不行仁义，奈势不得已也！"共入寨，刘备尽取其财物及将军印。

刘璋的选择，并不是打不下去了才不打的，而是从社会总值这个角度考虑的，他是希望避免更多的公共损耗才投降的。

刘璋算得上真正的"仁"人。但从博弈的角度讲，这种行为被称之为"让赛"。理论上，谁让赛，谁吃亏。

既然刘璋自愿认输，那么，当然就是刘备赢了。

在这一回合中，"仁"道和"霸"道相比，仁道输了。

刘璋和刘备的价值取向不同。但是，凡是不合乎博弈优选策略的决策，就注定了只会让对手赢得更快，注定了只会让自己淘汰出局。而不管你高尚不高尚。

所以，刘璋的选择，从博弈的角度讲，是完全错误的，其害有二：

1. 从私来讲，自己亏大了。后人知道他善良的毕竟不多，倒是只知道他懦弱。
2. 从公来讲，依然不能避免生灵涂炭的命运。富足的益州后来在“严政”制度下，穷兵黩武，这还是与刘璋的本意相悖。

在抢益州地盘的过程中，刘备先利用对手的错漏抢得一半，后来对手又主动白送给他另一半，从而得到了整个益州。57岁时，终于完成了创业期。

所以说刘备是个有福之人，他老是能碰到别人“白送”的机会，你要换一个人，就没这么便宜的事！这同时也说明刘备是深知博弈取胜之道的，取胜之道只有一点：无他，拣软柿子捏。

05 三足鼎立之势的形成

且说赤壁大战之后，当时曹操占北方为甲，孙权占东南为乙，刘备占中南（荆州）为丙。

刘璋占西南，没有参与这场竞局。

在甲乙丙三方博弈中，乙的攻击目标为甲是正选。所以赤壁之战虽然结束了，孙权还是不能闲着，他乘胜继续进攻曹操，从合肥往上打。曹操也顾不得刘备了，因为甲的攻击目标为乙是正选。

曹操如果先打刘备，孙权就从合肥打过去，曹操的亏损反而会更多。孙权也不能打刘备，否则曹操坐收渔人之利。

其实他们都是想打刘备的，只是在权衡了利弊得失、缓急轻重之后，就不得不把最弱的刘备放在最后一个消灭。

而刘备此时的正选是站在孙权的立场上伺机而动，见利而图。

当孙权处于劣势时，他就会盟友有难，拔刀相助。你不请他，他也会自己来滴。当孙权处于优势时，他就会站一边观看，保存实力。当孙权的优势很大时，他或许还会搞一些小动作作梗。

一直要等到甲乙双方都消耗个差不多了，才是他丙方出手的真正机会！

后来关羽一个人都可以单独向曹操发起进攻，为什么当时刘备他们都不乘势出兵呢，就是这个原因。他们当时的优选策略是等待两边都消耗了再出手。

合肥之战，孙权问曹操："丞相坐镇中原，富贵已极，怎么还贪心不足，侵犯我江南？"曹操答曰："汝不尊王室。吾奉皇帝圣旨，特来讨汝！"孙权笑曰："我也正打算讨贼，以正国家！"

双方交手，势均力敌，互不能胜，形成抗衡之态。曹操想退，又怕孙权追击，进退两难。孙权写信给曹操，叫他先退兵，信后附加两句："足下不死，孤不得安。"曹操看罢大笑，退了兵。

曹操不仅看到了孙权的豪气，也看到豪气背后的隐意，即：孙权其实也撑不住了，也想退，也不好意思先退。

后来，双方又多次交手，反复抗衡。孙权年轻些，颇有父兄遗风，老是喜欢亲自上阵操盘，曹操见孙权队列整齐，军容威仪，不禁感慨："生儿子就要生孙权这样的儿子，刘表的儿子像猪狗一般"。

双方交战的时候，刘备正好抽身到西南益州抢刘璋的地盘。当刘备得了西川之后，跨有2个州，上升为乙，孙权则为丙了。

曹操的正选始终是打乙，便跑过来抢西川的门户东川（汉中），准备进攻刘备。东川的张鲁投降了曹操。

刘备上升为乙方后的优选策略即为：积极担任攻甲的主力军。并且积极拉拢丙方孙权共同抗甲。这是必需的。

刘备组织人马进攻曹操的时候，孙权就要刘备还荆州，刘备为了稳住他，就说，我还要到西北去抢凉州，等我得了凉州，荆州全部给你。孙权大怒，因为他是丙方，丙方有条件勒索乙方，你不干就拉倒！

鲁肃亲自过江（单刀赴会的是鲁肃，不是关羽），找关羽要地。

鲁肃说："你们当时才几个人啊，既无寸土，又无寸功，见你们没有立足之地，才把荆州借给你们，今已得了益州，却无奉还之意，只要三郡，你都不给。"

鲁肃从联盟的大局出发，讲明了双方的利害关系，说得关羽哑口无言。

这时，关羽手下一人道："哪是你的？夫土地者，唯有德者所在耳！"关羽操刀而起："国家大事，你知道什么！"示意那人离去。

单刀会，无结果。于是，孙权把部队拉到前线来威胁刘备。

曹操进攻汉中，刘备害怕失去益州，就主动派人跟孙权讲和。双方议定，以湘水为界，平分了荆州。孙权才暂时罢休。刘备也打跑了曹操，得到了东川汉中。

刘备作为乙方，为了大局，不得不先做出些让步。形势所迫，没办法的事。

有朋友问：孙权比刘备强，怎么后来下降沦为丙方了？其实这个很好解释。因为刘备是从原局之外获得的利益，并不是侵占的孙权的利益。

孙权占东南，刘备占西南，中间的荆州一平分，双方大体均势，就很难说谁是乙方、丙方了。

如此，曹操、刘备、孙权，三足鼎立之势形成。

在这个大型的三方博弈中，曹操占大优。刘备、孙权两家只有联合起来，才可以与曹操形成南北朝对峙的局面，而呈均势。

曹操如果打刘备，则孙权从东南袭击曹操。曹操如果打孙权，则刘备从西南袭击曹操。还是均势。

注意：这个均势，是指"南北对峙"局面的均势。他有两个前提：

1. 北方的曹操，内部不发生分裂，也不产生巨大消耗。

2. 南方的刘备、孙权，必须始终保持紧密联合，形成一个“完整的南方”，也不能产生巨大消耗。

因此，曹操无论打谁，都不占便宜。

在均势状态下，曹操的战略是：保护或修复自己的错漏，等待或寻找对手的错漏，找到了对手的错漏，就有了“胜机”。有胜机，就可能胜，无胜机，就绝不可能胜！和局。所以，曹操就不敢轻动。

而刘备、孙权的战略就比较复杂些。在绝对合作的情况下（即防守），其战略和曹操还是相同的。

但是假如联合进攻，当利润出现的时候，那问题就大了，搞不好，又要分赃不均，刀兵相向。反受其害。所以，刘备、孙权也都不敢轻动。

如果刘备单方面主动进攻曹操，则无论出现什么结果，都是对孙权有利的。孙权至少持有见机行事的优势。

反过来也是。只要孙权主动进攻曹操，就会为刘备提供优势机会。

三分天下，鼎足而居，“其势莫敢先动”。在没有胜机的情况下，三方都不敢轻易先动，否则：先动者，先倒霉。

06 关羽为何会失掉荆州

曹操、刘备、孙权，三足鼎立，相互牵制，都不敢轻举妄动，在这种均势局面下，预算上很难赢，战争并不能带来收益，只会导致亏损。

因此，这种情况下的优选策略就为：等待别人犯错误，给自己提供机会。

但是别人不一定会犯错误，我不能坐着干等。因此，这个时候，就是休养生息，富民强兵，增强实力，攒足本钱的最佳时机。

这样做，既保护、修复了自己的错漏，又在等待、寻找对手的错漏。时间上，无浪费。这期间为“和局”。

和为贵，和，是争出来的和。是对手与我顽强争胜，双方都不可得，而最终成“和”。都不能胜，那就走和平发展道路，只要自身的实力越强于对手，胜机就越容易出现。

刘备得了汉中，没再继续追击曹操。荆州平分之后，他现在说不清楚是乙方还是丙方，没有必要与曹操拼命。他的当务之急是巩固后方，发展生产，增强国力。三家都是一样的。

在战事上，三家都在做严防状态，但都不敢轻动。这个时候，夹在中间的关羽（左荆州）见有机可乘，便率主力北攻曹军。

整个荆州分三瓣。最北边的襄阳属曹，剩下的刘孙两家分了。关羽作为刘方的荆州总代理，原先封他的是“襄阳太守”，所以他一直想从曹操手里夺回襄阳。

关羽这一仗打得很猛，差一点就把曹军赶出了南方。《三国志》云：“羽威震华夏，曹公议徙许都以避其锐。”打的曹操要迁都，足见其威。

也说不定关羽是想把天子劫到荆州来。这个策略也是偏好的，就是条件上很难实现。

但是，关羽发动战争的时机是错误的。

因为这个时候没有胜机。要想和，蜀方有孙权这一个朋友。而要想赢，对不起，蜀方就有曹操、孙权这两个敌人！

胜机在于敌人出错，也就是要曹操、孙权两边出错才到位！很显然，现在的局面根本就不是的。

没有胜机，你一乱动，就给敌人提供了胜机！

刘备没让他打，他单方面要打，这就还是代表了蜀方先动，先动者先倒霉。不仅他自己倒霉，也牵连整个蜀方一起倒霉。

按“隆中对”策略，一要天下有变，二要两路出击。“天下有变”，又必须具备两个条件：一要北方分裂，二要孙权削弱。“两路出击”，即汉中、荆州，两路进攻曹操。

时机不成熟，刘备没有出击，仅关羽一路出击，这就完全破坏了“隆中对”策略。

有的朋友甚至说，关羽进攻曹操的时候，只怪刘备没有及时从汉中出兵，没有做到“两路出击”，是刘备破坏了“隆中对”策略。

这个说法完全不正确。究竟是要刘备去配合关羽呢？还是要关羽来配合刘备？谁是主帅？是刘备！所以，这个答案是显而易见的。既然刘备没有进攻曹操的意思，那么，关羽也就不应该冒冒地去打。

关羽错误地发动战争，跑到前面打襄阳，就提供了孙权从后面抢关羽地盘的机会。当曹操要迁都的时候，司马懿就说，不必！关羽取襄阳，孙权必袭其后。

为什么？因为你主动提供给了别人机会。孙权不仅仅只有“白衣渡江”这一计，办法多的是，只要你是空虚的，这样不成那样成，总成！除非你守在那儿不动！

结果就是，关羽的地盘被孙权轻易地抢去了，败走麦城，又诈降而被杀。

关羽失荆州，并不是什么大意，而是严重的战略错误。

在长达半年的时间里，刘备并没有发一兵一卒支持关羽。不关诸葛亮的事，因为诸葛亮这个时候还没有当家，说话不算数的。这绝对是刘老板的决定。

不是亲如兄弟吗？刘老板为什么看着关羽死，而不管呢？

史书上是查不到原因的，这个谜永远埋在刘老板的心里，因为人的动机是最难猜测的。我们只能通过他的行为，来判断他的决策究竟是有利还是有害。

（一）从私来讲

刘备用自己的小舅子在荆州看着关羽，还是难于控制。可控制，则疑人可用；不可控制，则用人必疑。

连刘备自己都难于驾驭关羽，更何况他的儿子阿斗呢？所以，除掉关羽，就为儿子继位扫去了绊脚石。

从私的角度来讲，选择关羽死，对刘备无利，对阿斗是有利的。

注意：不是说刘备为了阿斗继位而故意害死关羽的。这样就亏大了，即使要铲除功臣，也还远远没到时候。而是说，发生了这个事之后，客观上对阿斗是有好处的。

如果关羽不出这个事，哪有后面那么多事！

（二）从公来讲

刘备如果支持关羽发动战争，就更加破坏了大局（如果刘备是支持的，就应该从汉中出兵，两路出击，只会更好）。

关羽被孙权偷袭时，刘备如果来救，势必两家大火拼，大消耗，曹操得大利。联军败，蜀也亡。这个选择很不好。

刘备如果不救，则关羽死，荆州降，荆州的地盘全部归了孙权，没有刘备的份额了。只死一个关羽，而荆州的实力却并没有大的消耗，只是归了盟军。双方的实力总和还是可以与曹操抗衡。

并不坏大局。只是孙权跨两州，刘备又要屈居老三，沦为丙方了。

沦为丙方，总比被消灭好。

从公的角度来讲，选择关羽死，对联军有利，对孙权方有利，对刘备方仅有自保之利。

因此，刘备见死不救，看着兄弟死掉，于公于私，都是正确的。这其实是一种非常无奈的选择。既丢了荆州，又还要背个对兄弟“不义”的恶名。毕竟，在这一事件中，刘备一直没有发兵相救。

反之，刘备如果一出兵，则其害不可测，有速败之可能。

而关羽战败后，也没有逃往西川。估计会是以下三种情况：

1. 要么是关羽自己无脸去。
2. 要么是刘备不准他去。
3. 要么是孙权阻拦他去不了。

总共只有这三个方面的原因。

后来孙权斩了关羽的头之后，刘备也并没有追究孙权什么责任，荆州的地盘全给了孙权，也没怎么管他。

说明刘备对这件事的处理，并没有因兄弟感情而于大局不顾。小说中描写的为关羽报仇，可那已经是几年以后的事了。那完全是因为后来的局面所做出的另一种决策。

关羽要是不发动战争，把地盘守稳，曹操不会打他，孙权也不敢过来硬抢，不都是好好的么？所以，在没有胜机的情况下，耐不住寂寞，手发痒，就是武圣、战神，也不行滴。

还没有人能违背博弈取胜的规律而胜出。

07 玄奥的占卜术与理性化决策

今天讲一个与大局无关但与“选择”有关的神奇故事。

孙权手下有个叫吴范的人，精通术数占卜之学，堪称一绝。正史《三国志》有明文记载，可信度应该是非常高的，史家完全没有必要去神话一个普通下级官吏。

且说关羽发兵攻打襄阳的时候，孙权就在背后谋划怎样抢夺关羽的地盘。多数谋士都说不可，孙权就问吴范，范曰：“得之。”可以抢，能得到。结果一抢就把荆州抢到手了。

关羽败逃时，走入麦城，派使者来见孙权请求投降。孙权又问吴范该不该接受投降，吴范算后说："我观他还有走气，他说投降，肯定有诈。"

孙权急派人抄近路去阻截，但还是迟了。关羽伪称投降，在城头立幡旗，假做军士，自己却仅带十多骑早已逃走。

范曰："虽去不免。"他跑了，还是可以捉住。孙权又问什么时候可以捉住？范曰："明日日中。"

到了第二天中午，孙权又问，怎么还没捉到人呢？范曰："时候未到，要到正中也。"顷之，有微风吹过，范拊手曰："羽至矣。"抓到了。须臾，外面有人来报称万岁，传言已得羽。

刚好是正中午。全部被他算神了！

也许有的朋友会说这是巧合，那巧合的就太多了，《三国志》记载的有：

孙权以前想为父报仇，攻打黄祖的时候，吴范说："今年少利，不如明年。明年刘表身死国亡。"孙权没有采纳，还是去打，结果不能攻克。

第二年再打，孙权又问，他说要立即加速行军。孙权到江夏果然击破黄祖，黄祖逃亡。

孙权担心黄祖逃脱，吴范说："未远，必生擒黄祖。"至五更，果然擒获。不久，刘表真的去世，荆州也被瓜分了。

吴范能在一年之前料定"刘表身死国亡"，这个准确度是很惊人的。

壬辰年（212年）的时候，吴范预言说："岁在甲午（214年），刘备当得益州。"

后来刘备与刘璋抢地盘，僵持不下时，有人从蜀地过来说，刘备的部众，跑的跑，死的死，已经亏了一大半，撑不下去了，再不可能得到益州。

孙权就不相信他了。吴范说："他们所看到的都是人事，臣所言者，天道也。"结果，甲午年刘璋主动投降，把益州让给了刘备。

按正史，诸葛亮、周瑜、司马懿、郭嘉、贾诩等等，都达不到这种“料事如神”的水平。

请注意：吴范无论算得有多准，都只能代表这是他个人的专业技能，是一般人所不能达到的一种判断能力，并不能以此证明这就是天意。必须明白这一点。

《三国志》也只是说他“其术多效”，也就是多有灵验，并不是十发十中。

占卜预言也是一种选择。在N种可能性中，选择出唯一正确或接近正确的一种结果。这个难度是相当大的，逻辑思维根本达不到这种层次。

博弈论、优选法，都是建立在“逻辑思维”这个基础上的，是理性的结论。而占卜、预言则是建立在“形象思维”这个基础上的，是感性的结论。逻辑思维最重证据、推理，而形象思维最重想象、感应。

基础不同，过程亦不同，各有优劣，需正视之。不过前者便于学习，后者多数要靠天分。

举个最简单的例子，这两者的关系，好比西医与中医一样，西医可以造就大量合格医生，而中医则造就大量庸医和极个别神医。

占卜术与博弈论并不矛盾。

正确地看待占卜，应该是：再高明的占卜技术，也仅仅只能相当于“决策”前的预算。只在这个级别。（预算不是预测。预算是根据已知数据条件对未来做出合理评估，这是科学、理性的，但其实也经常会错得离谱。）

如果脱离实际情况，单独的仅凭一个占卜结果来做出决策，恐怕还是不妥的。

比如捉关羽一回。

对于孙权来说，他的决策关系到大局利益。所以他最关心的问题一定是：关羽的地盘，1.我能不能抢？2.抢不抢得到？

就这两点。

至于3.能不能捉到关羽？4.捉到后杀不杀？相比前两个问题就是次要的。

如果抢不到，那还不如不抢。因此，以上四个问题中，孙权真正需要决策的问题，其实只有一个，就是：抢不抢得到？（请注意多个问题时的轻重主次关系，有利于化繁为简。）

1. 关羽不设防，就已经提供了胜机，只要执行力到位，成功率就高。
2. 抢了之后，如果刘备理性对待，那么，孙权就可以确认抢到了。如果刘备非理性地来拼命，那么，孙权就会面临一系列不可测的变数，肯定是弊大于利。
3. 刘备出于大局考虑，多数还是会理性对待的。也就说孙权基本上可以在事先确认能抢到。（但没人能保证。孙权还是要担一定的风险的。）

因此，无论有没有占卜技术，孙权多半还是会做出抢关羽地盘的决策。

08 曹丕是如何成为开国皇帝的

曹操在有生之年一直不肯当皇帝，他的儿子曹丕一上来就抢着当皇帝，父子两人的行为完全相反。

按实力论，曹操的实力比曹丕大，曹操的能力比曹丕强，曹操的手段比曹丕毒！曹操的心肠比曹丕狠！总之，曹操比曹丕厉害。

大概不会有人反对吧。

按说，曹操比曹丕更有条件当皇帝，可为什么他们父子俩人的行为选择恰恰相反呢？今天就来研究这个问题。

曹操在朝廷（公家）担任的职务是丞相。他这个丞相行使的权利是原先三公九卿加皇帝的权力，这和汉武帝是一个级别的。不过他行使权利的范围就逊色多了，仅仅只限于中国的北方地区。

曹操一生的事业，都是打着“帮皇帝打倒分裂分子、铲除割据势力”这个旗号进行的。帮皇帝做事，皇帝必须支付给他一定的报酬，应该的。所以汉献帝封曹操为魏王。

这里面可能有曹操敲诈的成分，也有汉献帝根据曹操的业绩论功行赏的成分。总之，是皇帝签字盖章后在公共场合正式授予的，这在程序上是合法的。

那么，魏国领土就是曹操的私人财产，并且可以世袭，传位于子子孙孙。他在这里行使的权利就是这一块地盘上真正皇帝的权力。但这个时候的魏国，只是属于汉朝下面的一个附属国。

曹操一生的功过是非，众说纷纭。总的来说，曹操的行为，客观上是在促成国家统一，这是有贡献的。只是后来遇到了两个异常顽固的对手，最终成功地阻碍他没能把事情做完。

但他平定北方，依然功不可没。

不过，他不尊重领导，欺凌汉献帝，还是要受人指责的。说他“对得起大汉帝国，对不起汉家皇室。”这样评价，大概还是比较准确的。

那么，曹操为什么不称帝呢？原因有多种，我们单从最重要的利益角度来分析：

1. 曹操在朝廷行使的权利，是“皇权 + 相权”。

这比历史上多数真正皇帝的权力还要大。仅仅就是他个人的称呼还不够尊贵。（而曹操并不是好虚名之徒。）单从利益而言，曹操称不称帝，其实都是一样的。

2. 跟随曹操一起打江山的许多（外姓）人，是因为看到曹操是在为皇帝卖命才过来的，大家看的是皇帝的面子。如果曹操突然反叛皇帝，这部分人马上就会失去信心，或许就会反叛曹操，有可能导致分裂。

因此，曹操选择“不称帝”，实际上就是等于已经称帝了。如果曹操选择了“称帝”，那实际上就等于是在“自找麻烦”。曹操当然要选前者。

当孙权袭杀关羽夺了荆州之后，写信劝曹操当皇帝。曹操就说，小子！想把我架在火上烤！

曹操不称帝，留着汉献帝，其实还有更大的用处。因为他的事业还没有做完，他还不想就此收手，他仍想继续做下去。

那就是：还有两个最顽固的分裂分子没有消灭，他们合伙割据了整个南方。他们割的是皇帝的地盘，不是割的曹操的。曹操是在帮皇帝抢回地盘，如果把皇帝废了，也就失去了打孙、刘的借口。

所以，曹操在有生之年一直没有称帝，因为不称帝的利大于弊。

曹操死了，儿子曹丕继位。曹丕一上台就把汉献帝废了，他自己当皇帝。

演义中描写：一班文武，入见献帝，说汉朝天数已尽，叫他学尧舜禹，把皇帝位禅让给曹丕。帝大惊，半晌无言，然后大哭，入后殿去了。百官皆哂笑而退。

曹丕又派人恐吓献帝：“天下之人，皆知陛下无福，以致四方大乱！若非魏王，敢杀陛下者，何止一人？陛下不知恩报德，欲令天下人共伐陛下耶？”

献帝无奈，只得下诏书把皇帝之位白白送给曹丕，曹丕还不要，三请四邀，硬是求着他当皇帝。最后曹丕说：“我今天才搞懂了，尧舜禹禅让是怎么回事。”

那么，曹丕为什么要称帝呢？原因也有多种，我们还是单从最重要的利益角度来分析：

1. 曹丕是曹操的儿子，他只对世袭的“魏王”有继承权，因为魏国是曹操的私有财产。这一点是没有争议的，若有争议，也只是他弟兄间的争议，和外人无关。
2. 魏国有多大呢？只冀州一个州多一点。这个是他的，他完全可以在这块地盘上生活的像皇帝一样。

3. 曹操生前担任的丞相一职，是朝廷的，也就是公家的职务。公家的“丞相”一职并不存在继承权，曹操死了，这个职务就和曹操、曹丕都没有关系了。
4. 当然，曹丕也可以通过竞争上岗担任丞相，曹丕在朝廷公家担任的职务是中郎将，肯定是有落选的风险的。
5. 最重要的是：曹操一死，汉献帝就准备废除丞相制。如果丞相被废除了，曹丕就没有办法像他父亲那样得到北方的另外8个州。
6. 因此，曹丕就要抢先把汉献帝废除！施用技术手段逼迫汉献帝把大汉江山的所有权全部转让给他，叫皇帝签字盖章后在公共场合正式授予，这在“程序”上就是合法得到的。
7. 朝廷官员中，为曹家效力的是多数，为汉献帝效力的是少数。曹丕如果当皇帝，受益的将是多数派。

这样，曹丕的所得：账单上可得全国13州。实际上可得北方9州。假如北方有人不答应，发生分裂叛乱，曹丕有条件镇压。少说可以得到四五个州，怎么都比只得1个冀州强。

即使冒着北方发生分裂叛乱的风险，也要称帝。这样做，最小收益是大于1个州。否则，他只能继承老爹的固定遗产，最大收益只是1个州。

所以，曹丕称帝，还是因为利大于弊。

还好，曹丕篡位，并没有引起较大的动荡，他成功得到了整个北方9州，实现了最好预期。说明还是有民心支持的。

曹丕上台后，很重视文教，采取战略防守，恢复生产，与民休息的政策，和当时的局面是吻合的。

尽管曹丕在位只有短短的6年时间，不怎么出彩，但这确实是正招，战略上非常重要的一步棋：发展自己的实力，等待孙刘两家斗。

其实呢，曹操让曹丕接班，就已经为他铺好了路。曹丕上台，也只是沿着他老子预先设计的套路走。

当不当皇帝，都不是为了虚名，而是为了需要。

09 刘备为什么要自称皇帝

汉献帝把皇位白送给了曹丕，不要以为曹丕就是狼子野心、窃国大盗，其实这样做，对大家都是有好处的，对汉献帝也有好处，这种权利交替可以算得上是封建王朝改朝换代最文明、最好的方式了。

献帝被曹丕封为山阳公，不过他依然可以用天子礼乐，失去了皇帝的权力，还是享受皇帝的待遇（这其实和他在位时差不多），一直到他去世，魏朝继任皇帝曹睿还是以天子礼仪安葬的他。

可以说，汉献帝是历朝末代皇帝中，结局最好的一个了。

整个天下13州都是魏朝了，不再是汉朝。北方没有多大异议。

南方的孙权承认了，口头上承认也是一种缓解矛盾的需要。曹丕就封孙权为吴王，孙权的东南领地荆、扬两个州（另兼有交州，共三）就是吴国。吴国在名义上就是魏朝下面的附属国。

当然，这只是账面上的，以实际情况论：依然还是维持原状！利益敌对的。

刘备原先是汉朝的荆州牧、益州牧，这两块地盘的最高长官。现在是魏朝了，荆州已经被孙权抢去了，名义上也是魏朝的。那么刘备就只有益州这一块地盘。

益州在名义上也是属于魏朝的，益州的老板究竟是谁呢？是刘备吗？曹丕不承认的。曹丕和孙权都只承认益州的老板还是原先的刘璋，而不是现在的刘备。

当时，刘备强夺刘璋的益州，刘璋投降后，被刘备押往荆州的公安。荆州被孙权抢了，刘璋就落到了孙权的手里。孙权就利用刘璋再成立一个“益州流亡政府”。

因此，曹丕就是合法的皇帝，孙权就是合法的吴王，刘璋就是合法的益州牧。刘备呢？他是什么？他什么都不是！他是个强盗！

刘备怎么办？还称益州牧吗？还称益州牧就是魏朝的益州牧。他自己不承认是魏朝的官员，魏朝也不承认有他这个官员。

所以，刘备只有自称皇帝。

他的理由就是：汉献帝已经被曹丕杀了，曹丕是个篡位者。所以就由他刘备来接汉献帝的班，成为汉朝的新一任皇帝。

也不是为了虚名，而是为了需要。

无论怎么说，都还是原先的局势，这个不会变。甲方曹丕、乙方孙权、丙方刘备。

乙丙联合后的实力与甲方呈均势。甲方没有胜算，所以他暂时没有进攻的意思。但他的头号敌人是孙权，重点防范对象。

乙丙联合一起去打甲，均势，也没有胜算。因此，南北对峙，都不敢在没有胜机的情况下贸然进攻。

刘备当了皇帝，名义上和曹丕就是死敌。刘备想打孙权，就有人（据说是赵云、诸葛亮等）苦劝刘备去打曹丕。

刘备在“究竟该先进攻谁”的问题上，只有两选：

1. 打曹丕。

2. 打孙权。

打曹丕，肯定不容易胜。若要打曹丕，乙方孙权自然会来主动拉拢他一起干，他若单独去搞，就又犯了和关羽一样的错误。

所以，先不打曹丕，是正确的。

刘备打孙权，通俗点说，就是破坏联盟。因为乙方是联盟的维护者，乙方只有通过维护联盟，才具备和甲方博弈的本钱。丙方偶尔破坏联盟，乘机勒索乙方，就可以从中捞到实惠。

此期间，孙权反复地派人过来加强联盟。刘备不答应，并且扬言要发举国之兵，杀奔东吴，灭了孙权。

江东震恐。

刘备去打孙权，曹丕不会偷袭刘备，一偷袭就破坏了两虎相斗。所以曹丕要等到他们两败俱伤时才出手。

10 借口目的行为三者的逻辑关系

刘备登基当皇帝之后（其实还是原先的益州一个地盘），向孙权发动了战争。这就是三国时期著名的三大战役之一：夷陵之战。

那么，刘备为什么要打孙权呢？一般的说法是：为关羽报仇！

这一说法并不成立，只是个障眼法。理由如下：

1. 三国志只说他们亲如兄弟，并没有结拜之说。
2. 即使是真的结拜兄弟，也不至于感情用事，不顾国家大局。
3. 即便是真的感情用事，也不至于隔两年了，再突然一时冲动地去拼命。

刘备和关羽的关系，的确非同一般，亲如兄弟，所以才让他守荆州，那可是刘备的命根子啊！走的时候，刘备、诸葛亮他们是怎么交代的？

1. 如果曹操打你，你该怎么办。
2. 如果孙权打你，你该怎么办。

3. 如果曹操、孙权都来打你，你又该怎么办。

全是防守。根本就没有你打他们的这种预算！也没有给你设计出一个怎样打他们的方案来！你必须待在这儿等待命令！没有命令你就不能进攻。

但是关羽却私自发动战争，把刘备害惨了，差一点就三分不成鼎折足了！刘备把那么大的重担托付给他，命根子啊！却被他搞丢了，刘备心里究竟是何种滋味？

我们知道，后人对关羽的封号特别多，公、王、帝、君、直到神仙。无论怎样封，都是出自对他“景仰崇拜”这个基础的。而当事人刘备，却没有给他任何追封！

就连按正常程序装装样子，走走过场什么的，都没有。

我们看张飞死了，刘备曰：“噫！飞死矣。”追谥飞曰桓侯。这是正常程序。

直到后来阿斗当皇帝两三年了，才想起来要给这个关伯伯把手续补齐：追谥为“壮缪侯”。

所以，无论从哪个角度看，刘备都不至于为关羽之死而去拼命。

曹丕篡汉，怎么说也得先安定后方，刘备可以确定曹丕暂时不会出手，所以他才选择在这个时候攻打孙权。

但打孙权，你凭什么要打他？总得有个理由啊，找什么理由呢？按最大理由依次往下排序选择：

理由一：

你是叛臣。你本是汉臣，但曹丕篡汉，你不讨伐他，还归顺他。所以我要讨伐你。现在我是汉朝的皇帝，你应该归顺我。

这个理由是可以的，但刘备不好意思用这个理由来打孙权。为什么？因为曹丕当皇帝，程序上是合法的，刘备这个皇帝是没有半点依据的。所以那就往下找：

理由二：

你抢了我的荆州地盘。

这个理由也是可以的，明明说好了的，一人一半，你怎么要全部抢走？当然就该打你！但刘备仍然没用这个理由来打孙权。为什么？还是原来说的，刘方早就承认了荆州全部都是孙权的，根本就没有刘备的份！

荆州是人家的，人家不想借给你了，那是人家的权利，你不能用这个理由去打人家！所以，那就只有再往下继续寻找理由：

理由三：

你杀了我的兄弟关羽。

关羽战败后，没有孙权下命令，谁都不敢杀。所以孙权是关羽的仇人。我要杀你报仇，这个理由就是绝对站得住脚的。

看清楚了没有？“为关羽报仇”，不仅仅是为了表达兄弟情深，而是刘备为了攻打东吴而寻找的一个借口，一个最大的借口！因为前面两个更大的借口都不能用。

借口是借口，目的是目的，有区别的。

借口具有多样性，随便找个什么理由就可以下手搞了。而目的则具有单一性，那就是：为了利润。无论找什么借口打孙权，可以说都是为了获得“利润”这一个目的。不达目的，就很难善罢甘休！

那么，刘备来攻打孙权，究竟想达到一个什么样的目的呢？在不知情的情况下，我们可以将他的所有的目，按严重程度的顺序，从大到小排列出来：

1. 最严重的后果是非理性选择：刘备不想活了。誓要拼个鱼死网破，叫你也活不了！即使打败仗，也要和你火拼消耗，最后大家一起都送给曹丕吃掉。
2. 理性选择的最大目的必然是：刘备想攻占荆州、东吴，杀了孙权，得到所有的南方，益、荆、扬三州地盘。即：得3。
3. 如果达不到上个目的，刘备就会只想先攻占荆州，得到南方的益、荆两州地盘。暂不灭东吴。即：得2。

4. 如果仍达不到上个目的，刘备就会只想攻占荆州的左边，和孙权平分荆州，得到南方的一块半地盘。恢复到原先关羽时期的状态上去。即：得1.5。

5. 如果还是达不到上个目的，刘备的期望值就会进一步下降。你就是不给地盘，也行，你或多或少得给点别的什么好处给我才行。总之，你得分点利益给我。即：得1.1。

因此，刘备打孙权，获利的范围共有四变，被锁定在：得3、得2、得1.5、得1.1之间。

另外还有不获利的三变：或是得1（即没有收获），或是得0.9至0.5之间（即出现亏损），抑或是大家都得0（即同归于尽）。

刘备的行为如果出现获利，则最大的收获是得到南方3州，最小的收获是孙权略给一点点好处。只在上述前面的四变之中。

而刘备的所有行为结果，则是上述七变之中的任意一种。

那么，刘备的目的，究竟是上述七变中的哪一个呢？不知道。不知道怎么办？看他的行为，看他的动作！

人的想法、动机、思维，都是瞬息万变的，这叫“不确定因素”，你猜他究竟在想什么？你根本就猜不着！猜不着不如不猜。

而人的行为、动作，则是非常确定的因素。因为任何人，在同一个时间、空间点位上，他只能做一个事！

前面反复讲过，人的行为，都是建立在对未来预期之基础上的。反过来说，他现在做的事，就暴露了他的“预期”。

那么，只要观察刘备现在究竟是怎样部署兵力的，就可以知道刘备究竟是想达到上述七变中的哪一个目的。孙权就可以据此做出正确的判断与策略选择，从而可以比较妥善地应对。

11 刘备攻打孙权的风险评估

刘备已经决定了，不打曹丕，先打孙权。先打孙权是有利可图的，上回说过。

但是获利的前一个环节，是怎样规避风险。要是不能有效地规避风险，那么，结果很可能就不是获利，而是亏损了。

而要想规避风险，就必须先要知道存在哪些风险，会不会造成影响，会造成多大的影响，进行一个量化或是大概的风险评估。

刘备去打孙权，外界存在两大风险：一是被孙权反击而失败；二是没被孙权打败却被曹丕偷袭所打败。即：

可能出现的“害”有4：

1. 孙权反击获胜，抢了刘备的部分益州老本。刘备得 0.9 至 0.5 之间。
2. 孙权反击获胜，抢了刘备的全部益州老本。刘备得0。
3. 有可能曹丕出手，只消灭刘备一家。刘备得0。
4. 有可能曹丕出手，同时（或先后）消灭了孙权、刘备两家。刘备得0。

刘备必须先将以上四大风险全部都化解掉，才谈得上怎样去获利。否则就是亏的。那么，这四大风险有没有办法全部都化解掉呢？

首先，要防范曹丕出手，这是头等大事。

假如曹丕出手，无论是只灭刘备一家，还是灭孙、刘两家，这对刘备来说，都是一样的。他都会得0。所以，后面的一切利弊分析，都是建立在“曹丕不出手”这个条件之下的。

而要想曹丕不出手，办法只有唯一的一个，那就是：刘孙联合！你不联合，就提供了曹丕出手的机会。

因此，刘备发动这场战争，他的定位就只能被锁定在：“绝对不能与孙权发生大规模的火拼消耗。”这一位置上。

否则，曹丕就要出手了！

你只要一产生大量的消耗，当双方的实力总值非常明显地小于曹丕时，曹丕就有条件跑过来把两家都通吃掉！

只要能够避免大量消耗，保证双方的实力总值并不明显小于曹丕，那么，两家无论扯多大的皮，结多深的冤，曹丕都不敢轻易出手。

对策如下：

1. 如果曹丕打刘备。刘备马上放弃勒索，答应和孙权合作，两家的联盟又迅速成立。与曹丕呈均势。
2. 如果曹丕打孙权。孙权就会马上满足刘备的部分勒索，两家的联盟又迅速成立。与曹丕呈均势。

所以：只要不打消耗战，尽量避免大量消耗，就可以化解“曹丕出手”的风险。

其次，化解孙权反击获胜后，产生亏损的风险。

刘备打孙权，存在胜、平、负三变。万一打输了，孙权跑到益州来抢他的地盘怎么办？这个很好办，不需要化解，自动地就可以化解。

如果孙权跑到益州来抢刘备的地盘，曹丕就无法容忍了，他就会出手打孙权！

为什么？因为曹丕他是在等待你们两家都变小，你们两家都变小了，他是喜欢的。若等待的结果是你一家变大，他不打死你还等什么？

对于刘、孙相争，曹丕的态度是：

1. 两家的实力都变小，他喜欢。
2. 两家的实力保持不变，他可以容忍，还有耐心继续等。

3. 某一家企图变大，他就不能容忍，没理由再等了，就是打不赢，打回原形也是可以的。总之，不允许某一家变大了来和他抗衡。

因此，即使孙权反击打赢了，也很难产生利润。变小可以，变大不允许。刘备万一打输了，曹丕自会出手“相救”。

刘备只需要保证做到“不和孙权发生大规模的火拼”这一条，就可以成功地全部化解以上四个风险。即使打输了，益州地盘（老本）也不至于出现什么亏损。

所以，他这一仗就是值得去打的。

因为受到“不能和孙权发生大规模火拼”这一条件的限制，所以这场战争就只能定位为“威胁战”，而不是“消耗战”。

如果是打“消耗战”。那么，无论刘备是否能够打败孙权，就算打赢了，结果也是个输的，输给了曹丕！

如果是打“威胁战”，那么，刘备使用武力威胁、恐吓孙权，把兵马都押在那里，反复施加压力，迫使孙权恐慌，做出让步，刘备就有条件从中获利了。

只有这个方案，才可以得逞！

所以，这场战争的性质基本上就可以定为是威胁战，不一定就是来真搞的。

如果刘备真的是来非理性地拼命。那么，孙权就是神仙，也无力回天了，可以肯定地说：两家都要死掉，无解的。

因为刘备只是想恐吓孙权，所以就必须要装成“非理性地拼命”，才吓唬得住。《三国演义》上写发兵70万，那就真的很吓人，太夸张了。

刘备越虚张声势、越要拼命不想活了，则效果越好。否则，对手又怎肯轻易就范呢？（如果这样还不能得逞，那基本上就没办法可以得逞了。）

而对于孙权来说，产生恐慌情绪就是不可避免的。因为他不知道刘备的目的究竟是想要干什么。

1. 刘备只是想要一些地盘。

2. 刘备是想和孙权同归于尽。

如果是后者，刘备是想和孙权同归于尽。那就麻烦大了。因为没有任何规定说：对手一定只会采用理性的选择，对手不会采用非理性的选择。哪有这样的事呢？对手最有可能采用对你危害最大的选择！

所以，孙权就有必要先摸清刘备的目的。摸清了对手的目的，了解了对手的意图之后，才便于做出正确的应对方案。

12 理性退让也是一种博弈策略

公元221年七月，刘备率军讨伐孙权。

当时，蜀国的总兵力大概约为11万左右。刘备派冯习为大都督在前，领4万兵，进攻孙权，快接近一小半总兵力了，这个阵势是很吓人的。

而且，刘备还亲率 2 万（荆州兵，最精锐的主力）在后，暂时未动。

除诸葛亮与阿斗有少量兵力守成都，马超防曹丕外，其余的部队既监视曹丕又监视孙权。一路上，刘备又用金锦、爵位诱动各地少数民族的首领头人酋长们，纷纷加入讨伐孙权的队伍。

因此，实际力量为4万（先期）或6万。零零散散的都加起来，或许有8万，号称10万也不过分。总之，刘备是在积聚最大力量准备对孙权下手。

面对这种架势，孙权就很难办。究竟该怎样处理才最为妥善呢？

孙权肯定是害怕的。即使两边不打，他还有点怕曹丕。如果没有曹丕，孙权和刘备还有得一拼，按均势论，孙权不至于吃亏。

但现在的实际情况是：只要他和刘备一火拼，实力一消耗，曹丕就有条件把他吃掉。

现在，孙权看到的是：刘备正准备和他拼个鱼死网破，同归于尽。

所以，孙权的决策，就是基于这一信息而做出的。必须先解决这个问题。你不能假设他是假的，没有人规定敌人必须是理性的！敌人只会采用对我危害最大的一招！

孙权的当务之急就是：想尽一切办法先把刘备稳住，什么条件都可以商量，千万不要冲动。尽量避免大规模的消耗。一消耗就玩完了！

于是，在这期间，孙权主动拉拢刘备多次，反复讲和，说明利害关系，刘备就是不答应。为什么不答应？嫌少。你出的价太低了。

既然是孙权主动拉拢刘备，那就必然会主动分一些利益给他。

如果孙权愿意分半个荆州给刘备，刘备肯定就会接受。因为无论刘备是出于何种目的，只有先得到半个荆州，才有可能再谋到整个荆州，否则，什么也没有，将达不到任何目的。

因此，刘备不接受孙权的条件，就说明他绝不会只满足得到1.1。孙权只要开出少于半个荆州的价格，刘备就不能接受。他的最低要求不能小于1.5。这一点可以肯定。

孙权一不能打消耗战，二不能讲和停战，他怎么办？他没有办法了！他只有做出适当的让步，才可以满足这两个很难缠的条件。

所以孙权用陆逊做这场战争的总指挥。陆逊用兵谨慎，善于防守。守得住就守，守不住就退，尽量不要瞎打。那么，变数如下：

1. 最好的结果是：双方都把部队调到前线，对峙，一直对峙下去。刘备方打不过来，没有捞到油水。孙权方不丢失荆州左边的地盘。不发生消耗。
2. 刘备方硬拼上来，如果顶不住了，那就后退一步。又顶不住了，那就再后退一步。刘备抢多少是多少，总之，不能让他很容易就抢到。

3. 孙权可以让步的底线是：把荆州左边的地盘还给刘备，恢复到关羽时期。这就已经达到孙权所可以忍受的极限了!

请注意：在夷陵之战中，孙权方的策略选择，只有这一种。千选万选他只有这一选!

所以你不要以为他们后来打赢了，他们的“撤退战术”就是多么的英明正确，那其实是一种没有办法的办法。

若要真打，又有谁会怕谁呢？没必要老是退呀退的。就因为不能打，不能瞎打，所以才不得不出现这样的战争局面。

在这一战中，要想打“和”，有两个位置：

1. 保持现状。刘备占益州,孙权占荆州。陆逊能够守得住且不发生消耗。刘备攻不过来。双方就是“和局”。继续对峙下去。

   这一“和”法，对陆逊的要求很高。当然，刘备会很不服气。

2. 恢复原状。刘备和孙权平分了荆州。双方就是“和局”。如果刘备还有其他要求，那就再继续对峙下去。

   这一“和”法对陆逊的要求很低。孙权会很不舒服。

战争的结果，基本上就可以确认只在这两个范围之内了。

荆州和西蜀的国界是巫山，蜀兵出了白帝城，就攻打巫山，进入到吴境，连克姊归、夷陵、马鞍山等地，一直打到了猇亭、夷道一带，势如破竹，刘备占大优。

这个时候，刘备其实并没有费多大力，就已经得到了约四分之一的荆州地盘。也就是说，左荆州已经被刘备抢去一半了。不过，这一地区有点荒凉，价值不是很高。

孙权考虑到双方的实力总和不能有大的消耗，就只能一让再让，虽然丢失了那么多的土地，但是联军的总值并没有减少。

在这一局中，刘备想强夺左荆州，孙权虽不想放弃，但真的被抢去，还是可以忍受的（这是可以忍受的极限）。因此，双方博弈有均衡点，即：在左荆州的范围内，你抢了多少是多少。

所以刘备所占的位置，就是双方都可以接受的“价位”。很容易“成交”。

如果孙权没有这种策略上的让步，刘备就没那么容易打到那么远！攻城略地，怎么说也得付出些代价的！

请注意：孙权让步的目的，是为了避免消耗，并不是为了后来反击获胜！理由非常简单：要是后来反击不能获胜呢？谁能保证反击就一定是获胜的？那你丢失的土地还不是白白地都丢了！

只能是：这些土地是允许被丢失的。

许多书上讲，陆逊怎么怎么用兵如神，如何如何以退为进，战术高超，最终打得刘备落花流水。不是这样的。他们现在的主策略是守和，不是取胜。

如果是要取胜，那么，前面的取胜机会总是要比后来的多！这个是可以从概率上算得出的。陆逊手下那么多将领说了那么多取胜的方法，试一下总可以吧，但是没有试，为什么？不需要！

陆逊带的是5万人，对付4至6万人，可以算均势，有得一拼。但这一仗打了快半年了，左荆州也被敌人抢一半去了，可双方竟然都没死几个人。为什么？避免消耗！

刘备如果攻破了猇亭、夷道，就可以进攻江陵，只要拿下了江陵，基本上就等于左荆州到手了。

13 行为会暴露出决策者的预期

左荆州共有3个地盘，以南郡为中心地盘，只要能够得到南郡，就近似于得到其他两个。

南郡是周瑜最先从曹操手里抢到的，后来周瑜把南郡白给了刘备，刘备又交给了关羽，关羽又“送”给了孙权。现在，刘备想再从孙权手里夺回来。

南郡的大本营是江陵。从江陵向西的大片土地都是属于南郡的，一直到巫山止，过了巫山就是蜀国的白帝城。刘备发起进攻，一气连克巫山、姊归、夷陵、马鞍山等地，一直打到了猇亭、夷道，也就是打到了江陵的大门口！

江陵只要一丢失，刘备就可以占领左荆州。

这一仗，孙权是主动让的，等于白送。

有的书上说，退守是为了拉长敌人的补给线后再反击，这种方法即使能够反胜，也是下策。因为敌人敢把补给线拉长，就说明他的预算是跟得上的，预算若跟不上，他根本就不会打那么远了！

事实上，尽管山路崎岖，运输困难，但是刘备方并没有出现补给线跟不上的危害，反而是每掠一地，就坚守严实了。

刘备一直打到了江陵的大门口，才遇到了最顽固的抵抗，双方在夷陵、猇亭一带出现对峙。无论刘备怎样诱敌出战，陆逊就是坚守不出，时间耗了七八个月，都没有进展。

因此，到这个时候为止，可以看做是“和局”了。刘备已经抢到了西边的小半个左荆州，一时半刻也拿不下江陵。而陆逊只取守势，也没有非要收复失地不可。

这样就“达成一致”了，目前的位置，双方暂时都可以接受，不接受也得接受。

在这种情况下，只要双方都防范得宜，不给对手以可乘之机，互不能胜，则继续对峙下去，依然还是和局。很有可能就在这里形成新的国界！

时间一长，蜀军无法速胜，兵疲意懈。这个时候，陆逊决定要反击了！反击的原因并不是什么所谓的“刘备七百里连营”，七百里连营是没有错的。

刘备军推进至夷陵时受阻，无法前进，已经进入吴境六七百里，沿途的一些险要关口肯定是需要派兵把守的，你不可能不守！这是符合基本军事常规的。

并且刘备军总计五十营，前线夷陵就有四十营，说明都集中在前线临敌，并没有犯分散兵力的错误。

诸葛亮没有说这不对，陆逊也没有说这不对，吴军将领更是说他已经守牢了，现在攻不破了。

那是谁说的呢？那是曹丕诈说的。曹丕说：刘备不懂用兵啊，刘备不会打仗啊。（意思就是：你们快点打他呀！）

刘备再不会打仗，总比曹丕强。

刘备这一趟打过来，每进一步，任意时候都是处于“连营”状态，陆逊怎么不攻击呢？可见根本就不是这个原因。

陆逊向孙权汇报，说了三个可胜的原因：

1. 刘备放弃水军，只以陆军在前。
2. 营垒已经固定，估计不会有很大的变化，又人马疲劳，已经放松了警惕，如果突然采用偷袭手段，就很容易得手。
3. 纵观刘备一生，凡打仗总是败多胜少，估计这个人打仗还是不行，应该是好对付的。

陆逊说的“臣初嫌之，水陆俱进”和“今反舍船就步”这两点极为重要。孙权当即拍了板，做了决定：揍他！

请注意：反击的决策是在看到刘备“舍船就步”之后做出的。不是其他。

刘备开始是把水军、陆军都放在前面的，“水陆俱进”。后来不用水军了，只用陆军。

于是，就又有人说刘备不懂用兵。可就连小学生也知道，打水仗是需要坐船的，刘备不可能不知道。这就只能说明一点：刘备不准备打水仗！所以就不需要水军了！

左荆州和右荆州隔江，右荆州和东吴也隔江，刘备无论是想占领右荆州还是东吴，都得用船！他现在不用船，就说明他没有进攻右荆州或是东吴的这种预算！

因此，这并不是什么战略错误，而是根本就没有这种战略需要！

不想进攻右荆州或东吴，就不用船，这是对的。但是，刘备的行为却暴露出了他的预期，即：刘备的目的仅仅只是想得到左荆州！

现在，他正在坚固营垒，不再变化，这一行为则暴露出：即使得不到江陵，先得到西边的小半个左荆州也是可以的，以后再想办法图江陵。

孙权先前看到的是：刘备正在“水陆俱进”，誓要灭了东吴。

这是一个非理性的选择，孙权是害怕的，怕他真的不想活了跑过来拼命。现在才发现，刘备其实是在诈唬，他只是想轻易得到左荆州，而不是真的来拼命的。

如果刘备真的是来拼命的，那么，把左荆州先扔给他也是可以的，值得，至少可以缓解一下激烈冲突。可他不是来拼命的，我为什么要把左荆州白送给他？不值得。不仅不给，还要揍他！

变数如下：

1. 如果是打赢了，（偷袭得手），那当然是最好。
2. 如果是打平了，（偷袭不得手），那还是保持现状。
3. 如果是打输了，（偷袭失败），最坏的打算，左荆州给他。

孙权开始不打，是因为怕打，怕打恶了两败俱伤。所以一直不便于出手。现在决定打，是因为发现对手其实也是怕打的，你真的去打他，他不敢硬拼。

于是，陆逊乘蜀军不备突袭，结果却不利，没有成功。诸将都埋怨道：“空杀兵耳。”陆逊又生一计：火攻。这次成功了，赢面相当大。刘备急望西逃窜，队伍迅速崩溃，陆逊大胜。

这一仗，双方一直对峙了那么久，并没有怎么交手，直到最后陆逊突然袭击，打的刘备措手不及，胜负才分晓出来，真正的战斗时间其实很短，败得很快，蜀军大乱，兵败如山倒，刘备也没有组织人马进行殊死搏斗，而是第一时间逃离了现场。

真正算下来，陆逊等于只出了一次手，而刘备等于没出手。

气的刘备望空大骂："天亡我也！"

他没有选择非理性地拼命，也就证明了刘备根本就不是准备去拼命的。为什么这样说呢？《三国志》云："孙权闻先主住白帝，甚惧，遣使请和。先主许之。"

孙权从一开始就请和，刘备不答应，硬是要打，结果打输了，什么油水都没捞到，还损兵折将，这个时候他又答应了讲和。唉，何必打这一场呢。

刘备既然是先发动战争的，就可以肯定他是想赢的，若不想赢，就不会主动发动战争。那么，刘备究竟输在哪呢？

14 乱世枭雄刘备究竟输在哪

曹丕一直在坐山观虎斗。

其实，从曹丕的角度来看，他倒是非常希望孙权被打败的。所以曹丕故意说刘备不懂用兵、不会打仗，那是在故意怂恿孙权快点打。只有孙权被打败了，曹丕才是最喜欢的。

曹丕最希望看到的结果，可以依等级次序排列如下：

1. 打的两败俱伤，对曹丕最为有利！

2. 打伤了乙方孙权，对曹丕也很有利。

3. 打伤了丙方刘备，对曹丕也还是有利的。

4. 两边都没打伤，曹丕也可以接受，再继续等呗！

夷陵之战，陆逊打败了刘备的8万人，不是杀死了8万人，蜀国总共才11万兵，死8万那就灭国了！

这一战，刘备最精锐的中军没有受损，前军4万最多死了2万，再就是死了许多受号召而来的少数民族的部队。

8万的阵营一旦被击破，就是兵败如山倒，乱了套。逃回去还可以再慢慢整编。总之，致使蜀国很长一段时间不敢再轻易进攻别国。

陆逊也没有乘胜追击，因为他估计到曹丕要出手了。

而曹丕估计陆逊会追到蜀国去打刘备，所以果然真的就发兵扑过来袭击东吴，但是发现陆逊放弃了追击，又见东吴防范得宜，只好退兵作罢，撤军回去了。

夷陵之战，刘备究竟输在哪?

从战争的最后一个环节往前倒推复盘:

倒一：陆逊攻破蜀营，蜀兵大乱，刘备逃跑。

这个时候，刘备如果顽抗到底，做最后的殊死搏斗，则胜负难以预料，说不清楚的。

既然他放弃了顽抗，选择逃跑，那么，败局就此确定了。所以，这一仗的失败是从“陆逊攻破蜀营”开始的。陆逊不能攻破蜀营，则刘备不会逃跑。

倒二：陆逊攻破蜀营，是否属于必然?

凡是战争，就具有不确定性，在均势状态下，赢，没有必然性。但是在策略选择上，总是会拣最好的策略选。

三国三大战役都是以火攻取胜。官渡之战，曹操火烧乌巢，那是必须用火，否则不可能赢。只有这唯一的一种选择，没别的招。

赤壁之战，周瑜应该有多种进攻手段，在发现曹操“连船”之后，才确立了以火攻为“当前”的最佳进攻手段。万一火攻不奏效，周瑜肯定还有其他的进攻手段，可以继续选择实施！

而夷陵之战，陆逊攻蜀营的时候，和前两局又大为不同。火攻，还并不是“当前”的最佳进攻手段，所以陆逊一开始并不是用的火攻，而是在第一进攻方案失败了之后，才临时改用的火攻。

第一次进攻，是真正的偷袭，最佳时机，胜率非常高，结果却是失败的，这就充分说明了胜负的不确定性。刘备也不一定会因偷袭而失败。

第二次进攻，已经谈不上偷袭了，因为刘备已经被惊动了，多少要比第一次有所防范。结果却取得了意想不到的巨大成功。陆逊在最开始可能没有想到。

要是这第二进攻方案又失败了，那肯定还有第三、第四进攻方案。

在陆逊攻营的时候，刘备犯有战术错误。即：当陆逊第一次偷袭失败后，刘备应该再和以前一样，派人上门挑战，诱攻、佯攻都是可以的。针锋相对不吃亏。陆逊至少又要闭门不战，延缓进攻的时间。

但是敌人进攻之后，刘备见守住了，就没有反攻。这就很明显有误，他来打你，你不管他的，就等于是继续让他存在第二次、第三次、第四次进攻的机会，总有一次是会得手的！

因此，这个地方有误。但这只是战术错误，战术错误没有战略错误严重，所以，这还不算致命的问题。

倒三：放弃水军，舍船就步。

吴军反击，是在看到刘备“舍船就步”后决定的。这个问题，刘备的错误不算大，因为无论你做出任何样的行为，精明的对手总是可以根据一些蛛丝马迹找到破绽的，任何人的行为总是存在一定的“失”，不可能完全不暴露任何信息。

孙权抓住了这个机会后，才开始准备和他对决的。从“准备对决”到“对决结束”，这一过程是双方在战前都不可知的。究竟谁胜谁负，没有定论的。

凡博弈的双方，在决斗之前，都是认为自己是“必胜”的，否则，博弈不起来的。

正因为双方都判断自己可以战胜对手，所以才敢去打对手，这就构成了一个矛盾冲突，而事实很残酷：总有一方的判断是错的！错的一方将输掉！

双方都有战胜对手的条件，双方都判断自己可以战胜对手，也就是说，没有证据可以证明某一方是必赢的，各有不同比例的胜算。单纯地从战斗过程中，得不出比较确定的结论。

那么，再进一步往前推，刘备的错误，就是错在发动这场战争的“时机”上。

刘备发动战争的目的不是去拼命，只是想要得到左荆州。他把部队都拉到前线去恐吓孙权，这一局势，就和前期孙权向他勒索右荆州时是一模一样的。

当时，刘备夺了益州，刚刚完成了跨两个州的计划，孙权就要他还荆州，他不还，孙权又要他只让出一半，把右荆州给孙权，他也不干。

于是，孙权大怒，把部队都拉到前线来恐吓刘备，孙权亲自坐镇，和这一次战争的发动状况几乎是一模一样的。

孙权强行占领了半个右荆州，关羽率众抵抗，当时的关羽，就相当于现在的陆逊，当时的孙权也带了约有4万左右的人，双方对峙，一触即发，形势非常严峻，和这一次战争的对峙局面也是一样的。

基本上，这一次的夷陵之战，就是上一次的翻版。

不同的是：上一次在右边，这一次在左边。上一次最终没有打起来，这一次却打起来了。上一次孙权成功地勒索到了右荆州，这一次刘备失败了，没有勒索到左荆州。

为什么相同的局面，相同的起因，相同的过程，却结果完全不同？

究其根源，上一次孙权勒索右荆州时，曹操正在攻打汉中，存在甲方对乙方刘备施加压力的外部条件。刘备害怕失去汉中，不得不满足丙方孙权的勒索，被迫把右荆州给了孙权，所以孙权就得逞了。

而这一次，刘备勒索左荆州时，曹丕没有攻打东吴，并不存在甲方对乙方孙权施加压力的外部条件。所以刘备就不容易得逞。

因此，刘备的错误，是错在发动这场战争的“时机”上。

这个时候，刘备如果采用“等招”战术，等待甲方对乙方施加压力这个外部条件出现时（若不出现，则继续等），他再乘机跑来勒索，那就很容易得逞了！孙权迫于压力，就不得不把左荆州轻易送给刘备。

1. 选择在甲方对乙方施加压力的时候，刘备再跑去抢左荆州。乃必胜之道！
2. 甲方没有对乙方施加压力的时候，刘备去抢左荆州。则或许胜、或许败。

两相比较，优劣自现。

刘备一生打过无数次败仗，前面的基本上都是形势所逼，并没有什么错误的。而这最后一仗，则明显地是犯了战略错误。可能是年纪大了吧。

在正确的时候，做正确的事。切记！

第八 南征北伐

任何一个战略的实质都是"策略选择"，而不是"宗教信仰"。只有宗教信仰才必须坚信不疑，永远不变。而"策略选择"则是由"当前环境"提供选择范围，在可以选择的范围内，选择出的一个最占优或比较占优的策略出来。

01 诸葛亮是怎样独揽大权的

刘备讨伐吴国，失利，败退到白帝城，一病不起。刘备自知不久于人世，便派人日夜兼程赶往成都，请诸葛亮来嘱托后事。

关于刘备托孤，《三国演义》中是这样写的：

孔明等泣拜于地……

先主泣曰："君才十倍曹丕，必能安邦定国，终定大事。若嗣子可辅，则辅之；如其不才，君可自为成都之主。"孔明听毕，汗流遍体，手足失措，泣拜于地曰："臣安敢不竭股肱之力，尽忠贞之节，继之以死乎！"言讫，叩头流血。

……（先主刘备）又嘱赵云曰："朕与卿于患难之中，相从到今，不想于此地分别。卿可想朕故交，早晚看觑吾子，勿负朕言。"……言毕，驾崩，寿六十三岁。

罗贯中这一段把刘备的狡诈多疑表现得淋漓尽致。

他一面对诸葛亮说，如果我的儿子不行，你可以取代他。一面又对赵云说，早晚看好我的儿子，莫让人欺负他。

这分明是对诸葛亮的不信任，并且还在人为地制造矛盾。刘备就是再不信任诸葛亮，也不至于说出这么傻的话。历史上的刘备，在去世托孤的时候，其实是非常信任诸葛亮的。

《三国志•先主传》："先主病笃，托孤于诸葛亮，尚书令李严为副。夏四月癸巳，先主殂于永安宫，时年六十三。"

记载的非常简略，托孤于诸葛亮，李严为副。没有语言描写。

《三国志•李严传》："三年，先主疾病，严与诸葛亮并受遗诏辅少主；以严为中都护，统内外军事，留镇永安。"

记载的也非常简略，是李严、诸葛亮两个人，并辅少主。

详细内容记载在《三国志• 诸葛亮传》里面：

章武三年春，先主于永安病笃，召亮于成都，属以后事，谓亮曰："君才十倍曹丕，必能安国，终定大事。若嗣子可辅，辅之；如其不才，君可自取。"亮涕泣曰："臣敢竭股肱之力，效忠贞之节，继之以死！"先主又为诏敕后主曰："汝与丞相从事，事之如父。"建兴元年，封亮武乡侯，开府治事。顷之，又领益州牧。政事无巨细，咸决于亮。

刘备托孤，近似于孙策。阿斗好比当年的孙权，文官诸葛亮好比当年的张昭，武官李严好比当年的周瑜。

当年孙权是：内事不决问张昭，外事不决问周瑜。而现在的阿斗、李严两人根本就没起到作用，内事、外事、大事、小事，都是诸葛亮一个人说了算。

刘备在的时候，诸葛亮只是丞相虚职，不设丞相府的。现在是"开府治事"，又领益州牧。益州地盘就是蜀国（当然还是有区别）。诸葛亮既行使相权，又行使皇权，那么，阿斗的角色就像汉献帝，诸葛亮的角色就像董卓、曹操。

诸葛亮的位置，就是当年董卓、曹操的位置。

诸葛亮是用什么妙计手段排挤掉竞争对手李严，把持住少年皇帝阿斗（17岁）的呢?

并没有要什么手段。

这是建兴元年的事，建兴元年就是章武三年，刘备死的这一年。刘备四月死的，诸葛亮不可能在不到半年的时间就排挤掉竞争对手。

那就只有一种解释：刘备安排的。

刘备所说的话中：

1. 你比曹丕强十倍！曹丕干的什么事？废皇帝！
2. 阿斗，可以辅你就辅；如其不才，君可自取。

这两点，话中有话，看似平常，玄妙无比，水平相当高超。刘备当然也不希望诸葛亮真的去篡位，刘备把话说到这个份上，诸葛亮若凭良心的，就不该去篡位；若不凭良心，就有条件篡位。

如果真的有人要篡位，可以肯定地说，无论刘备怎样安排，只要他一死，他就永远管不了了！从最坏最坏的结果打算，若真有人篡位，还不如给诸葛亮篡位要好些。

光分析语言还不够，从刘备的行为及一系列具体的安排来看，他没有对诸葛亮采用任何控制、牵制手段，而是让他放手去干的。

1. 刘备在白帝城叫诸葛亮来，有充分的时间进行深思熟虑，并不是临时冲动的、应急的决定。
2. 托孤大臣一般至少两个以上，相互钳制约束。而刘备实际上只安排了诸葛亮一个人。那个李严为副的，仅仅只是个摆设（给刘璋旧部一个面子）。既然是副的，就不可能和诸葛亮平起平坐。
3. 刘备把李严留在永安边境，李严就没有条件接触新皇帝阿斗。李严怎么能够去辅佐？其实就是让诸葛亮一人当家。
4. 诸葛亮一人当家，阿斗不愿意怎么办？刘备叫阿斗拜诸葛亮为父。父如君，阿斗必须听诸葛亮的。

5. 诸葛亮相当于阿斗“父亲”的角色，基本上就等于允许诸葛亮行使皇权加相权直到他去世为止，诸葛亮去世了，“儿子”阿斗接任。因为刘备没有给阿斗一个明确的亲政时间！

刘备给诸葛亮开出的价格，是历史上所有皇帝中最高的一个！

所以诸葛亮很轻易地就独揽大权了，一接班就占据了最有利的位置，其他官员中没有人具备和他进行博弈的条件，只有他侵占别人利益的优势条件。

这是刘备做出的最后一个决策。利弊关系如何呢？排序如下：

1. 阿斗的皇位安稳，蜀国昌盛。这是最好。
2. 若蜀国不能昌盛，阿斗的皇位安稳。也好。
3. 若蜀国昌盛，阿斗的皇位丢失，只要诸葛亮能善待他。不太好，但也可以。
4. 若蜀国败亡，阿斗惨死，最最不好！

这是刘备去世后，可能出现的四种情况。刘备肯定是希望儿子、国家两者都好，那么，在这两者之间，刘备究竟是把那一个的利益摆在前面呢？

在刘备看来，诸葛亮治理国家的水平，其他人是达不到的。

1. 放手让他搞“独裁”，对蜀国的利益可能多些，对儿子的利益可能存在威胁。
2. 找一个人钳制住诸葛亮，限制他的才能发挥，对儿子的利益可能多些，对蜀国的利益可能不多。

那么，很明显，刘备最后的一个选择，是真正为“公”着想的。

如果是为私，就不会给诸葛亮轻易独揽大权的机会。

而诸葛亮也是鞠躬尽瘁，但他最终只达到了第二个标准，即：蜀国没有昌盛，阿斗的皇位是安稳的。真正对得起刘备父子。所以诸葛亮成为封建社会的楷模。

02 拆解诸葛亮七擒孟获之竞局

刘备去世后，丞相诸葛亮当政。南蛮（今约缅甸北境）反叛，诸葛亮率军南征，上演了一出七擒孟获的好戏。

（一）故事简介

1. 双方首战，诸葛亮擒住南蛮首领孟获。孟获不服，说胜败乃兵家常事，要赢你并不难。于是诸葛亮放了孟获。
2. 孟获回去后，对手下人说，蜀军都是老弱残兵，军营的布置情况也看清楚了，没什么了不起的，今夜三更去劫营，定能逮住诸葛亮。当夜，孟获挑选五百名刀斧手，悄悄摸进蜀营，没有任何阻挡，孟获正在暗自高兴，不料蜀兵四起，孟获又被擒住。诸葛亮又把他放了。
3. 孟获对弟弟孟优说，我们已知蜀军军情，你领百余精兵去向孔明献宝，借机杀了孔明。孟优来后，孔明在酒内下药，让孟优等蛮人吃喝，全部烂醉如泥。

   当夜，孟获带三万兵来，大败，被马岱截获。孟获仍不服，诸葛亮又放了他。
4. 孟获借了十万兵来战。诸葛亮下令关闭寨门不战，等到蛮兵威势已减时，出奇兵夹击，孟获大败，逃到一棵树下，见孔明坐在车上，冲过去便要捉拿，不料却掉入陷坑里被擒获。孟获仍不服，孔明又放他回去。

5. 孟获向秃龙洞求援，银冶洞洞主杨锋感激日前诸葛亮不杀之恩，在秃龙洞捉了孟获，送给诸葛亮。孟获还是不服，要再与诸葛亮决战，诸葛亮又放了他。
6. 孟获的妻弟将孟获押来投降，诸葛亮知道是假，一声令下全部拿下，并搜出兵器。孟获不服，孔明于是又放了他。
7. 孟获又请来乌戈国的藤甲军，与孔明决战。孔明用油车火药烧死了无数蛮兵，孟获第七次被擒，才真心投降。

（二）策略分析

人们总是对精彩、怪诞而高尚的故事更感兴趣。

这个故事固然是瞎编的。但我们单从故事的角度来看，双方其实是在博傻，看谁比谁更傻！因为双方都有优选策略却弃之不用，都采用了最笨的方法。

1. 孟获

孟获的对手既强大又聪明，根本就无法取胜，但弱点是心慈手软，捉住了不杀。那么，孟获的优选策略就是：第一次被捉住后就归顺，不要硬拼，等诸葛亮率大军回到了成都后，他再反叛。若诸葛亮率军再来，他再归顺。

这样折腾个七次，以逸待劳，叫对手疲于奔命，保证够诸葛亮受得了！

在故事中，孟获没有采用优选策略，赌气连续硬拼的后果就是：输了一次又一次，把自己的本钱输完了，又把亲戚的本钱也输完了，又把从朋友、邻居处借来的本钱也都输完了，最后还是归顺了诸葛亮。

优选、劣选的结果都是归顺，一样的。但优选存在三个好处：一不会浪费那么多精神力气；二不会欠一屁股账；三是依然持有反叛的主动权。而劣选则什么好处都没有。

结果虽然都是一样的，但优选策略支付的是最低成本，而劣选策略支付出的却是最高昂的成本！

2. 诸葛亮

诸葛亮第一次捉住对手后，对手已经确认了：“绝不归顺。”这个时候，诸葛亮的优选策略是：杀掉。杀掉不愿意归顺的孟获，换一个孟获手下愿意归顺的部将坐孟获的位置。

如果不杀，指望孟获回心转意，则不太靠谱。

理论上，只要诸葛亮不杀，孟获就有可能无限度地博弈下去，第七次不行就来第八次，第八次不行就来第九次，一直进行到N次……无限延展，你怎么办？不耐烦了还是要杀，还不如第一次就杀。

在故事中，诸葛亮不想杀人，企图以德服人，所以没有采用优选策略，结果：

a. 搞得自己手下将士怨声载道，我们费那么大劲才捉住，你一句话就放了。我们还该不该继续为你卖力呢？

b. 孟获手下的将士本来是有心要归顺的，把孟获捉来，诸葛亮又放了。那么，诸葛亮是不是存心故意要放孟获回来杀我们呢？我们究竟还归不归顺呢？

c. 孟获本来战术平平，自从和诸葛亮反复切磋之后，就变得越来越狡猾，越来越不好对付了。导致诸葛亮不得不大开杀戒，火烧藤甲兵。

d. 诸葛亮火烧了好多万藤甲兵，导致自己折少了几十年寿命。

e. 最终没有达到预期的效果，诸葛亮走了之后，南蛮照样的还是反叛，且老是反叛。七擒七纵根本就没有起到半点作用。

本来的出发点是好的，想得到人心，想不杀人。但采用劣选策略导致的结果却是：失去了更多的人心，杀死了更多无辜的人。与出发点完全相悖。

如果采用优选策略，则只会得到更多的人心，只杀死了一个人，所耗费的时间为最短，所浪费的社会总值为最少！怎么算，都是最经济的。

（三）历史记载

故事中的诸葛亮企图“以德服人”，违背了价值规律。南蛮不一定会因为你个人的德高就不反叛。在反叛的代价高于不反叛时，多数会选择不反叛；在反叛的代价低于不反叛时，多数就会选择反叛了。

诸葛亮老是提供孟获0成本的反叛代价，当然就是错的。那么，“德”究竟可不可以服人呢？还是可以的，在不违背价值规律的前提下，德，是可以服人的。

历史上的诸葛亮征服南蛮，不是为了显摆自己德高，也不是为了和孟获这样的人比手段赌输赢。最大的目的是为了获得利润。

所以，诸葛亮的一切战略战术都是为获得利润而服务的。至于孟获杀不杀，根本就不是主要问题。

历史上的诸葛亮在处理这件事的时候，是相当正确的，他在非常短的时间内，就三下五除二，快速扑灭了南蛮的反叛，叫他们个个都交钱进贡，服不服都是要交的。从此每年有三百多个邻邦向蜀国进贡。

《三国志》云：“三年春，亮率众南征，其秋悉平。军资所出，国以富饶，乃治戎讲武，以俟大举。”

前后最多6个月就摆平了，所获得的惊人利润，足以富国强兵。不仅解决了这一步的问题，也同时解决了下一步的问题：攒够了攻打曹魏的本钱。

后来七出祁山，那可都是有底气的。

03 探析以少胜多的战术模型

诸葛亮辅政之后，面临和刘备同样的选择：先打曹魏，还是先打东吴。诸葛亮做出了和刘备完全相反的选择，他决定先打曹魏。

曹魏强，西蜀弱，弱者失败是常态。但是弱者要想战胜强者，也不是完全没有可能，在战术上还是有依据的。我们先来看一个“以少胜多”的简单模型。

设：多方为16万人，少方为10万人。

1. 如果硬拼，可以预见的是：少方要吃亏。结果是：多方的胜率大。
2. 少方如果将多方分割开，先吃掉“多方中的少方”，则可以预见的是：“多方中的少方”要吃亏。结果是：少方的胜率大。
3. 无论是以多胜少，还是以少胜多，都不违背“拣软柿子捏”的大原则。

我们给少方附加一些条件后，看看战果如何：

情况一：假如少方可以选择从两个方向进攻多方，也就是说，多方需要同时守住两个据点，才可以守住。

规定少方攻来时的人数大于防守方时，为攻方获胜。少方攻来时的人数等于或小于防守方时，为守方获胜。那么，多方将如何分配兵力呢？

1. 多方在两个据点各守8万，平分。则少方集中10万兵无论攻哪边都胜。所以这个分配很不好。
2. 多方在一边守10万，另一边守6万，总之，只能满足一边可以等于或大于少方的10万兵。那么，少方如果攻向了10万一边就输了。如果攻向了6万一边就赢了。

二选一，攻破的概率为50%，而多方守住的概率也为50%。变成一样的了。

在上述条件下，10万对16万，就变成了均势，各有50%的取胜机会。互不吃亏。

情况二：假如少方可以选择从三个方向进攻多方，也就是说，多方需要同时守住三个据点，才可以守住。

规定少方攻来时的人数大于防守方时，为攻方获胜。少方攻来时的人数等于或小于防守方时，为守方获胜。那么：

无论多方怎样守，只有一个据点可以满足条件，另外两个则无法满足。少方集中10万兵，随机任选一路攻之，攻破的概率为67%，而多方守住的概率为33%。攻方获胜的概率加大了。

在上述条件下，10万对16万，少方居然变成了优势，赢面比较大。多方明显的是吃亏。

这个简单模型说明：少方要想战胜多方，必须附加一定的条件才可以成功，诸如：

1. 集中兵力，尽量不要分散。（尽管集中有风险，但还是以集中比较占优。）
2. 主动进攻。进攻方总是可以占优。（不信的话，可以统计中国象棋、国际象棋各类高水平的大师赛数据，先走的一方很容易先赢。为什么？先走的一方只有在实力略小于对手的情况下，才是和后走方对手获胜的机会是均等的。）
3. 选择权越多，则越占优。当少方有多个进攻路线选择时，多方就会茫然无措，不知道究竟该守哪好，等同于被分割了。多数情况会接近“赌运气”。这样，少方就有条件突袭而胜之。

少方战胜多方，所附加的各种条件，都是围绕“怎样攻击多方的薄弱环节”而设计的，只要牢牢抓住这个要领，就错不了多远的。

诸葛亮选择主动攻击强大的曹魏，是在与曹魏停战几年之后，发起的突然袭击，打得曹魏措手不及，是很正确的。尽管结果不可预知，但从战术上看，这是属于高胜率的做法。

当时，仅次于诸葛亮的魏延有不同看法，诸葛亮要出祁山，魏延要兵出子午谷。这说明：

1. 从“突袭曹魏，出奇制胜”的角度来看，双方并没有冲突。一致的。

2. 从“进兵的路线选择”角度来看，双方有激烈冲突。

究竟哪个更好，已无法证明，从概率上看，都是高胜率，并且结果都是不确定。所以无法评价，只能认为都好（魏延的方案应该更加出奇），都是符合以少胜多战术的。

其实，进攻方对“进攻路线”有争议是一件好事情。这说明都有取胜的可能性。选择权越多越好。

反过来说，防守方只会更加痛苦！防守方的争议只会比进攻方更大！更激烈！因为究竟防哪边好？防守方只会更加不知道！

这还是在防守方有防范意识的情况下。若是没有防范意识，那还好！

攻打曹魏，从战术上看，可以。从战略上看，行不行呢？

不行。因为曹魏为甲方最强，东吴为乙方略弱，西蜀为丙方最弱。要想战胜甲方，必须乙丙联合。如果乙方没有攻击甲方的意思，丙方单独去做，丙方就很容易吃亏。

在这种情况下，丙方选择伺机勒索乙方是有可能产生收益的。应该要实惠些。毕竟对付乙方总是要比对付甲方更容易些。

但是诸葛亮偏偏要反其道而行之。他放弃了勒索乙方，主动去攻打甲方。那么，他的这一决策，究竟是高明呢，还是错误呢？

04 战略究竟能不能修改

都说诸葛亮一生不肯弄险，不是的，他单凭蜀国一方之力就去攻打强大的魏国，这就是在弄险！并且他弄的是三国时代最大的一个险！没有比这更大的了。

曹操虽然火烧乌巢是弄险，但那是被逼得没办法了才弄险的。和诸葛亮主动弄险是完全不同的。

敢于主动弄险的人，不仅需要有高度的智慧，更需要有非凡的勇气！

上回说了，诸葛亮如果突然袭击曹魏，在战术上是可行的。但在战略上存在问题。因为攻打最强的甲方，需要与乙方孙权合伙行动才具备条件，如果丙方诸葛亮单独进攻甲方，就很容易吃亏。

那么，这个战略上的大漏洞有没有什么办法可以解决？我们还是先回过头来再看一下“隆中对”的战略要点：

1. 跨荆益二州；
2. 等天下有变；
3. 分两路出击。

请问：这个战略决策从制定之日起，是否必须永远地坚信并执行下去？多数朋友可能会说，是的，必须。

不是的。没有任何理由支持：一个定好了的战略决策，必须永远地执行下去。没这个必要。因为任何一个战略的实质都是“策略选择”，而不是“宗教信仰”。只有宗教信仰才必须坚信不疑，永远不变。

“策略选择”，是可以改变的，因为它是由“当前环境（条件）”提供“选择范围”，在可以选择的范围内，选择出的一个最占优或比较占优的策略。

那么，只要当前环境（条件）不变，选择范围也不会变，优选策略也就没有必要变，这就应该坚决执行。

如果当前环境（条件）已经发生了变化，选择范围当然也就跟着变了，那就应该在“新的当前环境”下，做出新的优选策略，才是正确的。

如果还继续执行已经过时了的“优选策略”，这还有什么意义可言？还能叫优吗？

由此可见，战略是可以修改的。环境变了，策略亦需要变。

“隆中对”在当时的条件下是正确的。荆州投降后，环境变了，策略亦变。放弃“隆中对”，执行最新的优选策略：到交州当流寇去。

赤壁之战，得到荆州后，环境又变了，又开始执行隆中对。并且已经实现了第一步计划：跨荆益二州。这时，孙权勒索去了半个荆州，第一步计划损失25%。因此，在这个最新的“当前条件”下，应该设法夺回右荆州才是在执行隆中对。

但是关羽没有去抢右荆州，也没有任何对右荆州下手的动机，所以他就错了，他又把左荆州也弄丢了，这就错远了！

在这个“当前条件”下，刘备想抢回荆州，这其实是在修复关羽留下的错误，是在坚定地执行隆中对计划。但是他没有选好下手的时机，最终没有得逞。

现在，诸葛亮当政，如果他还要执行隆中对，也是正确的，那就该先落实第一步计划，抢回荆州。达到“跨荆益二州”这一标准之后，再“等天下有变”。

但诸葛亮没有这样做，没有做，就说明他已经抛弃了隆中对战略。

为什么抛弃？过时了。在新的局面下，当前条件发生了变化，又有了新的选择范围，在新的选择范围之中，又出现了比“隆中对”更好的策略选择！那是什么呢？

那就是：放弃“跨荆益二州”，改变成“跨益凉二州”。

诸葛亮说要讨伐曹魏，匡复汉室，假的，只是个掩人耳目的幌子。

曹魏的首都在东边，“头”对着孙权，“尾”对着诸葛亮。诸葛亮只想袭其尾，其尾就是原先董卓的西北凉州，曹魏的边陲薄弱地带。

如果诸葛亮成功地割到凉州，则曹魏很难做出“花巨大代价以重兵夺回边陲”的选择。

也就是说诸葛亮并不是真的要攻击甲方，而只是攻击甲方不太重视的十分之一。那么，不疼不痒的，甲方曹魏会做出怎样的选择呢？可能会重视，可能不重视，总之不至于全力以赴。

从而甲方的矛头依然还是对着威胁最大的乙方！丙方依旧很安全！

这种“蚕食”计划是非常高妙的。每次都弄的曹魏不知道该派多少人、该花多大成本才好。少了不够，多了浪费，关键是太远。

更重要的是，曹魏不会花本钱从这里攻击诸葛亮，只会以最低成本取守势，守住即可。

诸葛亮只侵占甲方不太重视的十分之一，你说他是在以丙方之力单独进攻甲方吗？似是而非，说不清楚，就算违背了“丙方不宜单独进攻甲方”的大原则，也只违背了十分之一，根本没多大事！并不会因此而成为受害者。

事实上，曹魏一直是取守势，守住即止，从没对诸葛亮反扑过！

我们再看魏延的“蛇吞”计划：企图兵出子午谷，一口吃掉长安。

长安是魏国的西京（汉献帝迁来的），首都级别的，特别敏感的地方。攻击长安，就等于是攻击魏国，战略上就等于丙方单独进攻甲方，这肯定是要受害的！

如果按魏延的，吃掉西京长安，魏国就很容易做出简单而一致的应对策略：坚决反扑，夺回长安！

如果按诸葛亮的，不打长安，只取离长安更远的以西边陲，则魏国的决策机构分歧一定会很大，并且多数会认为不太重要。

魏延和诸葛亮的看法，战术虽一致，战略却有天壤之别，魏延在战略上已经构成了“丙方单独进攻甲方”，而诸葛亮却没有。孰高孰低，泾渭分明。

诸葛亮声称要匡复汉室，其实是只想侵占凉州。

许多人都说诸葛亮出兵祁山，想消灭魏国是行不通的。行不通很正常，因为他根本就没有消灭魏国的这种预算！他只是想先掠点地减小差距，然后“等天下有变”时，再考虑消灭魏国。

从诸葛亮一系列的行为来看，没发现他有消灭魏国的意思，一直都是在想怎样搞到凉州，使西南益州和西北凉州连成一片。

在当前条件下，想消灭魏国，无论你走哪条路，战略上都是错的！但是诸葛亮不打算消灭魏国，只抢他一点地，先缩小差距，为将来创造条件，就是最实际、最妙的一招了。

这一招可以预见的最大害处是：敌人防守到位，我方没有抢到凉州。而敌人不至于反扑，我方也不至于造成亏损。这是按最倒霉的情况估算的。无害。

而可以预见的好处是：成功取得凉州。则蜀国有2个州，孙权2个州，曹魏总值减小，联军总值变大，联军的裂痕不增加。三方的差距正在缩小。并且蜀国有条件继续往前推进，对西京长安构成威胁。

这比隆中对要强多了。我们假设诸葛亮继续执行隆中对战略，勒索孙权，按最好结果算，取荆州成功了，则蜀国有2个州，孙权1个州，曹魏不变，联军总值不变，但联军裂痕加深了。

同样都是跨两个州，等天下有变。怎么算，执行新的战略都要比“隆中对”的利益更大！

最后，再强调一遍：战略是可以修改的。因为任何战略都是由“当前环境”提供的“选择范围”，环境变了，策略亦变。

在这个最新的“当前环境”下，究竟发生了哪些变化呢？

《裴注引魏略》记载：“始，国家以蜀中唯有刘备。备既死，数岁寂然无声，是以略无备预；而卒闻亮出，朝野恐惧。”

1. 魏国只知道刘备的大名，所以重点防范的对象是刘备。
2. 刘备既然已经死了，蜀国这几年来又一直寂然无声，所以这边的地盘就一直没怎么防备。
3. 这个局面是以前不曾有过的，在这个前提条件下，诸葛亮突然袭击，魏国就朝野恐惧！

这当然就是最新的“当前环境”下的最优选策略。万一没有成功，大不了再退回去，还是和现状持平。同时，依然持有勒索孙权左荆州的选择权（可用亦可不用）。占优的。

05 博弈是策略与策略的碰撞

曹丕病死后，曹睿继位，诸葛亮选择在这个情况下进攻魏国。此时，蜀国经过五年的恢复发展，比刘备时期要更强一些。

诸葛亮令赵云等作疑兵，摆出由斜谷攻郿城的态势（关中，长安方向，今陕西一带），以吸引魏军。自己则率主力向祁山方向进攻，（陇右，凉州方向，今甘肃一带）。

很明显，消灭魏国是假，抢魏国最远的边陲地盘是真。

整个陇右最关键的据点是天水。

由于魏军没有防备，这一带基本上没什么兵力进行抵抗。因此诸葛亮大约只用了一个月左右就进到天水郡。陇右震动，安定、南安和天水三郡投降。又收服了魏将姜维，一时关中大震。

控制了安定、南安和天水，平定其余各地就是迟早的事了。这个时候，诸葛亮只有两个工作任务：

1. 平定（对内）。新得到的陇右（即凉州）必须平定、巩固。
2. 防守（对外）。阻止魏国派兵前来争夺。

这两个工作做好了，诸葛亮就可以确定得到凉州，实现“跨益凉二州”的计划。

这是最现实也是最实惠的做法，请不要惋惜他没有去消灭魏国，能不让魏国消灭他，这就已经很不简单了。再神的人也得从实际情况、先决条件出发。

这个计划一旦实现，可以预见的好处有：

地盘扩大，国力增强。霸住丝绸之路，可以得到西域良马等物资。缩小三国间的差距，将一个跛足的“三国鼎立”改变成一个均势的三国鼎立。有条件长期周旋下去，而不至于速败。

并且，只要魏吴有交战，诸葛亮就有条件既可以冲击魏国的关中长安，又可以勒索吴国的孙权要荆州（能跨两州就不怕吴蜀失和）。处于有利位置。

诸葛亮现在已经得到了凉州，但是还不能“确认”。因为魏国还没有表态。只有在魏国做出明确的表态之后才可以最终确认。

魏国无非有三种选择：

1. 认为不重要。行为就是：不闻不问，不派兵过来，任其自然。
2. 认为中等重要。行为就是：派中等兵力过来，守住关中长安。能打跑诸葛亮就打跑诸葛亮，在不能打跑诸葛亮的情况下，底线是：放弃凉州，但一定要守住关中，不让诸葛亮进一步侵占过来。
3. 认为十分重要。行为就是：派重兵过来，坚决打击诸葛亮，一定要把诸葛亮赶出凉州。

第一种当然最好，但几乎是不可能的。第三种固然最坏，但也不大可能。魏国敢调重兵过来，孙权就敢打他的“头”！孙权就是不打他，魏国这笔巨额投资本身就是很不划算的。

于是，魏国只能采用常规手段，派中等兵力过来，命张郃带5万兵防守。

诸葛亮带的是10万，张郃只有5万，那么，对于张郃来说，并没有“必须取胜”的预算。5万能胜10万当然是最好，不能胜，也一定要防住，不让诸葛亮再继续推进就行了。

双方都有自己的策略选择，势必发生碰撞。

当两种不同的策略选择发生碰撞时，如果可以同时达到双方的目的，即：不发生冲突，有均衡点。则双方各取所需，各自都将达到自己的目的。这就可以“顺利成交”。

双方的策略选择，都有一个最高预期和一个最低底线。

诸葛亮的最高预期是：完全占领凉州，并且成功守住。他没有继续进攻关中长安的预算，这从他的兵力部署可以看得出来，他到了凉州之后，主力再也没有向前推进。

而他的最低底线也是：完全占领凉州，并且成功守住。

最高预期和最低底线相同，所以，诸葛亮只有这一个要求。只要能够达到这个目的，他就可以暂时罢休。我们再来看张郃：

张郃的最高预期是：能打跑诸葛亮就打跑诸葛亮，收复凉州失地。最低底线是：放弃凉州，成功守住关中，不让诸葛亮继续向前推进。

所以，张郃的要求是有弹性的，在“收复凉州”与“守住关中”这个范围内的任何一个点，都行。只要能够达到这个范围内的目的，他就可以暂时罢休。

那么，双方的均衡点就是：诸葛亮成功守住凉州，张郃成功守住关中，各占一边，互不侵犯。双方都能完成各自的任务。和。

这么说来，双方有条件和定。但偏偏有个特殊的地理环境从中作梗。

从凉州到关中，有一个必经之路，简言之没有第二条路，这条路上有三个据点：略阳、街亭、陇坻，简称为街亭，成为至关重要的“咽喉”。

这个咽喉是一块天然屏障，守在这里，具有“一夫当关，万夫莫开”的优越条件。

街亭如果被诸葛亮抢到了，就可以“确认”凉州到手。能够保证关中的张郃攻不过来，并且具有随时攻击关中的选择权。关中的张郃将随时处于提心吊胆的状态之中，不知道敌人什么时候会进攻。

街亭如果被张郃抢到了，就能够保证凉州的诸葛亮攻不过来，并且具有随时攻击凉州的选择权。凉州的诸葛亮将随时处于提心吊胆的状态之中，不知道敌人什么时候会进攻。

因此，在“街亭”这个小小的地段上，并没有可以调和双方矛盾冲突的均衡点。那就很难于“成交”。在这种情况下，双方势必有一“搏”。

这一搏，遵循“弱肉强食、优胜劣汰”的原则，真正的强者胜出，弱者失败，只有强者一方可以达到自己的目的。弱者就只有按照强者的意思“被迫成交”了。

现在，诸葛亮的前锋马谡已经抢先到达了街亭。而那边的张郃还正在路上赶。

06 蜀将马谡为何痛失街亭

街亭的特殊地理位置，决定了它是一个必争之地，谁抢到，谁受益，没抢到的一方就只有自认倒霉。现在，诸葛亮的前锋马谡抢先到达了街亭。

因为这个地方易守难攻，理论上就是：先到者先得，后到者不得。

马谡先到的，按说该他先得，但结果却是被后到的张郃抢走了。在这一回合的较量中，马谡搏不赢张郃，痛失街亭。

那么，马谡为什么会失掉街亭呢？分析原因如下：

马谡先到的街亭，有条件抢先占领险要地点，修建工事，积极防御。只要防好了，对手是很难攻破的。

但是马谡没有这样做。

这一带共有略阳、街亭、陇坻三个据点，只有略阳、陇坻这前后两个据点是天然屏障，最有利于防守。而街亭没有城，只有山，前不挨村，后不着店。很不利于防守。

从来没有人规定战争的地点必须在哪里，而是两军在哪里发生冲突就在哪里交战。马谡把部队驻扎在哪里，魏军就在哪里和他发生冲突。

马谡把部队驻扎在街亭山上，副将王平说："街亭一无水源，二无粮道，若魏军围困街亭，切断水源，断绝粮道，则蜀军不战自溃。"

马谡不听，反说："马谡通晓兵法，世人皆知，丞相也得请教于我，而你王平连字也不识，又何知兵法？"又说："居高临下，势如破竹，置死地而后生，这是兵家常识，我将大军布于山上，使他们绝无反顾，这正是致胜之秘诀。"

王平再三劝阻："如此布兵危险。"马谡火冒三丈，将兵分了少许给王平自领，他自己固执地将大军布于山上。

这种布局绝对错误。

前后都可以守，唯独中间的街亭不宜守，大家都知道，马谡也应该知道。为什么不选最好的？偏要选最坏的街亭？

因为马谡的指导思想是主战（立功心切），街亭最空旷，从"战"的角度看是最好的，最利于厮杀。

马谡的心思很容易猜准：

1. 不选择狭窄险要的防守地段，而选择了空旷的便于作战的地段，说明他是想战。
2. "居高临下，势如破竹"，从战的角度看，这的确是非常占优的。他把部队拉到山上，不是想从上往下冲杀，还想干什么？也说明他是想战。
3. "置死地而后生"，将自己置于没有防守余地的位置上，迫使自己死战，这也说明他是想战。

所以，从马谡一系列的行为可以确认他是想战。

没有人规定马谡一定要把队伍驻扎在街亭。他到这里来的战略是守，而他想战。这就错了。可以预见的结果是：

1. 战的结果是胜负不确定。可能胜，也可能败。只有在胜的情况下，才可以守住，而一旦失败，就守不住了。
2. 守的结果是很容易守住。即使不消灭敌人，敌人也很难攻破。

在战和守两个选择中，“战”达到目的的最大概率是50%。“守”达到目的的最小概率是80%。“战”的最小风险是50%，“守”的最大风险是20%。

所以，在“当前条件”下，选择守比较占优。

马谡没有选结果最好的一种方案，这就不是优选策略。他的兵法就会失效。

张郃一来，就把他包围了，切断水源，纵火烧山。蜀军饥渴难忍，军心涣散，不战自乱。置死地而后生的奇迹没有出现。

所谓“置死地而后生”，是指在没有选择的情况下，才不得不以此为“最佳选择”。

而马谡明明有多个好的选择，却偏要主动把士兵置于死地，这就不是优选策略，这是他可以选择的范围内最差的一个了。他的兵法当然要失效。

张郃是5万，马谡是2万，如果发生战争，马谡是败势。如果利用天险防守，可以成为均势。

怎样证明守得住呢？马谡战败后，那个副将王平只一千人或几千人，对抗张郃的5万，一直坚持到了最后，可见险要地段的防守威力。

如果马谡的2万人全部像王平那样，应该不至于丢失的。

我们可以将马谡的2万人，“用来作战”和“用来防守”，做一个简单的比较，都按最坏的结果算，假设都是输的情况下，会怎样呢？

1. 如果防守输了。那至少也得慢慢耗呀耗，2万人够耗，不知道要耗多长时间才有结果出来。
2. 如果作战输了。那就是当场分胜负，2万人一次性全部报销。

两种最坏的结果，孰优孰劣，无须多说。

马谡假如选择前一种，即使真的守不住，也可以熬很久，只需熬到一两万人的增援部队到来即可。而他偏偏选择了后一种，结果导致没用到几天时间，就迅速溃败了。

关于马谡的失败，有多种说法，其中最离谱的一种是：诸葛亮故意要坑害马谡，先用激将法使马谡立下军令状（正史无此说），然后让他用2万人拖住敌人的5万人。

好，我们就按这个最离谱的情况来分析，马谡还是只能选择守，而不能战。因为选择守，拖住敌人的时间一定最长，而选择战，拖住敌人的时间只会最短。

又有人说，马谡识破了诸葛亮的诡计，所以就故意输掉了。

好，就算马谡是这样想的。他还是只能守不能战。因为战败后投降已经没有任何价值了，甚至会被杀掉，只有让对手胜不了，投降的价值才是最高的。

总之，无论出于何种动机，守，都是优选。

综观街亭之战，马谡的失败是必然的。因为他有好的选择却不用，这就叫“让赛”，凡让赛，必吃亏。单单只看街亭这个小范围内的争夺，完全是马谡自以为是造成的，马谡该负全责。

07 诸葛亮最大的一次错误

街亭丢失，上回单就局部战争来说，是马谡的决策错误。而从整个大局来讲，则是诸葛亮的错误。

诸葛亮的错误一般有两种说法：

1. 大军没有及时跟进。

2. 用人不当。

诸葛亮的大军为什么没有及时跟进？这个原因前面已经说得非常清楚了，诸葛亮没有打关中的计划，他的目的只是取关西。

如果他想打关中的话，就按魏延说的还简单些，只需费一次力。又何必要舍近求远，先关西再关中，费两次力呢？

所以，大军没有跟进，是符合主战略的，这没有什么错。错是错在“用人不当”上。诸葛亮不该用马谡这个人。

诸葛亮为什么要用马谡？其动机难于猜测，估计还是想提拔这个年轻人的因素多一些，也或许是想建立自己的私党，说不清楚的。

但不管他是出于何种动机、何种目的，他都必须“得到关西凉州，守住张郃进攻”。这一点不存在矛盾。

诸葛亮在当前形势下有两个任务：一是平定凉州，一是阻止张郃。这两个问题，孰轻孰重？“阻止张郃”应该是排第一位的。因为双方争夺的街亭是没有均衡点的。

1. 能够阻止张郃，就可以确认得到凉州。

2. 不能阻止张郃，就意味着得不到凉州。

双方在街亭没有均衡点，也就都没有让步的余地，谁够硬，谁就有条件抢到。因此，诸葛亮派马谡去，就软了，输在了执行力上。

这一至关重要的战略据点，关系到整个全盘计划的最终成败。所以，理论上，在最要害、最关键的地方，就必须押上最重、最大的筹码，才是最优选的方案！

比如职位最高的诸葛亮亲自去，或是最厉害的武将魏延去。（赵云当时不在这边。）就比较到位了。我们可以推论：

1. 假如押上最重、最大的筹码，还是输了的话，那么，可以肯定地说：只押小筹码，就是必输无疑！

2. 只押上小筹码，万一输了的话，则最重、最大的筹码都被活活憋死在家里了，没有起到作用，从而形成资源浪费。

怎么算，都是“在最要害的地方，押上最重、最大的筹码”，才是占优的。

魏延的实战经验丰富，比诸葛亮会打仗，他去可能最合适。诸葛亮如果有心提拔栽培马谡的话，让马谡跟着魏延做个副将，马谡兵法与实战相结合，或许很快就能超过王平。

这样只会对大家都有好处，诸葛亮、魏延、马谡都将成为受益者。

魏延当时在干什么呢？被诸葛亮派去攻打一个小县城，只给了他极少的兵，就算打赢了，也可以预见得到：没有多大油水的。这个大将资源就被浪费了。

诸葛亮后来的表现是悔。怎么叫悔？曾经有过好的选择,却错误地失去了，所以才悔。如果本身没有好的选择，打败了也不会后悔的。

丢失街亭的根本原因：诸葛亮的执行力度不够。当马谡遇到张郃的时候，马谡就是个软的。

刘备临死前对诸葛亮说过：“马谡言过其实，不可大用”。这和马谡失街亭并没有什么必然联系。

因为马谡就算当时是言过其实的人，也不能证明他将来不进步、不变化。哪说得准呢？无论看人看得多准，将来的因素总是不确定的。

刘备之所以要在那个时候说那番话，不是在说马谡，马谡低微，不值一提，而是在警告诸葛亮！诸葛亮和马谡一个类型的：兵书读得多，用得少。奉劝诸葛亮不要做言过其实的事，要实在。

后来又恰被刘备言中。所以许多人相信，失街亭，是因为马谡没有真本事，不能用造成的。这样理解也可以。但从“博弈”的角度来讲，这样理解或许更好：

失街亭，是因为诸葛亮“没有押上最重、最大的筹码”造成的。

也就是说，无论马谡有没有真本事，此时都不该押他。因为此时的马谡还不是最重、最大的筹码。

街亭丢失后，张郃守住了险要据点。诸葛亮不容易立足，也没有和张郃火拼决战，就主动撤军退回汉中去了。临走的时候，席卷一空，掳走当地百姓富户一千余家。

煮熟的鸭子又飞了。诸葛亮出现了预算上最倒霉的情况：敌人防守到位，我方没有抢到凉州。而敌人不至于反扑。平。

事实上，张郃没有反扑到蜀国来。因为魏国没有反扑蜀国的预算。

这一战，诸葛亮最大的损失，是失去了占领凉州的最佳时机。因为惊动了魏国，后面无论怎么打，都已谈不上偷袭了。

魏国又派出老奸巨猾的司马懿坐镇关中、关西，对付诸葛亮。诸葛亮就更加莫想得到关西之地了。

诸葛亮该怎么办呢？

08 诸葛亮六次北伐为何没成功

诸葛亮第一次北伐，没有达到预期的目标，魏国也不敢进攻蜀国。因为同年的五月，吴国派陆逊率兵大举攻击魏国，魏国早有提防，吃了点小亏，双方作罢。

诸葛亮失去了占领凉州的最佳时机，再也难于偷袭了。

在这个最新的当前条件下，诸葛亮再次妙手出奇招，作出惊人之举：连续攻击魏国五次（演义作七次），并且胃口变大了，不再是只要关西凉州，而是关西凉州、关中长安全部都要吃掉！

这个选择究竟好不好呢？一般说法都是："劳而无功"、"诸葛亮不行"。

这种说法不正确。诸葛亮先前没有抢到凉州，而现在居然凉州、长安都想要，那就是个不可能完成的任务。再傻的人也一定知道，根本就没必要这样做！

但诸葛亮偏偏这样做了，这就一定有他的道理。

魏国最强是甲，吴国其次为乙，蜀国最弱为丙。甲的目标始终是乙，所以不敢老是缠着丙打，否则，就有可能出现袁术那样的速败现象。因此，三家各自的策略如下：

魏国的优选策略：

1. 无论是战争还是对峙，矛头始终对准威胁最大的吴国。
2. 在对待蜀国的问题上，尽量以最低成本防守。

吴国的优选策略：

1. 无论是战争还是对峙，矛头始终对准威胁最大的魏国。
2. 在对待蜀国的问题上，尽量拉拢，使其配合进攻。

蜀国的优选策略：

1. 站在吴国这边，配合吴国共同攻击魏国。
2. 当吴国得势，就故意减轻压力，使魏国有条件攻击吴国。当魏国得势，就有意施加压力，使吴国有条件攻击魏国。
3. 只有当甲乙双方出现了大规模的火拼消耗，才是丙方蜀国真正的出手时机。

因此，魏国的主力基本上是积聚在关东，以抗东吴。派司马懿防守关中、关西，是非常明智的。司马懿和诸葛亮同一类型的，甚至比诸葛亮还要谨慎，不会瞎打。

这样，魏国用上一个善于精打细算的司马懿，就可以最大限度地节约防守成本。

东部才是主战场。西部的诸葛亮进攻司马懿，是为了配合吴国皇帝。而司马懿防守诸葛亮则是为了配合魏国皇帝。

在西部，诸葛强，司马弱，无论诸葛亮打司马懿多少次，司马懿都不敢还手，因为司马懿不具备进攻的条件。所以，就算北伐N次也是安全的，不容易亏本。

于是，诸葛亮反复地攻击司马懿，他什么时候想打就什么时候打。这个行动计划，诸葛亮一直坚持到他去世，也没有改变。为什么？优选策略在条件不变的情况下，就没有必要改变，只有坚决地执行！

诸葛亮采用这一行动，可以预见的好处及坏处，按大小排序：

1. 诸葛亮反复施加压力，就提供了吴国攻打魏国关东的条件。有可能导致吴魏双方出现大规模火拼消耗的情况。这就是蜀国一统天下的最好机会。
2. 如果没出现上述情况。诸葛亮反复施加压力，就提供了司马懿勒索魏国皇帝的条件，司马懿有充足的理由找皇帝要钱、要粮、要兵，增加防御。有可能导致魏国分裂，形成曹、孙、刘、司马，四国局面。对蜀国也非常有利。
3. 如果仍没出现上述情况。诸葛亮反复进攻，司马懿只要稍有疏忽，就有可能丢失部分地盘，甚至是丢失凉州。（关中长安取不得。）对蜀国也是有利的。
4. 如果仍没出现上述情况。诸葛亮反复进攻，也能消灭一些魏兵，因为进攻方占优总是要多一些。
5. 如果仍没出现上述情况。诸葛亮劳而无功，退回汉中，不至亏本。无大害。

诸葛亮如果不采用这一行动，则难于出现上述种种好处。

在三方博弈中，丙方攻击甲方，他是不卖力的。卖力，就不是优选策略了。

看起来诸葛亮很卖力的、一次又一次地攻击甲方，好像关中、关西都要打，假的！其实是做做样子，他是在用实际行动向乙方“鼓吹”，坚定乙方与甲方大火拼的信心！

我们来看史料：

1. 228年，出祁山，马谡在街亭被张郃所破，蜀军退还。
2. 同年底，二次北伐，战二十余日未有胜负，粮尽而退。
3. 229年，第三次北伐，成功夺取了凉州的武都、阴平两个郡。
4. 230 年，四战。魏军企图反客为主，进攻汉中，因阴雨路险而止。
5. 231年，五战。诸葛亮出祁山攻司马懿，司马懿凭险坚守，做好防御，拒不出战。诸葛亮粮尽而退。
6. 234年，六战。诸葛亮出斜谷攻魏，相峙百多日，司马懿始终不出。诸葛亮送女人服巾给司马懿，司马懿依然不出。后诸葛亮病死。

七年打了这么多次，基本上等于没打。每一次都是气势汹汹而来，却又恰到好处地停止了。第五战中，司马懿损失三千多人，这是历次争战中的最大损失，而蜀方几无，好像没有谁牺牲。

可见，诸葛亮对司马懿，并不像是在打仗，而是像演双簧。

蜀国与魏国的实力差距，那是公认的，如果魏国真的有心要消灭蜀国，肯定要比蜀国消灭魏国容易得多。

但是，魏国基本上就没有进攻反扑过蜀国，这就充分证明了诸葛亮的判断是正确的：魏国不会做出弊大于利的非理性决策。

而在西部，诸葛亮的大军要比司马懿的防守人员多，司马懿不出战，诸葛亮也没有来硬的冲上去拼命，而是天天骂他，看起来是在打仗，可七年又真正交过几次手？

这也充分证明了：诸葛亮也不会做出弊大于利的非理性决策。

善弈者谋势。

诸葛亮只是用自身行动影响他人做出对己方有利的选择，营造出一种气氛，营造出一种有利于蜀方继续往下周旋的“势”来！

六次北伐，一直被认为诸葛亮失败了。而认定标准则是“没有消灭魏国”。

这不对。因为北伐的最高预期本身就不是“消灭魏国”，也不可能达到这一标准。而只能是“促成吴魏火拼大消耗”或者是“促成魏国分裂”。

诸葛亮达到了预算中的较高预期：夺取了小半个凉州，杀了张郃等将，分裂了魏国。促使司马懿把魏国皇帝的权力掏走了一半。这些，都是在带打不打的状态下完成的，基本上是支付的最低成本了。

因此，诸葛亮六次北伐是很成功的。三方都是有损耗的，没有产生受益者，但是魏国却成为最大的受害者，实力被严重分化削弱了。

阿斗后来可以安稳地当三十年皇帝，与诸葛亮的这一决策有着巨大的关系。

而许多同志见诸葛亮打了六七次，一次也没攻破魏国，就说诸葛亮不行。殊不知，此战以“不胜”才是制胜之道，若“胜”，则必致速败也！

该不该进攻魏国，该什么时候真正进攻魏国，取决于“吴魏火拼大消耗”这个条件何时出现，而不是先出手取长安灭魏国！

否则，赢不了的！就是打赢了，也是帮孙权赢了！孙权不但不会感激你，还要拔刀相向！

因为这个条件在诸葛亮的有生之年一直没有出现，所以诸葛亮就一直没有发起过真正的进攻。这是非常正确而明智的，是务实的策略，有利于继续往下周旋。

不要以为他没拿下长安就不行，拿了才是真的不行。

09 蜀将魏延缘何死于反骨

《三国演义》说魏延脑后有反骨，诸葛亮一见面就要杀掉这个功臣。从开始就埋下伏笔，为后来计杀魏延提供了理由。最后魏延中计，大叫："谁敢杀我？"被马岱一刀斩了。

很精彩，但不真实。

历史上的魏延并没有造反，即便是小说中的魏延也没有造反。

赤壁之战后，刘备疏远了诸葛亮，取西川的时候，带的是庞统、魏延。

《三国志》说魏延是以"部曲"身份"随先主入蜀"。部曲，就是奴隶、家丁、私兵。后来杨仪骂魏延"庸奴！复能作恶不？"骂的就是庸奴。

魏延是刘备的"私有财产"，他只对主人刘备、刘禅负责，不对蜀汉国家负责。

后来魏延屡有战功，被升为将军。

刘备得了汉中后，需要一个重将镇守，大家都以为必是张飞，张飞也以为非自己莫属。没想到刘备提拔魏延为镇远将军，领汉中太守。"一军尽惊。"可见魏延在刘备心目中的地位。

诸葛亮当政期间，魏延虽有不同意见，但他是下级，还是听诸葛亮的指挥。诸葛亮也从没担心他会造反，只是担心他与杨仪不睦，"常恨二人之不平，不忍有所偏废也"。

魏延经常和杨仪发生冲突，两人势同水火，只要一说话就要吵架，一吵架魏延就拿刀在杨仪脸上比划，杨仪就痛哭流涕，号啕不止。

在诸葛亮眼里，魏延、杨仪这一武一文，都是难得的人才。就是为两人互不能相容，十分伤脑筋。这两人的关系始终协调不好。

就连吴国皇帝孙权也看出来了，孙权曾经做过这样的预言：“你们大家都等着看吧，只要诸葛亮一死，魏延、杨仪这两个家伙就要相互对杀！”

果然，诸葛亮一死，魏延、杨仪二人就开始内讧。

魏延是诸葛亮的一号战将，杨仪是诸葛亮的秘书。战将与秘书开火，十有八九是在争诸葛亮丞相的位置。

诸葛亮死前只说：“令延断后，姜维次之；若延或不从命，军使自发。”撤军的时候魏延断后，姜维次之，如果魏延不服从，不管他的，军队自己撤回去。

诸葛亮有没有安排杨仪杀魏延呢？正史上不清楚，估计可能性很小。

因为，魏延在对付杨仪的时候，一开始魏延占的优势很大，杨仪很被动。如果诸葛亮真的是想要杀魏延，就会有更简便的方法，实施控制手段，不可能放任不管。

诸葛亮54岁发急病死的时候，估计没有过多的后事交代。

杨仪秘不发丧，派人来揣摩魏延的意思。魏延说，丞相虽亡，我还在啊，怎能以一人之死而废天下事呢？况且我魏延是哪个？叫我为杨仪断后？

于是，杨仪就按诸葛亮的部署，自己带着部队撤走了。魏延大怒，便率军抢在杨仪前面回撤。并且放火把桥路都给烧毁了（昏招！），几乎陷杨仪于绝境。

杨仪上书皇帝说魏延造反了，魏延也上书皇帝说杨仪造反了，“一日之中，羽檄交至”，两个人告状的信前前后后都报给了阿斗（正招）。阿斗就派蒋琬率宿卫诸营来看是怎么回事。

魏延抢先拦在南谷口，遣兵逆击杨仪。（昏招！）杨仪令王平抵挡。王平叱曰：丞相刚刚去世，尸骨未寒，你们怎敢就这样做呢！“公亡，身尚未寒，汝辈何敢乃尔！”

魏延的军士知道是魏延不对，就不再卖力，军皆散。

魏延独与其子数人逃亡，奔汉中。杨仪遣马岱追往汉中击杀魏延。（昏招！）马岱将魏延斩之，把魏延的头提来，交给杨仪，杨仪用脚踩住魏延的头颅，大骂道："庸奴！复能作恶不？"遂夷延三族。（杀三族，昏招！）

奉皇帝之命的蒋琬向北而行，行数十里时，听说魏延已经死了。乃旋。也就是说，皇帝阿斗还没有调查清楚谁是谁非，魏延就死了。

阿斗皇帝当时问诸位爱卿："你们看他二人究竟是谁在造反？"大家都说："杨仪是文官，臣等敢保证杨仪没有造反，至于魏延有没有造反，我们就不知道了。"

其实魏延也不会造反，因为当时他有三选，按大小排序：

1. 魏延已经有条件接诸葛亮的班了，当下一任丞相。
2. 魏延投降魏国，可能做个将军。
3. 魏延造反自立，当个草头王。

第一种可能性最大，并且收益最高。估计打死魏延也很难做出后两个选择，因为他以前没有选后两个，现在好不容易熬出头了，已经轮到他了，就更加不会选择后两个了。

因此，说魏延造反，是冤枉了他，只能说魏延是利益博弈中的失败者。这个往日的强者终于被平日的软弱对手击败了。

杨仪诛杀了魏延，自以为功勋至大，应该坐诸葛亮的位置了，叫都尉赵正永《周易》算了一卦，卦象不怎么好，杨仪默然不悦。

结果，这一卦灵验了。阿斗皇帝把丞相之位废掉了，让蒋琬担任最高职务的尚书令，杨仪被晾在了一边。

杨仪愤愤不平，说："丞相死的时候，我若举军投降魏国，哪会落到今天这个地步！令人追悔莫及。"阿斗听说他诽谤，就把他流放边疆。杨仪自杀而死。

在这一回合的较量中，魏延、杨仪都输了。

他们两人的行为，估计会有以下两种动机：

1. 为了利益，争夺丞相之位。

2. 不一定是为了利益，仅仅只是想杀了对方，以泄私愤。

如果是后者，就没必要讨论了，后者是有害的，不可取。如果是前者的话，为了争夺丞相之位，那么，他们其实都是有优选方案的。

两个平级干部同时竞争同一个岗位，按结果倒推：

可能一：只可能有一个人升为丞相，另一人落空。（升者得1）

可能二：丞相一职，军政分开，杨仪管政，魏延管军。（各得0.5）

可能三：两人都不升，出来第三者担任丞相。（各得0）

只有这三种情况，最好结果是得1，较好结果是得0.5，最坏也是得0，不会出现负值。

如果出现负值，即贬职，则肯定是由别的原因受处分导致的。也就是说，在这一局中，不会有输家。

如果担心对手上台对自己不利，那是后一局的博弈，当采用后一局的应对策略。在这一局中，如果你不能上台，强求还是不能，反而有害。

连这一局都不能过关，还怎么进入下一局呢？（这一局本没有输家，都能轻易过关。）

诸葛亮死后，究竟谁来接班，谁说了算？魏延没有这个决策权，杨仪同样也没有这个决策权。就是诸葛亮活着，也没有这个决策权，最多只有建议权，诸葛亮可以推荐人，最后还是由老板阿斗做出决定！

因此，魏延、杨仪的优选策略都是以“积极争取阿斗”才是正招！这样，最坏的结果也是平手：都各执一词，都说不清白，继续扯皮，不容易输掉。

如果对手对自己确实有威胁，那么，就是采用不正当的暗杀手段也比内讧好得多。总之，不管想达到何种目的，在行为表现上，总是以不超出自己的权利范围为好。

魏延不把皇帝放在眼里，擅自击杀杨仪，杨仪不把皇帝放在眼里，擅自击杀魏延，谁给的权利？就是要杀反贼，那也得由阿斗下命令！否则，输了的是活该，赢了的，皇帝看了障眼睛。

在没有决策权的时候，内讧多是输的。鹬蚌相争，渔人得利。

两个家伙都自以为了不起，都放弃优选，都采用非理性的劣选，不但自己成为受害者，也使集体整个蜀国都跟着一起成为受害者。这样的人又怎能当丞相。

第九 江山一统

无论你多么强大，只要你的对手也强大，那你就不容易赢他！无论你多么软弱，只要你的对手比你更软弱，那你就很容易赢他！能不能胜，“不完全”取决于自己有多么强大，而是“完全”取决于对手是否比自己软弱。

01 大器晚成司马懿的“忍”术

司马懿在与诸葛亮的作战中，被升为魏国的大将军。魏国的兵权大部分落在他手里。皇帝曹睿死的时候，传位于太子曹芳，由司马懿和曹爽共同辅佐朝政。升司马懿为太尉，曹爽为大将军。

这个时候，司马懿的胜利果实开始被剥削，太尉、大将军都是掌兵的，开始二人基本上呈均势，后来，曹爽手下的心腹们设计用皇帝的名义提升司马懿为太傅，太傅不掌兵，实际上就是夺去了他的兵权。

司马懿只领个虚职，心里肯定是不服气的，但他毕竟不是魏延，所以装聋作哑，一副毫不在乎的样子。此时的局面，曹爽得势。二人的实力悬殊较大。

曹爽强，司马懿弱，这是一个简单的双方博弈竞局。

凡是简单竞局，总是强势方占优。所谓简单，就是变数少，变数越少，强势方越有利。

强势方的应对策略：

1. 强势方无所谓优选，怎么行动都是占优的。
2. 强势方既可以选择杀掉对手，也可以选择放掉对手。如果不放心就干脆杀掉。
3. 如果选择放掉（不便于杀掉），就必须要能够控制。

也就是说，强势方始终只做一件事：防止对手反扑，一切就OK！

弱势方的应对策略：

1. 弱势方只有两种企图：一是企图保持现状；一是企图反扑获胜。其中只有前者是对手允许的范围，有均衡点。
2. 企图反扑获胜的前提条件是必须先要保持现状。
3. 弱势方反扑获胜的机会，基本上只有一次（切记！）。成就成了，不成就完蛋了。所以，可以行动的机会极其珍贵。必须要在100%的成功预算下才可以动手（但还不能保证真的会100%的成功）。
4. 弱势方基本上只能行动一次，所以，他99%的行为都是在伪装、潜伏、等待。

也就是说，弱势方表面上始终只做一件事：配合对手控制自己。暗下里始终在做另一件事：等待、寻找胜机出现。

双方应对都不出错，和。领导者占优，弱势方不灭，现状成定局，天下太平。

因此，在司马懿对曹爽这一局中，正常情况下，最有可能演变的结果是：司马懿乖乖地顺着曹爽，永远地伪装、潜伏下去，直到去世为止，这样可以保住太傅这个虚职。

却说曹爽大权在握，寻欢作乐，司马懿从来不说，只推有病，不上朝了。曹爽听说司马懿病了，大喜，但还是不太放心，就派人打听太傅的病情究竟怎样了。

曹爽的亲信李胜，被派为荆州刺史，李胜到司马懿家去告别，只见司马懿躺在床上，两个丫头伺候他吃粥，粥沿着嘴角流下，胸前衣襟满是。李胜看了，觉得司马懿病得实在可怜。

李胜对司马懿说："蒙皇上恩典，派我担任荆州刺史，特来向太傅告辞。"

司马懿喘着气说："哦，并州在北方，接近胡人，只怕我以后见不到你啦！"

李胜说："太傅听错了，是荆州，不是并州。"

司马懿还是听不清，李胜又大声说了一遍，司马懿总算点了点头。

李胜告辞出来，向曹爽说了一遍："太傅只差一口气了，您就用不着担心了。"曹爽听了，总算放了心。

司马懿年纪大了，有病是很正常的，所以就很便于伪装。不管他是真病假病，只要曹爽防范得益，大家就都会相安无事。

这样，司马懿只能选择一直伪装下去。这一伪装，就是9年，从61岁熬到70岁，如果后来依然没有胜机出现，司马懿就只能以"伪装到去世"为优选。

司马懿堪称三国时代最善于"忍"的一个了。

从司马懿的耐心可以看出：

1. 有机会，当然要夺权。

2. 如果真的没有机会，那就算了，只领个虚职也可以，不能强求的。

你一强求就只会淘汰得更快。所以，凡能成大事者，既可以"不甘于平庸"，又可以"甘于平庸"，两者是兼备的。若两者任缺其一，则都是难于成事的。

02 司马懿如何迫使对手乖乖就范

大将军曹爽，骄奢无度，群下屡谏不听。

嘉平元年（249年）正月，魏少帝曹芳离开洛阳去祭扫魏明帝的坟墓，大将军曹爽等人从行，大小官僚，皆随驾出城。京城空虚，这个时候，司马懿装病苦等了九年的机会终于出现了。

司马懿见曹爽出城，心中大喜，痴呆的病马上就好了，他精神抖擞，带着旧日手下家将数十，及两个儿子，一帮旧官，来到后宫入奏皇太后，声称曹爽违背先帝托孤之恩，奸邪乱国，其罪当废。

然后又用皇太后的名义下诏关闭城门，司马懿父子紧急调集军队，占领储存兵器的武库，占据曹爽的大将军营。接着就向皇帝上奏曹爽的罪状。

从司马懿给皇帝的奏章来看，并没有列举曹爽谋反的证据。曹爽其实只是骄横奢逸，至于将来会不会谋反，那是不知道的。

而司马懿也一样，将来会不会谋反，也是不知道的。他现在做的事并不是谋反，只是夺回属于自己的权利。

并且，司马懿的理由十足：当年先皇去世的时候，是让他司马懿和曹爽两个人共同辅政的，而曹爽却一人独揽大权，这就违背了先帝的意思，司马懿当然就有理由要回属于自己的权利。

因为他司马懿现在依然还是先帝托孤的辅政大臣，并不是只有曹爽一个人。所以司马懿发动兵变，不是造反。

司马懿的矛头只对着曹爽一个人，削除他的兵权，说不是司马懿的意思，而是皇太后的意思。因此，皇帝并没有多大意见。

这个时候，司马懿控制城内，曹爽和皇帝在城外。曹爽面临艰难的选择：究竟交不交出兵权？

如果交出兵权：

1. 司马懿可能会杀掉曹爽。

2. 司马懿可能会善待曹爽。

都是存在一定的可能性的，但无论是哪种可能性，可以肯定地说，都不好，曹爽将永远被动！

如果不交出兵权，曹爽把皇帝劫持到别处去，号令各路诸侯来打司马懿这个反贼，那么，这个变数就不知道了。总不至于马上输掉。

所以，曹爽此时应该以“不交出兵权”为正选。

而司马懿也一定料得到曹爽的选择。所以他就反复地派人去找曹爽谈判，答应仅仅只是削除他的兵权，至于曹爽的爵位、财产、人身安全等等，都可以得到保障。

人性的弱点，总共只有两个：恐惧、贪婪。

曹爽的恐惧在于一家老小都在城内司马懿手里，而曹爽的贪婪则在于财产比兵权重要。如果曹爽选择迁都，把皇帝劫走，与司马懿长期对抗，那么，曹爽的财产就没有了。

当时，一个占城内，一个占城外，双方其实还是均势，有得一搏。

但是司马懿派侍中许允、尚书陈泰、殿中校尉尹大目等人反复去做曹爽的工作，只削去兵权，没有别的意思，将军可早归城中。

谎言重复一千遍就会成为真理。曹爽不免心存幻想，犹豫不决，有妥协的意思了。最后，司马懿指着洛水发誓，绝没有其他任何想法，决不会食言。

当夜，曹爽犹豫不决，拔剑在手，嗟叹寻思，自黄昏直流泪到天拂晓，始终狐疑不定。最后掷剑而叹说：“司马公只欲夺吾权耳，我不起兵，情愿弃官，只当富家翁足矣！”

于是，曹爽将印绶交给司马懿。大军见曹爽已无将印，都四散走了。曹爽手下只剩数骑，回家去了。

在这一回合的较量中，司马懿的运作非常高明：

1. 曹爽只要交出权力，曹爽还是可以做富家翁。

2. 曹爽的权利，并不是给司马懿，而是由大家这一伙人瓜分。

司马懿牢牢抓住所有参与者“恐惧与贪婪”的共性，让大家都做出预期会有所收益的判断，威逼利诱，迫使对手做出劣势的选择。将局势导向对自己有利的一面，这就很容易得逞。

曹爽一回到家中，司马懿就将其他人都监管起来，听候旨意。又用大锁锁门，令居民八百人围守其宅，监控曹爽。到这个时候为止，曹爽已经成为瓮中之鳖。再也没有条件与司马懿进行博弈了。

曹爽的弟弟曹羲对曹爽说：“现在家中缺粮，大哥可以写信给太傅借粮。如果他肯把粮食借给我们，肯定就没有相害之心。”

曹爽觉得有道理，就写信让人送去，找司马懿借粮，以试探司马懿的态度。

司马懿看了信后，当即派人运了粮食一百斛，送到曹爽府里来。曹爽大喜曰：“司马公本来就没有害我之心！”

所以就再也不担心了。

司马懿却没有罢手，还在抓紧时间，加大攻击力度。他把宫中黄站张当捉到监狱审问，威逼利诱，迫使张当承认曹爽要谋反篡逆。最后，张当承认了。

司马懿得到曹爽造反的“证据”后，就把曹爽兄弟三人并一干人等，全部逮捕下狱。

最后，司马懿假惺惺地对曹爽说：我本来是不准备再追究你的过错的，没奈何，现在偏偏有人举报你谋反的罪证，我现在就是想帮你也帮不上忙了。

谋反的罪名就大了。于是，在司马懿的操纵下，皇帝将曹爽处死，并灭其三族，所有的家财充公入库。

司马懿装傻充愣、隐忍待时，终于成为最后的大赢家，为孙子司马炎建立晋朝奠定了基础。这一年，司马懿69岁，71岁时去世。

司马懿在这最后的两年里，根本就不用到朝廷去上班了，都是皇帝有事时亲自到司马懿家里来上班。

03 司马昭之心路人皆知

司马懿去世后，魏国的军政大权归于他的大儿子司马师。司马师的权势比司马懿更大，他将皇帝曹芳废掉，又立曹丕的孙子曹髦为皇帝。

司马师去世后，由他的弟弟、司马懿的小儿子司马昭接班。司马昭上台的时候，已经占据了绝对优势，基本上不会输了，所以他就完全没有必要像司马懿那样天天装孙子讲客气了。

皇帝曹髦见司马昭越来越专横，十分气愤，做诗《潜龙》一首："伤哉龙受困，不能跃深渊。上不飞天汉，下不见于田。蟠居于井底，鳅鳝舞其前。藏牙伏爪甲，嗟我亦同然！"

司马昭见到这首诗后，勃然大怒："什么？你是龙？我们是泥鳅、鳝鱼？"曹髦听了，吓得浑身直发抖。司马昭见他不敢作答，冷笑一声，扬长而去。

司马昭以他父子对魏国有大功为由，反复勒索曹髦，要求封赏，曹髦总是默言无语，最后被逼急了，就说："那就照你的意思办吧，你想怎样就怎样吧。"

司马昭从大将军升到相国，升到晋公，一直升到晋王，还不满足。曹髦又赏赐无数珍品宝物，司马昭总是一幅瞧不起的样子，辞谢不受。曹髦心里明白：无论怎样封赏，都不能满足司马昭的野心。

司马昭是希望曹髦把皇帝位禅让给他。连过路的人都知道了。

一日上朝，司马昭当众侮辱曹髦，曹髦回到后宫，愤愤不平，于是召集侍中王沈、尚书王经、散骑常侍王业等大臣密谋对策。

曹髦说："司马昭企图篡夺帝位的野心，路人皆知。我不能坐以待毙，今天要与你们一起去讨伐他！"

尚书王经说，司马昭重权在握，已非一日，你想杀他，可手里没有兵啊，只靠少数人马是对付不了他的，希望慎重考虑。

曹髦把讨伐司马昭的诏书抛在地上，激动地说："这种日子，我再也无法忍受了！我已经下定决心，就算是死，也没有什么可怕的，何况也不一定就死！"

曹髦拔出宝剑，登上马车，带领宫中侍卫、奴仆等三百多人，向司马昭的府第杀奔而来。

途中，遇到司马昭的亲信贾充，带着数千卫兵过来。曹髦冲到前面高声喊道："我是天子，你们想弑君吗？"卫兵们都不敢阻止，也不知该怎么办，便向后退却。

贾充大喝道："司马公养你们何用？正为今日之事也！"手下的成济绰戟在手，问道："是杀掉？还是捉住？"贾充曰："司马公有令：只要死的！"

成济便挥戟直奔天子辇前，曹髦大喝道："匹夫安敢无礼乎！"言未讫，被成济一戟刺中前胸，撞出辇来；再一戟，刃从背上透出，死于辇傍。将天子左右都绑了，报知司马昭。

司马昭见曹髦已死，佯作大惊之状，以头撞辇而哭，令人报知各大臣。又立曹奂为帝，即魏元帝。

曹髦的处境其实就是汉献帝的处境，从博弈优选策略的角度讲，曹髦还不如汉献帝。

汉献帝待在这个最倒霉的位置上，隐忍待时，反复谋划暗杀大臣案，至少存在30年的翻本机会。尽管一次也没有成功，但最终仍然落得个善终，这还是可以的。

当然，曹髦不愿意忍辱偷生，选择这种冲动的做法，也就不好评价了。但是，他发动进攻的时机，肯定是有问题的。

如果精心安排或是等待一个“最佳时机”出现，那么，他碰到的人就可能是司马昭了，而不是贾充。

当曹髦碰到贾充的时候，那根本就不存在杀掉司马昭的偶然性。若是碰到司马昭本人，运气好的话，或许还存在杀掉司马昭的偶然性。

历史的演变，从大的角度看，有一种因果轮回的味道。曹操从汉献帝手里夺得江山，结果，曹操的后代变成了汉献帝。俗语叫做“从哪里来，往哪里去”。

04 亡国之君阿斗为何乐不思蜀

历史的轮回总是很有意思。

曹操从汉献帝手里夺得江山，结果，曹操的后代变成了汉献帝。而刘备从刘璋手里夺得江山，结果，刘备的后代也变成了刘璋。

在司马昭当政期间，蜀国皇帝阿斗投降了魏国。

阿斗在诸葛亮当政期间，做了11年“实习皇帝”，诸葛亮去世之后，阿斗又当了30年皇帝。有句话叫“扶不起的阿斗”，请问：这后面的30年，是谁在扶他？根本就没人了嘛。

很显然，民间传说不靠谱。

数据证明：阿斗即使在没有诸葛亮、没有魏延杨仪、没有关张赵马黄五虎上将的情况下，一个人独立支撑，苦苦坚守着这个烂摊子，居然可以长达30年之久。这个业绩根本就不能算差。

事实上，阿斗担任蜀国皇帝共计41年，是三国时期所有国君中在位时间最长的一个。难道他会没有过人之处吗？

诸葛亮评价他："智量甚大。"《三国志》作者陈寿评价他："后主任贤相则为循理之君"。《晋书•李密传》认为阿斗可与春秋首霸齐桓公相比。南朝史学家裴松之评价他："后主之贤，于是乎不可及"。

可见，阿斗的水平也很不一般咧！

研究阿斗，最重要的三个关键性环节依次是：

1. 阿斗前期在治国的方案上，采用的是何种策略？究竟是优选？还是劣选？
2. 阿斗后来选择了投降，究竟是优选？还是劣选？
3. 阿斗在投降了之后，采用的是何种策略？究竟是优选？还是劣选？

投降前

投降前的阿斗是蜀国的皇帝，这一时期，阿斗的治国方案是："须吴举动，东西掎角，以乘其衅"。

在魏、吴、蜀三国博弈中，作为最弱的一方，蜀国必须以"联合吴方、促使魏吴互斗"这两个基本点为最佳选择。

而自己这边绝不能成为主战场。因为蜀国是最有条件从中渔利的一方，只能让他们两家互斗。

所以，阿斗提出："须吴举动"，"以乘其衅"就是十分正确的。这完全是三方博弈中，丙方的最优选策略。应对无误。

仅凭"须吴举动"这一点，就可以断定：阿斗对于大局的认识、部署上，并不比诸葛亮差。

投降时

在三方博弈中，丙方能不能胜出、能不能渔利、能不能存活，这高中低三种预期，在很大程度上都是要取决于乙方的。得紧盯着吴方的动作。阿斗的国策是“须吴举动”。正确的。

但是后来，外部条件发生巨变：吴国皇帝孙权晚年为巩固孙家势力，滥杀大臣，孙权后面的几位继任者，更是一个比一个残暴，一个比一个恐怖，导致吴国实力锐减。

在这种条件下，吴国对魏国已经丧失了威胁，于是，魏国就有条件腾出手来对付蜀国，导致蜀国这边演变成了“主战场”。

诸葛亮的接班者，姜维，率兵抵抗魏国，那可都是真打的，不像诸葛亮时期的假打。

诸葛亮时期，魏国取守势，基本上没有进攻，诸葛亮的兵多，魏国派的兵少。而姜维时期，魏国取攻势，魏国的兵多，姜维的兵少，姜维只有不停地实施以少胜多的战术，才可以继续往下周旋。

在如此被动的局面上，姜维连续北伐魏国11次，顽强抵御魏国的进攻，（阿斗投降后，姜维还在打。）单从战术上讲，姜维堪称三国时代最善于用兵之第一人。

但从大局来讲，连续伐魏，只会导致蜀国的国力更加衰竭。

蜀国要想与魏国抗衡，其必要条件是：蜀国与吴国联合后的实力总和约等于魏国的实力总和，只有这样，才可以保证“南北双方”之间成为均势。

但是现在，吴、蜀俱衰，即使联合后的实力总和，也是与魏国的实力相差甚大。那么，在这种局面下，南朝的吴、蜀两国，在预算上就是输的，迟早要被北朝的魏国所吞并。

当魏国的邓艾偷袭到成都来的时候，阿斗就选择了投降。其实，邓艾来偷袭的兵力并不多，阿斗还存在继续博弈的本钱。但是，阿斗放弃了继续博弈，也和刘璋一样，投降了。

阿斗选择投降是明智的。因为阿斗的国策是“须吴举动”，现在，这个条件已经失去了，迟早是输。继续顽抗，只会让蜀国百姓的亏损更大。因此，阿斗选择投降，是对社会总值产生最小亏损的做法。

投降后

阿斗投降后，举家迁往洛阳，被司马昭封为安乐公。

一日，司马昭问刘禅：“您还想念蜀地吗？”阿斗乐呵呵地回答说：“此间乐，不思蜀。”这就是“乐不思蜀”的成语典故。

陪伴阿斗的大臣郤正对阿斗说：“以后如果晋王司马昭再问您，您应该流着眼泪说：我祖上的坟墓都在蜀地，我没有一天不想那边。这样也许晋王会放我们回去。”

后来，司马昭果然又问阿斗，阿斗就背出郤正教他的话，竭力装出悲伤的样子，但是挤不出眼泪。

司马昭笑道：“这话好像是郤正说的啊！”阿斗傻里傻气地望着司马昭说：“对，对，你怎么知道的？”

司马昭不由得笑了，左右也忍不住笑出声来。都认为阿斗的确是个糊涂人，就没有想杀害他。

阿斗精湛的演技，终于赢得了司马昭的一句话：“我无忧矣！”

装傻和装病相比，装傻的技术难度要高得多！因此，当阿斗处于弱势状态下时，伪装的水平并不比司马懿低。

“乐不思蜀”，的确是当时条件下的一种优选策略。很正确。君不见，当年越王勾践伪装潜伏的时候，为了获取吴王夫差的信任，竟然连夫差拉的屎都吃了！阿斗说一句“乐不思蜀”又有什么错呢！

05 昏君司马炎为何能够一统天下

最后统一三国的人，是司马炎。

奠定司马氏基础的是司马懿，发展势力的是司马师和司马昭。司马昭后期，一统形成定局。司马师没有儿子，司马昭有两个儿子。就把老二过继给司马师当儿子。自己单独留个长子司马炎在身边。

因此，司马炎以独子的身份接司马昭的班，是没有什么争议的。他能够得到天下，就是三国时期最容易的一个人了。公元265年，司马炎将曹奂废掉，自己成为晋朝的开国皇帝晋武帝。

司马炎是历史上有名的荒淫皇帝。为了便于他挑选美女，曾经在全国禁止婚姻。“有蔽匿者以不敬论”，死罪。最高峰的时候，司马炎的后宫佳丽超过万人。

这么多美女，司马炎每天晚上临幸谁，不临幸谁，到底该怎么选择呢？因为他没有一个情有独钟的女子，所以他就坐着羊车在后宫游走闲逛，任凭羊停在哪，他就和哪个美女睡。

这大概是最早的“随机漫步”理论了。

因此，这些美女们仅共有一个男性，她们有没有机会得到司马炎的宠幸，就完全取决于这只羊了。大家都各施手段，想尽种种办法，“投羊所好”，以便让羊能够停在自己的门口。

美女甲采用的策略：取竹叶插于门外。于是，羊便走过来吃竹叶，停下来不走了。一连数日，美女甲总是得到皇帝宠幸，遭到其他美女们的妒忌。

美女乙就花钱买通太监公公，问是怎么回事，公公说了之后，美女乙就用羊更爱吃的桑叶放在门口，于是，羊便过来吃桑叶。美女乙也得到皇帝宠幸。

美女丙知道后，就买通太监公公用绳子将羊嘴捆住，让它吃不成，再将桑叶洒了盐水后放在门口，于是，羊虽然不能张口，但却喜欢嗅带咸味的东西，就老是停在美女丙的门口。

美女丁知道后，就花钱让太监公公把羊的幼崽抱来，这样，羊一到晚上就乳房胀痛，要给幼崽喂奶，就径直来美女丁处。

美女戊知道后，就出钱请人将羊幼崽的舌上插根竹签，让它吃不成奶。

美女丁见羊幼崽不再吃奶了，不知道是什么原因，就又花重金请人帮羊吸奶……

总之，这些美女间的斗争也是相当激烈的。

在随机获胜的博弈竞局中，唯一的取胜方法就是靠作弊。

当司马炎的大军进攻东吴时，东吴的皇帝孙皓也选择了投降。于是，司马炎又得到了五千多个江南美女。

东吴的孙皓和西蜀的阿斗，性格上孑然相反。阿斗是历史上拿大臣开刀最少的皇帝。而孙皓的残暴甚于殷纣王。

孙皓投降后，登殿稽首以见晋帝，司马炎赐坐说："朕为你准备的这把椅子，已经等了你很久了。"孙皓回答说："我在南方的时候，也曾为你准备了一把椅子，专等着你呢！"司马炎大笑。

纵观三国上下，英雄人物辈出，曹操、孙权、刘备，都是人中之最杰者，但是他们都没有一统天下。而最荒淫的司马炎却成为最后的大赢家。为什么？难道司马炎才是真正的英雄？

从博弈论的角度来看，这是很容易理解的：

1. 司马炎和曹操之间并不存在博弈关系。
2. 曹操和孙权、刘备之间存在博弈关系。
3. 司马炎只是和孙皓之间存在博弈关系。

博弈，是由“我”和“敌”这双方面的因素共同构成的。如果只研究单方面的因素，就得不出正确的结论。

尽管曹操最英雄，但他的对手也英雄，那曹操就赢不了。所以曹操无法统一全国。

尽管司马炎很混账，但他的对手更混账，那司马炎就很容易赢。所以司马炎就有条件统一全国。

因此，可以推出这样一个结论：

1. 无论你多么强大，只要你的对手也强大，那你就不容易赢他！
2. 无论你多么软弱，只要你的对手比你更软弱，那你就很容易赢他！

能不能胜，并“不完全”取决于自己有多么强大，而是“完全” 取决于对手是否比自己软弱。正所谓：胜不在己，乃在于敌。

附 一

古今多少事都付笑谈中

汉时有一秀才叫司马貌，酒醉后作《怨词》一篇，骂老天不公，又说："我若作阎王，世事皆更正。"

岂知，惊动了玉皇大帝。玉帝大怒："甚是狂妄！他作阎王，就能把世事更正？阴司里的案子堆积如山，十殿阎君尚且应付不暇，偏他有甚本事？"太白金星启奏道："不如押司马貌到阴司，叫他剖断，看是否公明。"玉帝准奏。

于是，司马貌被勾到了阴司，阎王与他互换了衣服，让他假扮作阎王的模样，限一晚六个时辰内，审理最难的"汉高祖冤杀功臣案"。

第一个来告状的人是韩信。

韩信道："我为汉祖立下十大功劳，谁知汉祖得了天下，不念前功，将我贬爵。吕后又与萧何定计，哄我到长乐宫，不由分说，叫武士缚住斩了，诬以反叛。我自思无罪，受此惨祸，三百余年，含冤未报，乞望阎君明断。"

司马貌问："你既为元帅，身边岂无商量帮助之人？"韩信道："曾有一个军师，名叫蒯通，奈何他有始无终，半途而去了。"

司马貌便叫传蒯通来审，问道："韩信说你有始无终，半途而逃，不尽军师之职，是何道理？"

蒯通回答说："并非是我有始无终，韩信不听我的，奈何？当初我劝他反汉，与楚连和，三分天下。韩信不从，反怪我教唆谋叛。"

司马貌又问韩信："那你为何不听蒯通之言？"

韩信说："有一算命先生许复，算我有七十二岁之寿，功名善终，所以不忍背汉。谁知夭亡，只有三十二岁。"

司马貌再拘许复来审："韩信只有三十二岁，你怎么算他有七十二岁？你做术士的，只图哄人钱财，误人终身，可恨！"

许复道："据理推算，韩信应该七十二岁。但他杀机太深，折短了寿命。当初韩信弃楚归汉迷了路，遇两个樵夫指引，韩信恐走漏消息，拔剑回步，杀了樵夫。乃忘恩负义。后又十面埋伏，杀尽楚兵百万。故折寿四十年。非我推算不准也。"

司马貌再问："韩信，你还有辩么？"韩信道："当初萧何荐我为将，后又设计害我。至今心上不平。"司马貌道："也罢，唤萧何来，与你审个明白。"

司马貌问："萧何，你怎么反复无常，又荐他，又害他？"

萧何答道："当初韩信怀才不遇，汉皇缺少大将，两得其便。谁知后来汉皇变心，妒忌韩信了得。娘娘说韩信谋反，臣惧怕娘娘威令，只得画下计策，实无害他之心。"

这时，大梁王彭越前来告状："我有功无罪。只因高祖征边去了，吕后宣我入宫议事。我进得宫时，宫门落锁。三杯酒罢，吕后淫心顿起，要与我讲枕席之欢。我执意不从。吕后大怒，喝教乱锤打死，煮作肉酱，说我谋反，好不冤枉！"

九江王英布也告道："汉家江山，都是我与韩信、彭越三人挣下的，并无半点叛心。一日吕娘娘赐我肉酱一瓶，乃大梁王彭越之肉也。我将使臣斩首。吕后差人取我首级。我屈死无申，伏望阎君明断。”

司马貌问道：“刘邦，你还有辩么？”汉皇刘邦哑口无言。

司马貌点头道：“看来，这都是你刘邦之过。三贤死得可怜，寡人做主，把汉家天下分与你三人，报生前汗马功劳！”

这时，项羽来告王翳、杨喜、夏广、吕马童、吕胜、杨武等六人。司马貌问：“灭你者韩信，你如何反告此六将？”

项羽道：“是我不识英雄，以致韩信弃我而去，不怪他。我兵败垓下，溃围逃命，遇到个田夫，问他那一条是大路？田夫答左边。我望左走，不期走了死路。那田夫乃夏广，化装了害我。我杀出重围，来到乌江渡口，遇了故人吕马童，指望他放我一路。他同着四将，逼我自刎，分裂肢体，各去请功。故此心中不服。”

司马貌点头道是：“那六将原无斗战之功，止乘项羽兵败力竭，逼之自刎，袭取封侯，甚为侥幸。”唤判官将名册拿来，一一发落，各去投胎出世：

“韩信，你尽忠报国，替汉家夺下大半江山，却含冤而死。发你托生为曹操。先为汉相，后为魏王，享有汉家山河之半。那时威权盖世，任你报前世之仇。当身不得称帝，明你无叛汉之心。子受汉禅，追尊你为武帝，偿还你十大功劳也。”

又唤过汉祖刘邦发落：“你来生仍投入汉家，立为献帝，一生被曹操欺侮，胆战魂惊，坐卧不安，度日如年。因你前世君负臣，来生臣欺君以相报。”

唤吕后发落：“你在伏家投胎，仍做献帝之后，被曹操千磨百难，将红罗勒死宫中，以报长乐宫杀信之仇。”

叫萧何发落：“你投胎为杨修。官为曹操主簿，大俸大禄，以报三荐之恩，后为曹操所杀。前生你哄韩信入长乐宫，来生偿其命也。”

又唤九江王英布：“发你投胎为孙权。做吴王，享有一国之富贵。”

又唤大梁王彭越："你是个正直人，发你投胎为刘备，后为蜀帝，与曹操、孙权三分鼎足。曹氏灭汉，你续汉家之后，乃表汝之忠心也。"

彭越道："天下大乱之时，西蜀一隅之地，怎能敌得过吴、魏？"

司马貌道："我判几个人扶助你就是了。"乃唤蒯通："你足智多谋，发你托生为诸葛亮，号卧龙，做刘备军师，共立江山。你还做你的三分天下。"

又唤许复："你算韩信72岁，而只有32岁。发你襄阳投胎为庞统，号为凤雏，帮刘备取西川。32岁死于落凤坡，与韩信同寿，为算命不准之报。"

唤过樊哙："发你投胎为张飞。"又唤项羽："发你只改姓不改名，为关羽。你二人都有万夫不当之勇，与刘备共立基业。樊哙不该纵妻助吕后为虐。项羽不该杀害秦王子婴，火烧咸阳，二人都注定凶死。但项羽不杀太公，不污吕后，不于酒席上暗算人。有此三德，注定来生义勇刚直，死后封神。"

又唤丁公上来："你托生为周瑜，孙权手下为将，被诸葛亮气死，寿止35岁。原你事项羽不了，来生事孙权亦不了也。"

再唤项伯、雍齿过来："你两人皆项羽之罪人。发你来生一个改名颜良，一个改名文丑，皆为关羽所斩，以泄前世之恨。"又发六将于曹操部下，使关羽过五关，斩六将，以泄前生乌江逼命之恨。

司马貌又将有屈死不甘者，怀才未尽者，都发在三国时投胎出世。如此之类，不可细述。判官一一细注明白，何州、何县、何乡，姓甚名谁，几时生，几时死，清清楚楚。恩将恩报，仇将仇报，分毫不错。

阎王叹服，替他转呈上界。

玉帝见了，赞道："三百余年冤案，亏他六个时辰断明，真乃天下奇才也。司马貌有经天纬地之才，来生宜赐王侯之位，改名不改姓，仍托生于司马之家，为司马懿，一生出将入相，传位子孙，吞并三国，国号曰晋。"

附二

三国时代大事年表

184年，黄巾起义，旋即失败。张角病死。

189年，汉灵帝卒，皇子刘辩即位。大将军何进秉政，被宦官所杀。袁绍尽诛宦官。董卓进京，把持朝政，废掉少帝，立9岁的刘协为君，是为汉献帝。曹操袁绍号召各镇诸侯共起兵讨伐董卓。

190年，关东各路诸侯起兵讨伐董卓。董卓焚烧洛阳，逼迫献帝迁都长安。

191年，袁绍夺取韩馥的冀州，自领冀州牧。

192年，王允、吕布杀董卓。李傕、郭汜围长安，杀王允，把持朝政，吕布败走。曹操败青州黄巾军，收编为“青州兵”，实力壮大。

193年，曹操东征徐州，大败徐州牧陶谦。

194年，吕布袭曹操。陶谦病亡，刘备领徐州牧。

195年，李傕、郭汜自相攻杀。李傕劫持献帝，郭汜扣押公卿。汉献帝逃出长安东归。曹操领兖州牧，收留了汉献帝。

196年，曹操始兴屯田，将献帝劫持到许昌。吕布攻刘备，刘备投靠曹操。

197年，袁术在寿春称帝。曹操攻袁术，大败。

198年，曹操擒杀吕布。

199年，袁绍攻杀公孙瓒，占领冀、幽、并、青四州。袁术病死。

200年，东吴孙策遇刺身亡，孙权继位。北方官渡之战开始。

201年，曹操大败袁绍。刘备奔荆州投刘表。

202年，袁绍病亡。少子袁尚嗣位。

203年，孙权讨伐黄祖。

204年，曹操平定冀州。

205年，曹操平定青州。

206年，曹操平定并州。

207年，曹操大破乌桓，消灭袁氏残余势力，统一北方。刘备见诸葛亮三顾茅庐。

208 年，曹操被封为汉丞相。南下荆州征讨刘表。刘表病死后，儿子刘琮投降曹操。刘备、孙权联军，于赤壁大破曹操，曹操逃回北方。

209年，刘备与孙权之妹成亲。

210年，周瑜病亡。

211年，曹操攻破西凉马超。刘备入西川。

212年，曹操杀马腾。刘备驻扎葭萌关。

213年，汉献帝封曹操为魏公，加九锡。

214年，汉献帝、伏皇后与国丈密谋暗杀曹操，事泄，曹操诛杀众人。刘璋投降刘备，刘备自领益州牧。马超降刘备。

215年，曹操征汉中张鲁，张鲁投降曹操。

216年，曹操称魏王。冬，曹操南征孙权。

217年，曹操进攻濡须口，败孙权。

218年，少府耿纪、司直韦晃、太医令吉平等于许都起事反曹，失败被杀。曹彰大破乌桓军，鲜卑部落投降，北方平定。

219 年，刘备自称汉中王。关羽水淹七军，不久失荆州，被孙权所害。

220年，曹操病亡。曹丕称帝，建魏国，以洛阳为京师。长安、谯、许昌、邺城、洛阳为五都。

221年，刘备称帝。讨伐东吴。张飞遇害。

222年，孙权称吴王。彝陵之战，陆逊火烧连营，大败刘备。孙权遣使与刘备通好。

223年，刘备病死于白帝城，儿子刘禅继帝位。

224年，曹丕率军攻吴，至广陵，临江而还。

225年，诸葛亮南征。平定蜀国南方。

226年，曹丕病亡，曹睿继位。封司马懿为骠骑大将军。

227年，诸葛亮上书北伐。

228年，诸葛亮一伐中原。姜维投降蜀汉。马谡失街亭。诸葛亮二伐中原。

229年，孙权称帝。诸葛亮三伐中原。

230年，诸葛亮四伐中原。曹真病亡。

231年，诸葛亮五伐中原。

232年，魏辽东太守公孙渊遣使向吴称臣。

233年，吴国大举攻魏合肥。不克而还。

234年，诸葛亮六出祁山，病逝于五丈原。 吴三路攻魏，魏明帝亲自率军救合肥，吴军退走。

235年，曹睿封司马懿为太傅。

237年，辽东公孙渊自立为燕王。

238年，司马懿平辽东，杀公孙渊。日本邪马台女王卑弥呼派使者到魏，魏封卑弥呼“亲魏倭王”。

239年，曹睿亡，曹芳继位。

240年，蜀将张嶷平定蛮族之乱。

241年，魏在淮河兴修水利。

242年，孙权攻打海南岛。

244年，曹爽派兵攻打蜀国不利，伤亡惨重。

245年，吴太子孙和与鲁王孙霸争权，陆逊受牵连，忧愤而死。

247年，蜀将姜维出陇右攻魏。

248年，司马懿被封为丞相。

249年，司马懿杀曹爽。夏侯霸降蜀。姜维伐魏。

250年，孙权废孙和为庶人，孙霸赐死，立孙亮为太子。

251年，司马懿病亡。

252年，司马懿长子司马师为大将军。孙权亡，孙亮继位。司马昭攻吴，失败。

253年，姜维攻魏狄道失败。

254年，司马师废曹芳。曹髦继位。

255 年，司马师病亡。司马昭为大将军。姜维攻魏狄道，先胜后败。

256年，姜维伐魏，被邓艾击败。东吴孙峻死，弟孙琳专政。

257年，姜维出骆谷攻魏失败。

258年，魏军破寿春。孙綝废吴帝孙亮，立孙休为帝。孙休与丁奉设计杀孙綝。

260年，贾充、成济弑杀曹髦。曹奂继位。

262年，姜维攻魏，被邓艾击败，退屯沓中。

263年，司马昭三路伐蜀，刘禅投降，蜀国灭亡。

264年，司马昭称晋王。孙休亡，孙皓继位。

265年，司马昭亡，其子司马炎继任晋王。司马炎废曹奂，自称晋武帝，建立西晋，魏国灭亡。吴国迁都武昌。

266年，吴末帝还都建业。

271年，吴末帝孙皓出兵攻晋，因士兵怨恨而止。

279年，西晋出六路兵马攻打吴国。

280年，西晋伐吴，孙皓投降，吴国灭亡。